MICHEL de CERTEAU

Täglich aufbrechen zu den anderen

Reflexionen zur christlichen Spiritualität

Herausgegeben von Andreas Falkner SJ

Unter Mitarbeit von Christoph Benke

Mit einer Hinführung von Sr. Anna Elisabeth Rifeser

Michel de Certeau

Täglich aufbrechen zu den anderen

Reflexionen zur christlichen Spiritualität

Herausgegeben

von

Andreas Falkner SJ

Unter Mitarbeit von Christoph Benke

Mit einer Hinführung von Sr. Anna Elisabeth Rifeser

Echter

Information der Deutschen Nationalbibliothek
Die Deutsche Nationalbibliothek verzeichnet diese Publikation in der Deutschen Nationalbibliografie; detaillierte bibliografische Daten sind im Internet über ‹http://dnb.d-nb.de› abrufbar.

www.echter.de

Umschlag: Büro 71A, Würzburg

Coverbild: Sara Winter / Shutterstock
Satz: Satzsystem metiTec, me-ti GmbH, Berlin
Druck und Bindung: CPI – Clausen & Bosse, Leck

ISBN 978-3-429-05510-3

Inhalt

Nicht ohne dich und voller Sehnsucht auf dem Weg

Eine Hinführung von Sr. Anna Elisabeth Rifeser (Tertiarschwester des hl. Franziskus)

Spiritualität und Aufbruch – unter diesen beiden Begriffen kann man das Leben und Wirken des Kulturphilosophen, Historikers und Jesuiten P. Michel de Certeau SJ[1] (1925–1986) resümieren. Wer sich auf diesen „Grenzgänger"[2] einlässt, macht rasch die Erfahrung, dass er in keine Schublade passt. Seine eloquenten, mit Metaphern und subtilen Sprachspielen versetzten, facettenreich und interdisziplinär angelegten Werke erfordern Muße. Sie sind keine Nachtkästchenlektüre. Certeau lehnt es ab, „‚Lösungen' [zu] bieten, ... er will vielmehr auf eine Reise mitnehmen"[3]. Seine Texte dienen als Gefährtinnen, um aufzubrechen, stets auf dem Weg zu sein, auf der Suche nach Gott, und zwar immer zu den anderen hin.[4]

Michel de Certeau verstand sich als Historiker der Spiritualität und der Mystik. Doch zu allererst war er Ordensmann, Mitglied der „Societas Jesu" und tief geprägt von Ignatius von Loyola. Als er 1950 in die Gemeinschaft eintrat und 1956 zum Priester geweiht wurde, hatte er den Wunsch, als Missionar nach China zu gehen. Seine Oberen hatten allerdings andere Pläne. Er wurde beauftragt, die Geschichte der Jesuiten im 16. und 17. Jahrhundert zu erforschen. Hierbei nahm er nicht nur die Weisung des II. Vatikanums vorweg, sondern er interpretierte diese

---

1 Siehe das Porträt C. Bauer, Verwundeter Wandersmann? Michel de Certeau – eine biographische Spurensuche, in: ders./M. A. Sorace (Hrsg.), Gott, anderswo? Theologie im Gespräch mit Michel de Certeau. Ostfildern 2019, 13–81; L. Giard, Auf der Suche nach Gott, in: M. de Certeau, GlaubensSchwachheit. Herausgegeben von L. Giard. Stuttgart 2009 (ReligionsKulturen 2), 13–27.

2 D. Bogner, Gebrochene Gegenwart. Mystik und Politik bei Michel de Certeau. Mainz 2002, 25.

3 M. Eckholt, Mystik und Mission. Auf der Suche nach neuen Formen der Gottesrede, in: B. Fresacher (Hrsg.), Neue Sprachen für Gott. Aufbrüche in Medien, Literatur und Wissenschaft. Ostfildern 2010, 99–122, hier 103.

4 L. Giard, Michel de Certeau's Heterology and the New World, in: Representations 33 (1991), 212–221, hier 213.

wissenschaftliche Tätigkeit als Reise: „Ich bin nur ein Wanderer."[5] Seine disziplinenübergreifenden und -sprengenden Forschungsansätze nannte er „Überkreuzungen"[6], seine Methodik „Wildern". Als „leichtflügeliger und buntfarbiger ‚Pater Schmetterling'"[7] wurde er sogar von seinen Mitbrüdern kritisch beäugt. Certeau mischte sich in die politischen und theologischen Debatten der 1968er-Jahre ein, ohne Rücksicht auf wissenschaftliche oder ordenstheologische Interessen. Insofern war er „ein in das falsche Jahrhundert hineingeworfener Unzeitgemäßer, der bereits spätmodern war, als die meisten in Theologie und Kirche überhaupt erst einmal modern sein wollten"[8].

Zu seinen bedeutendsten Werken zählen „L'étranger ou L'union dans la différence" (1969, dt.: „Der Fremde oder Einheit in Verschiedenheit"), „L'Ecriture de l'Histoire" (1975, dt.: „Das Schreiben der Geschichte"), „L'Invention du Quotidien" (1980, dt.: „Kunst des Handelns"), „La Faiblesse de Croire" (1987, dt.: „GlaubensSchwachheit") sowie die spiritualitätsgeschichtliche Abhandlung „La Fable Mystique" (1982, dt.: „Mystische Fabel").

Certeau nahm verschiedene Lehraufträge an und wurde schließlich 1978 an die Universität von Kalifornien berufen. Als er am 9. Januar 1986 an einem Tumor starb, nannte man ihn in den Nachrufen „Pilger zwischen den Fronten", „Migrateur" und „Mystiker, der sich selbst vergaß".[9]

In diesem spiritualitätsgeschichtlichen und -praktischen Band liegen nun seine, im deutschen Sprachraum noch eher unbekannten Texte aus der Frühzeit seines historisch-theologischen Schaffens (1957–1966 bzw. eine Einleitung von 1954 sowie ein Beitrag von 1973) vor, welche er fast alle in der Zeitschrift „Christus" veröffentlicht hat. Sie geben einen Einblick in seine ignatianische Prägung, die in der Forschung bislang stiefmütterlich behandelt worden ist. P. Andreas Falkner SJ (1934–2020) hatte sie aus dem Französischen übersetzt, in den Jahren 2014 bis 2020 in „GEIST & LEBEN" (Zeitschrift für christliche Spiritualität) publiziert und wollte zur

---

5 M. de Certeau, Der Fremde oder Einheit in Verschiedenheit. Herausgegeben von A. Falkner. Stuttgart 2018, 25; M. Eckholt, Nicht ohne Dich. Der verletzte Wanderer und der fremde Gott. Eine Annäherung an Michel de Certeau SJ, in: H. Schmitt (Hrsg.), Der dunkle Gott. Gottes dunkle Seiten. Stuttgart 2006, 34–62.

6 J. Valentin, Schreiben aufgrund eines Mangels. Zu Leben und Werk von Michel de Certeau SJ, in: Orientierung 61 (1997), 123–128, hier 123.

7 Bauer, Wandersmann, 30 [s. Anm. 1].

8 C. Bauer/M. A. Sorace, Vorwort, in: dies. (Hrsg.), Gott, 9 [s. Anm. 1].

9 Valentin, Schreiben, 123 [s. Anm. 6].

Drucklegung schreiten. Ein Vorwort war bereits in Planung. Doch dann starb er ganz unerwartet. Im Folgenden möchte ich – stellvertretend für ihn – versuchen, eine Hinführung zu geben.

Der rote Faden, der sich durch alle 14 Artikel dieses Bands zieht, ist das Motiv des Lebens- und Glaubensweges als ständiges Aufbrechen und Unterwegssein, als innere und äußere Reise zu Gott und zu den Menschen. Tragender Grund ist die Sehnsucht nach Gott, dem gegenüber Certeau bekennt: „Ohne dich kann ich nicht mehr leben. Ich habe dich nicht, aber ich halte mich an dich. Du bleibst für mich der Andere, und du bist mir notwendig, denn das, was ich wirklich bin, geschieht zwischen uns!"[10] Auf diesem Weg zu Gott und zu den anderen begleitet ihn sein Lieblingsgebet „Lass nicht zu, dass ich mich jemals von dir trenne."[11] Der Band beleuchtet das Thema „Täglich aufbrechen zu den anderen" aus vier verschiedenen Perspektiven: mystisch-historisch, spiritualitätspraktisch, biblisch-meditativ und ignatianisch. Andreas Falkner führt zudem mit einem kurzen Text in den dritten Teil ein.

Mystisch-historischer Zugang: rastlose Jesuiten – stets zum Aufbruch bereit

Zu Beginn porträtiert Certeau zwei bedeutende Persönlichkeiten des Ordens als rastlose Pilger, nämlich den Gefährten des Ignatius Peter Faber (1506–1546) sowie den Mystiker Jean-Joseph Surin (1600–1665). Sowohl der Text zur Heilserfahrung Fabers als auch der Beitrag zu den Unterweisungen Surins stellen wissenschaftliche Vorarbeiten[12] Certeaus dar und skizzieren das innere und äußere Ringen dieser Männer, die auf der Suche nach bzw. auf ihrer Reise zu Gott und zu den Menschen von ihren Ängsten hin- und hergerissen werden und dennoch fähig sind, die „Wegspuren einer Gnade" (21) zu erkennen und allen den Blick dafür zu öffnen.

„Die Erfahrung von Heil bei Peter Faber": Ausgehend vom Memorial Fabers stellt uns Certeau den scharfsinnigen Missionar „in einem meis-

---

10 M. d. Certeau, Eine rätselhafte Gestalt, in: ders., GlaubensSchwachheit, 29–31, hier 29–30 [s. Anm. 1].

11 Es handelt sich um das Gebet des Priesters im Rahmen der Eucharistiefeier vor seiner Kommunion. Der Gedanke des „nicht ohne" Heideggers war für Certeau inspirierend, vgl. Giard, Suche, 20 [s. Anm. 1].

12 Siehe die Editionen „Mémorial" (1960), „Guide spirituel pour la perfection" (1963) und „Correspondance" (1966).

terhaften Überblick“[13] vor. Dieser Jesuit wollte allen Menschen das Heil vermitteln. „Diesen Mann Gottes, diesen Mann der Wissenschaft“ – so betont Certeau – „schickte man kreuz und quer durch Europa zu schwierigen und heiklen Aufgaben. Er suchte nur Gott. Aber wie Gott in einem solch bewegten Leben finden?“ (18) Indem Faber akzeptierte, dass Kontemplation und Aktion, „Aufstieg und Abstieg – Erhebung der Seele zu Gott und Erniedrigung mit ihm in den demütigen Dienst des Alltags“ (23) - nebeneinander bestehen und zu einer einzigen Bewegung zusammengeführt werden können, fand er Heil. Er wollte als Bote des Heils wirken, dieses verbreiten und an der Erlösung der Welt mitwirken. „Durchdrungen [vom] … Geheimnis“, dass Gott in die Welt eintritt, um sie zu erretten, und ihr das Heil schenkt, zog Faber „quer durch die Welt“. (34)

„Jean-Joseph Surin“: Die zweite Person der „Societas Jesu“, die Certeau interessiert, ist Jean-Joseph Surin. Psychotische Zustände, die er als „Besessenheit“ interpretierte, plagten ihn 20 Jahre lang. Certeau fasziniert Surins innere Reise, wie er „an die Grenzen menschlicher Erfahrung bis an die Tiefen des Wahnsinns und der Verzweiflung gelangt ist, … unzugängliche Höhen berührt hat“ und wie ihn plötzlich die „mächtige Woge“ Gottes durchströmte und heilte. Nach seiner Genesung versuchte Surin, alle Christ(inn)en „auf den Weg zu bringen, den er geführt worden war“ und sie zum „Sprung“ vom Relativen ins Absolute zu motivieren. (38–42) Anzuleiten, um diesen ersten Schritt in Entschlossenheit zu tun – das war seine Mission.

Anschließend gibt Certeau einen Einblick in die mystische „Erfahrungswissenschaft“ Surins. Was geschieht, wenn die Seele den ersten Schritt getan hat? Wie kann man auf diesem Weg voranschreiten? Einerseits fließt Liebe als mächtiger Strom von Gott her. Andererseits gibt es die „unbändige Bewegung, die zu Gott hinführt“ (49). Die Seele muss zur getroffenen Entscheidung stehen, Ausdauer und die Bereitschaft haben, eine „Spur durch das Gemenge von Motiven“ (44) zu suchen, sowie Christus absichtslos lieben.

Certeau sah diese beiden historischen Persönlichkeiten als Weggefährten, aber auch in Anlehnung an Kafka als Türhüter, „gegenüber denen selbst wissenschaftliche Beharrlichkeit sich schier überfordert sah“[14]. Im Rückblick bekennt er hinsichtlich dieser Auseinandersetzung und greift dabei

---

13 D. Salin, Michel de Certeau und Ignatius, in: GuL 89 (2016), 309–316, hier 309 Anm. 2.
14 M. de Certeau, Mystische Fabel. 16. bis 17. Jahrhundert. Berlin 2010, 9.

das Weg-Motiv auf: Es kam eine „Landschaft … genau da zum Vorschein, wo ich es am wenigsten erwartet hätte. Das war eine Überraschung“[15].

Spiritualitätspraktischer Zugang: Gebet als Topografie

Im zweiten Textblock widmet sich Certeau der Stellung der Kirche in der Welt und Gesellschaft von heute. Im Beitrag „Vom Beteiligen zum Unterscheiden“ fragt er konkret nach der Aufgabe der Christ(inn)en nach dem II. Vatikanum. Dieses revidierte das kirchliche Selbstverständnis grundlegend, insofern es betonte, dass die Kirche nicht der Welt gegenüber, sondern in ihr im Heute stehen solle. Deren Pflicht ist, eine „christliche Lektüre der zeitgenössischen Erfahrung“ vorzunehmen, „sich in unsere Zeit einzufinden“, mit den Menschen auf dem Weg zu sein, suchend sich einbeziehen zu lassen, ohne „definitives Eigentum an der Wahrheit“. Gott schickt die Kirche „ins Exil jenseits von sich selbst … durch die Begegnungen und die Verbundenheit“ mit allen Menschen. (57–60) Dabei muss sie über sich hinauswachsen, anders werden, „um mit allen zu sein“, im Beteiligen und Unterscheiden ihre Beziehung zur Welt leben sowie die Praxis als theologischen Ort anerkennen. (70) Genau dieser Forderung trägt Certeau im Folgenden Rechnung.

„Das Gebet von Arbeitern“: Die Gebetsweise einfacher Arbeiter, also der kirchenfernsten sozialen Gruppe, und somit Orte, an denen Gott kaum vermutet und doch gesucht und gefunden wird, stehen im Zentrum des Artikels. Ausgehend von Umfrageantworten dieser Gottsuchenden charakterisiert er sie als „zerbröselte Menschen“. Sie sehnen sich nach Gebet, Sammlung, Schweigen und der Gegenwart Gottes. Die Hinwendung zu Gott ermöglicht ihnen den „Rückzug“ aus dem „Niemandsland“, der Fabrik, der Metro etc. und den „Eintritt in eine andere Welt“. (74–76) Das Gebet schafft dabei eine „Topografie“, eine „Karte“ von „unzähligen spirituellen Wegen“[16] und schenkt innere Freiheit. Indem die Arbeiter(innen) ihre zermürbende Arbeit für jemanden tun, finden sie in ihrer Tätigkeit Sinn und wirken an der Erlösung der Welt mit. Certeau fragt nach dem Wesen, der Sprache sowie den Formen ihres Gebets und versucht, ihre Spiritualität der Erlösung und Auferstehung zu skizzieren.

---

15 M. de Certeau, Geschichte und Struktur, in: ders., Theoretische Fiktionen. Geschichte und Psychoanalyse. Herausgegeben von L. Giard. Wien ^{2}2006, 153–168, hier 153.

16 M. de Certeau, Eine Tradition lesen, in: ders., GlaubensSchwachheit, 33–76, hier 33 [s. Anm. 1].

Biblisch-meditativer Zugang: „nicht ohne dich“ – Jesus als der Fremde, der Andere

Drei persönlichen Meditationen Certeaus ist die Einführung „Geschichte verspüren“ von Andreas Falkner vorangestellt. Dieser betont, dass Certeau den Leser(inne)n Einblick in seine privaten Bibelbetrachtungen gewährt und schildert, was die Evangeliumsperikopen in ihm „in Bewegung gesetzt haben“ (93). Dabei nutzt er die Leerstellen in der Erzählung, jenes, „was die Heilige Schrift nur andeutet, dann aber offenlässt“[17]. Er interpretiert diese Erzählungen als „Weggeschichten. Gotteserfahrung und Gott-Rede entstehen ‚auf dem Weg‘ – in der Begegnung mit dem Fremden; gleichzeitig schickt diese Gotteserfahrung wieder auf den Weg, sie lässt sich nicht ‚festhalten‘“[18].

Im Text „Die Pilger von Emmaus“ präsentiert Certeau in Anlehnung an Lk 24 einen „Anstoß zu einer Meditation über den Anderen, über die Sehnsucht nach dem Anderen“[19]. Die Jünger, verwirrt und fassungslos über den Tod und die Abwesenheit Jesu Christi, „gehen ihre Wege“ (97). Jesus begegnet ihnen, indem er *vorübergeht* und sie zum Aufbruch, zur Begegnung und zur Verkündigung ermutigen will. Die Jünger folgen ihm, der da war und sogleich anderswo ist, und bezeugen: „Gott ist gegenwärtig. Er ist der andere, aber er ist mit uns, er nimmt uns auf und nährt uns auf dem Weg. Plötzlich erkennen wir ihn: ‚Herr, du bist da!‘ Und: ‚Herr, das bist du!‘ … Du begegnest jedem [E]inzelnen von uns, und versammelst uns alle, um uns überall hin zu senden, wo du schon bist.“ (103)

In „Die Himmelfahrt“ beschreibt Certeau dieselbe ausgehend vom Johannes-Evangelium als „Gründungsfest des Christentums“[20] und durch das „Abwesendwerden und Platzmachen Jesu für die Kirche als entscheidendes christologisches Ereignis“[21]. Er skizziert sie als logische Entwicklung im Sinne einer Erziehung für die Jünger. Denn Jesus hatte sie auf seinen Abschied vorbereitet. Nach jeder Erscheinung war immer ein Rückzug erfolgt. Allerdings zeigten sich die Apostel stets erstaunt, so auch beim

17 G. Eickhoff, Geschichte und Mystik bei Michel de Certeau, in: Stimmen der Zeit 219 (2001), 248–260, hier 254.

18 Eckholt, Mystik, 113 [s. Anm. 3].

19 Salin, Michel, 315 [s. Anm. 13].

20 C. Bauer, Konstellative Pastoraltheologie. Erkundungen zwischen Diskursarchiven und Praxisfeldern. Stuttgart 2017 (Praktische Theologie heute 146), 141.

21 J. Valentin, Der Schmerz der gespaltenen Seelen. Einheit und Differenz bei Michel de Certeau, in: Orientierung 67 (2003), 234–236, hier 234.

definitiven Abschied. Es gilt, seine „passagere Gegenwart", die man „weder erzwingen noch festhalten" kann, zu akzeptieren.[22] Jedoch schenkt er ihnen bis zu seiner Wiederkunft eine „Zeit der Liebe", die zum „Zeichen seiner Gegenwart" wird. (110)

Der Artikel „Wie ein Dieb" ist jener, der „Certeaus besondere Art, seinen Glauben als Christ in der modernen Welt zu leben, am besten"[23] beschreibt. Er formuliert, Offb 3,3 und 16,15 aufgreifend, die Grundform der christlichen Erfahrung, und zwar dass Jesus stets als Dieb in die Welt eintritt: „Von Anfang an erscheint er als ein fremdes Ereignis, eines Nachts" bricht er plötzlich „brutal in den Lauf der Geschichte" ein. Er kommt wie ein Dieb, um den Menschen ihre Sicherheiten zu rauben. (117–118) Jede Begegnung stellt eine Krise und ein Gericht dar.

Certeau skizziert zwei verschiedene Gruppen und deren Reaktionen auf dieses Ereignis. Es gibt die Pharisäer, die nicht glauben wollen, protestieren und ihn zurückweisen. Aber es gibt auch den in Joh 9 angesprochenen Blindgeborenen. Dieser lässt sich, im Gegensatz zum Pharisäer, durch unbedeutende Gesten, in denen Gott sich verbirgt, heilen und erkennt in ihnen deren Urheber.

Anschließend nimmt Certeau die Szene auf, in der Jesus vor Pilatus steht (Joh 18,28–29,16) und ebenfalls als Dieb erscheint. Er erschüttert die Sicherheiten, um ein göttliches Geheimnis neu zu erschließen, nämlich: Gott offenbart sich, er teilt sich mit, indem er sie vom Weg abbringt. Um das „Ereignis zu leben", muss der christlich geprägte Mensch „dessen Akteur und Prophet sein" (129). Wenn er Gott in diesem Ereignis sucht, wird er zum Propheten.

Ignatianischer Zugang: der Sehnsucht Räume bereiten

Im letzten thematischen Block beschäftigt sich Certeau mit den „Geistlichen Übungen"[24] des Ignatius, also mit seiner Ordensspiritualität im engeren Sinn, und beschreibt die Exerzitien in Anlehnung an Faber als eine „Weise des Vorangehens" (131), eine Art Wegbeschreibung, indem der Text Anfangs- und Endpunkte, d. h. Orte anbietet und zu neuen Schritten ermutigt. Die Übungen organisieren diese Reise, geben Regeln sowie

22 Bauer, Pastoraltheologie, 141 [s. Anm. 20].
23 A. Falkner, Zur Übersetzung, in: M. de Certeau, Fremde, 9–12, hier 11 [s. Anm. 5].
24 Eickhoff, Geschichte [s. Anm. 17].

Beschreibungen und versuchen, die Sehnsucht zu benennen.[25] Der Ausgangspunkt für die Exerzitien, aber auch für jeden echten geistlichen Weg ist der Mangel, denn gerade dieser motiviert zum Aufbruch und Weitergehen. Gottsuchende, mystische Menschen sind für Certeau jene, „die im Unterwegs-Sein nicht innezuhalten vermögen und die mit der Gewissheit dessen, der ihnen fehlt, von jedem Ort und jedem Gegenstand wissen, dass es nicht das ist, dass man hier nicht bleiben und damit zufrieden sein kann". Die Sehnsucht möchte weitergehen, „anderswohin".[26] Insofern überrascht es nicht, dass er als Fundament der Exerzitien den „Nicht-Ort" formuliert und als Zentrum des geistlichen Prozesses die Wahl, die Entscheidung festsetzt. Damit nimmt er die Deutung Gaston Fessards auf, der die Unterweisungen als „eine Einübung in [die] Freiheit"[27] definiert.

Eine „beeindruckende Interpretation"[28], eine dramatische Auslegung des Exerzitienbüchleins legt Certeau im Text „Der Sehnsucht Raum geben" vor. Für ihn sind die Übungen ein „Libretto". Ausgehend vom „Nicht-Ort" muss der Exerzitant Orte durchlaufen. Die Sehnsucht bzw. der Wille, „dem Sehnen einen Raum zu eröffnen", ist die Voraussetzung, um den Prozess in Gang zu setzen. Die Übungen stellen die entsprechenden Mittel zur Verfügung, „die fundamentale Sehnsucht zu Wort kommen zu lassen" (132–134). Der Sinn des Fundaments ist, einen Bruch herbeizuführen. „Zwischen dem einen und dem nächsten Schritt gibt es einen Moment des unsicheren Standortes", einen „Gang ins Leere", eine „Schwelle", die man überschreiten muss. Es braucht eine *Los*lösung („ab-solue"). (136–137) Hierfür bietet das Exerzitienbuch eine genaue Struktur (Anordnung von vier Wochen, Orte und Weisen des Betens etc.), aber keine klare Route. Die Übungen wollen nur Gotteserfahrungen freisetzen, nicht sie herstellen. Insofern handelt es sich um Leerstellen, die alle eine Gemeinsamkeit haben: Gott ist es, der fehlt. Er ist der ganz Andere, der Abwesende. „Es ist ein ‚Fehlen' und doch ist Leben – das Gehen des Weges – ohne den, der fehlt, nicht möglich."[29]

Der Artikel Certeaus „Die Tage nach der Entscheidung" beschäftigt sich mit dem Abschnitt des Exerzitienbuchs, der den Anfechtungen ge-

---

25 M. Zmy, Orte des Eigenen – Räume des Anderen. Zugänge zum Werk von Michel de Certeau aus raumphilosophischer Perspektive. Göttingen 2014, 199–206.

26 Die Übersetzung von Stanislas Breton wurde entnommen aus: Salin, Michel, 315 [s. Anm. 13]. Siehe auch Certeau, Fabel, 487 [s. Anm. 14].

27 Salin, Michel, 311 [s. Anm. 13].

28 Eckholt, Mystik, 111 [s. Anm. 3].

29 Eckholt, Mystik, 112 [s. Anm. 3].

widmet ist, mit denen jeder zu kämpfen hat, der eine Wahl getroffen hat und dieses Vorhaben nun umsetzen will. Genau wie bei der Versuchung Jesu in der Wüste treten nach dem Entschluss Schwierigkeiten auf. Der Exerzitant fühlt eine Art „Seelenbiss", der die Schwachstellen seiner Entscheidung aufdeckt. (145) Diese Krise stellt aber ein Mittel Gottes dar, um die getroffene Wahl zu bestätigen und umzusetzen. Certeau skizziert ausführlich die Zeichen, die Gott als Unterscheidungshilfen schickt, und nach welchen Kriterien man deren Authentizität erkennen kann.

Darauf aufbauend beschäftigt sich der Beitrag mit dem Gedächtnis, d. h. der „Vertrautheit mit dem Wirken Gottes". In der Auseinandersetzung mit der Vergangenheit und Gegenwart tritt Gott nicht nur als Urheber der Gaben, sondern als „die eine Gabe" hervor. (155) Der Exerzitant erkennt, dass er sich nicht auf seine Kräfte stützen kann, und erfährt, dass der ausschließlich tragende Grund seines Lebens „einzig und allein Gott [ist], der uns durch einen Tod und eine Auferstehung erschafft; beides dauert ein Leben lang" (159). Dieses Erlebnis befähigt ihn, eine gereifte Entscheidung zu treffen.

In „Ignatianischer Universalismus" präsentiert Certeau, rückgebunden an seine eigene Erfahrung als Jesuit, eine spirituelle Interpretation, eine „geistliche Lektüre" (161), die als „Transzendieren der Welt"[30] bezeichnet werden kann. Aufgrund der Allgegenwart Gottes ist die lokale Fixierung in der Gotteserfahrung aufzugeben; sie wird ortlos. Wir finden, um zu suchen. Certeau betont, dass es infolgedessen unmöglich sei, am Ort zu verharren, weil Gott stets anderswo ist. Die Beziehung zu ihm konkretisiert sich gemäß der ignatianischen Spiritualität in der Kommunikation, welche die Welt und ihr Geschehen miteinschließt. Wenn Gott in allen Dingen gefunden werden kann, hat sogar der Alltag ein transzendentes Potenzial, eine mystische Qualität. Ein „Universum der Kommunikation" eröffnet sich, denn alle Dinge „rufen uns auf, von innen und von außen uns der Arbeit Gottes zu öffnen". (162) An seinem Werk, der Welt, gilt es aktiv mitzuarbeiten. Gott erhält die Schöpfung am Leben und ist darin als wirkende Liebe präsent. Er bleibt jedoch immer ins Dunkel gehüllt. Er wirkt drinnen und draußen. Insofern fallen Mystik und Sendung zusammen. Entscheidend sind dabei lediglich die Intention, d. h. die „Bewegung des Geistes" (Christus in mir) sowie die Mission, d. h. die „Umsetzungen und die Hierarchie der Kirche" (Christus vor mir). (164)

30 Valentin, Schreiben, 124 [s. Anm. 6].

Certeau will mit seinen Gedanken vor allem eines: zum Aufbruch einladen. Es gilt voranzuschreiten und aufgrund der tiefen Erfahrung von Heil und Liebe, inmitten von Niemandsländern Gebete auf den Weg zu schicken und nach Gott Ausschau zu halten, der plötzlich, unerwartet kommt und im selben Augenblick anderswo ist. Die Sehnsucht nach ihm und den Menschen, ohne die wir nicht sein können, lässt uns täglich aufbrechen, zu Gott und zu den anderen.

Der nachfolgende Beitrag des Historikers *Michel de Certeau SJ* (1925–1986) über *Peter Faber* (1506–1546, heilig gesprochen am 17.12.2013), erschien im Jahr 1958 in der französischsprachigen Zeitschrift *CHRISTUS*. Die Übersetzung von *Andreas Falkner SJ* macht den wegen der Tiefe seiner Überlegungen hoch geschätzten Text erstmals in deutscher Sprache zugänglich. Vorangestellt ist eine kurze biographische Einführung zu *Peter Faber*, die ebenfalls aus der Feder *Michel de Certeaus* stammt.

*Ein geistlicher Werdegang**

Wir kennen den seligen Peter Faber aus seinen Briefen, vor allem aber aus seinem Memoriale, ein Tagebuch, in das er die letzten Jahre seines Lebens (1542–1546) Tag für Tag eingetragen hat. Die eilig hingeworfenen Bemerkungen am Rande gefüllter Tage waren nicht für uns bestimmt; sie sollten ihm helfen, „Klarheit in sein Gewissen zu bringen", sich an Gottes Gaben und Willen zu erinnern. So sind diese Notizen flüchtig, oft schwer zu deuten, aber sie lassen uns an dem intimen Dialog eines Menschen teilhaben, den Gott zu einem in Wahrheit mystischem Leben erhoben hat und der in den mühseligen Anfängen der Gesellschaft Jesu der beste Freund des heiligen Ignatius von Loyola und des heiligen Franz Xaver war.

Er war gefühlvoll, empfänglich für alle Vorgänge, himmelhoch jauchzend und zu Tode betrübt, offen für die Welt, die er geliebt, an der er gelitten hat, geschaffen für eine Unruhe ohne Ende, die allein Gott zu stillen vermochte, die ihm aber selber zu schaffen machte. „Ich war all meinen Wünschen ausgeliefert", sagt er von seiner Jugendzeit. Zur Beständigkeit des Herzens fand er in seiner Einstimmung auf den Willen Gottes, doch ohne dass sich dieses Auf und Ab verloren hätte. Im Gefühl dauernder Unsicherheit empfing und wusste Faber die Gabe des Friedens zu empfangen.

Ein waches Gespür für die Welt machte Faber zu aller Freund, zu einem sehr menschlichen, ja brüderlichen Apostel, der mit einer aus Gottes Geist stammenden Ausstrahlung zu gewinnen vermochte. Sich selbst verstand er als tröstenden Diener Christi. Doch Furchtsamkeit, Unentschlossenheit, Skrupel wurden, weil er sie angenommen hatte, zum Werkzeug einer Stärke, die aus Gott hervorging, und einer tief gegründeten Autorität für die Menschen. Die anhaltenden und schmerzlichen Anstrengungen, die seine Schwächen forderten, um sich vom Lei-

* Michel de Certeau SJ, in: Christus 1 (1954), 89 f. Ins Deutsche übersetzt von P. Andreas Falkner SJ, in: GuL 87/3 (2014) 236–251.

den an ihnen zu lösen, hatten in ihm die Gabe der Unterscheidung geschärft, und er verstand es, in anderen ihre Gnadengaben zu entdecken, wachzurufen und zu stärken. Zudem war er mit Laínez der beste Theologe unter den ersten Gefährten des hl. Ignatius: Er hatte mit dem leidenschaftlichen Eifer eines Menschen der Renaissance studiert. Dafür verließ der kleine Hirtenjunge seine dörfliche Heimat in Savoyen, um an der Universität in Paris Weisheit zu schöpfen! Diesen Mann Gottes, diesen Mann der Wissenschaft schickte man kreuz und quer durch Europa zu schwierigen und heiklen Aufgaben.

Er suchte nur Gott. Aber wie Gott in einem solch bewegten Leben finden? Wie ihn am Rande der apostolischen Mission finden? Faber war lange Zeit im Innern zerrissen zwischen Kontemplation und Aktion. Sein Tagebuch ist voll von Überlegungen und Gebeten zu diesem Thema. Man muss, sagte er, „bei sich selber einkehren", um da mit Gott zu bleiben; man muss aber auch „auf die Weidegründe hinausgehen", um auf Gottes Fluren mit ihm zu arbeiten. Diese Doppelung wird nach und nach zusammengeführt, seine ungeteilte und volle Aufmerksamkeit auf Gott kehrt zu allen geschaffenen Dingen zurück und folgt jenem Gott, der da „am Werk" ist. Die Welt und das „innerliche" Leben wurden für ihn zu der einen Gabe des Erkennens und Handelns.

Doch diese Verbindung mit Gott bringt immer Abwechslung mit sich, Rückfälle, Krisen, ist schwungvoll und von trüben Gedanken beschwert; nichts ist ungetrübt. Die Geister oder Anregungen, die mit der Gottsuche einhergehen, sind zu unterscheiden. Für die beiden Grundströmungen dieser inneren Lebendigkeit hat Faber zwei bezeichnende Ausdrücke für seine Weise, von der Erfahrung zur theologischen Verinnerlichung voranzuschreiten: entweder ist er vom Geist des Überströmens (spiritus abundantiae) zu ausufernder Großherzigkeit und Liebe hingerissen oder es plagt ihn der Geist der Verzagtheit (spiritus penuriae), der Angst, der Trockenheit. Ignatius verwendete nüchternere und herkömmlichere Ausdrücke, sprach von Trost und Trostlosigkeit. Faber kennt diese Ausdrücke auch. Was ist an diesen Bewegungen gut, was schädlich? Was will Gott durch sie von uns? Die Erfahrung lehrt es nach und nach, sie, die einerseits Grundlage und Ausgangspunkt der Unterscheidung ist, die aber wiederum in der Erfahrung führt und leitet.

Die Erfahrung von Heil bei Peter Faber**

Ein Savoyarde, herzlich und feinfühlig, an allem interessiert – das war Peter Faber; er hatte die Heimat verlassen, und sein Wissensdrang führte ihn nach Paris. Da traf der brillante Student den fünfzehn Jahre älteren Ignatius von Loyola, dessen erster Gefährte er wurde; Tag für Tag verbrachte er mit ihm zehn Jahre – reich an allem, was Menschen verbinden kann: die Arbeit an der Universität, Zeiten der Erholung, das Gebet, eine gemeinsame Lebensweise, Projekte, darunter die Gründung der Gesellschaft Jesu, die Priesterweihe, die ersten apostolischen Arbeiten in Rom. 32 Jahre zählte er, als ihm heikle Missionen übertragen wurden, die ihn als theologischen Berater, als Begleiter von Exerzitien, als Vertrauensmann von Bischöfen ebenso wie des hl. Ignatius quer durch Europa führten. Diese Daseinsweise hat ihn schnell erschöpft; 1546 starb er in Rom, als er als Konzilstheologe nach Trient unterwegs war. Vierzig Jahre jung starb er.

Von diesem Gelehrten, von diesem Apostel haben wir nur einige Briefe und die geistlichen Aufzeichnungen, die er Tag für Tag gegen Ende seines Lebens für sich notierte: das *Memoriale*[1]. Dieses Tagebuch und auch die Zeugnisse derer, die ihn gekannt haben, lassen vor allem das Paradox seines Lebens erkennen. Er war stets auf Frieden bedacht und fand sich eingebunden in die großen Kämpfe der Reform und der Renaissance; ohne Fernweh hing er an seiner Heimat und doch sollte er als Vorhut der Gesellschaft Jesu Europa durchstreifen, stets zum Aufbruch bereit; von Haus aus von schüchterner Zurückhaltung wurde er an die Höfe und in die Residenzen der Bischöfe geschickt, hatte mit den Großen dieser

** Ders., *L'experience du salut chez Pierre Favre*, in: Christus 5 (1958), 75–92. Ins Deutsche übersetzt von P. Andreas Falkner SJ im Januar 2014, in: Geist & Leben 87 (2014), 236–251.

1 In: *Fabri Monumenta*, Madrid 1914, 489–696 in der Reihe MONUMENTA HISTORICA SOCIETATIS IESU (abgekürzt MHSI) 14. Übersetzung ins Französische: Bienheureux Pierre Favre, *Mémorial.* Traduit et commenté par Michel de Certeau, s. j. Collection CHRISTUS No 4 *Textes.* Paris 1960. Übersetzung ins Deutsche: Peter Faber, *Memoriale.* Das Geistliche Tagebuch des ersten Jesuiten in Deutschland. Nach den Manuskripten übersetzt und eingeleitet von Peter Henrici. Einsiedeln 2. Auflage 1989. – Das *Memoriale* ist in Absätze (1–443) gegliedert. Auf solche Absätze oder auf Teile daraus wird in diesem Artikel durch die Nummer in eckiger Klammer verwiesen; bei der Verwendung der deutschen Übersetzung wird die Nummer mit „Henrici" gekennzeichnet [Anm. d. Übers.].

Welt zu tun und war eingebunden in die bedeutendsten Ereignisse seiner Epoche.

Doch in all diesen Wechselfällen ging etwas von ihm aus, das einer seiner Gefährten mit „umwerfend“[2] bezeichnete. Mit Fingerspitzengefühl und zuverlässiger Gelehrsamkeit[3] wusste er zu führen, „ohne fordernd aufzutreten oder bloßzustellen“[4]. Zutreffende Selbstwahrnehmung, äußerst klare Einschätzung seiner selbst und der anderen, feinfühlig für jegliches Ereignis – Gaben, die befähigen, zu unterstützen ohne zu beherrschen, zu verstehen ohne zu überführen, anzuziehen ohne Überlegenheit auszuüben. Stärke und Frieden, die er darin gefunden hatte, dass er seine eigene Ohnmacht annahm und sich Gott anvertraute, gingen von ihm aus als diskrete Gnade, die keinen Widerstand auslöste und nicht von ihm selbst zu kommen schien, sondern aus den Herzen derer aufstieg, zu denen er kam.

Das *Memoriale* lässt einen ausgiebigen Blick in sein Leben tun. Wenn man in dieses Tagebuch hineinhört und wenn man das stillschweigend Übergangene zu verstehen versucht, gewinnt man den Eindruck, die Erfahrung Fabers kreise ganz und gar um die Vorstellung vom Heil: Heil, das vom Herrn kommt, dem er glaubt; das ausgerichtet ist auf die ganze Welt; das in ihr das Geheimnis Gottes offenbart. Das ganze Leben Fabers lässt sich in diesen drei Aspekten der einen Erfahrung der Erlösung zusammenfassen.

Gerettet durch den Glauben

Die Satzfolge in Fabers Schriften zeigt in der Art von einer Weise des Vorangehens die Bewegung in seinem Leben. Fast jede Tagebuchaufzeichnung des *Memoriale* beginnt mit „ich“: „ich spürte“, „ich erkannte“ usw. Alles beginnt in „mir“; von da ausgehend weitet sich die Erfahrung zu den anderen.

Auch wenn der hoch begabte Faber in einer heilen Welt aufwachsen konnte, lebte er doch in Ängsten. Im Abstand seiner späteren Jahre auf seine Jugendzeit als Student blickend beschrieb er seine sich widersprechenden Wunschträume: Trotz seiner Verbundenheit mit der heimatlichen Gegend träumte er von Aufbrüchen. Er will Vorhandenes ändern, er will eine „andere“ Welt entdecken, die sein Verlangen „nach Reinheit“ in ihm

---

2 Simon Rodriguez, in: MHSI 24, Epist. Pasch., Broëti / Claudii Jaji et. al. Rom 1903, 453.

3 Im Mai 1543 schrieb Petrus Canisius über ihn: „Nie habe ich einen Theologen getroffen, der weiser oder tiefgründiger gewesen wäre“ (Petri Canisii Epist., Bd. 1, 70).

4 Ebd.

wach ruft. Doch wie soll er der Unreinheit entkommen, die ihn in sich und an den anderen quält? Wie der sündigen Erde entgehen, um in eine „himmlische“ Existenzweise einzutreten? Die unterschiedlichsten Möglichkeiten fasst er ins Auge: Theologe, Mediziner, Jurist, Mönch usw. Alles nimmt ihn gefangen, nichts hält ihn fest. Ganz und gar davon überzeugt, dass er seine Lebensweise ändern muss, stellt er, während er sich dem überlässt, was er spürt, fest, dass dieses Vorhaben unmöglich sei. Jeder Fehler überzeugt ihn von der Eitelkeit dessen, was er im vorausgehenden Eifer schon erfasst zu haben glaubte. Jedes Mal wird er Opfer seiner Begeisterung und seiner Ernüchterungen; dieser doch schon beachtlich gebildete Mann bleibt geistlich gesehen ein Kind, das vom Geschehen in die Höhe gehoben oder fallen gelassen wird entsprechend den Gefühlsschwankungen; unfähig, echt das anzubieten, was er zu geben wünscht, fällt er in Zweifel und Angst. Er hört nicht auf zu suchen, aber er vermag nicht zu finden. Somit bleibt er am Rande des Paradieses, das er unaufhörlich erträumt und verfehlt.

Die Begegnung mit Ignatius in Paris änderte die Bedingungen dieses Suchens. Faber hat es mit Scharfblick zusammengefasst, den der Abstand von zwölf Jahren ihm ermöglichte. Ignatius hat ihn zu keiner Wahl gedrängt. „Der Herr“, schreibt Faber, „gewährte mir durch diesen Menschen die Gunst, in meinem Gewissen klar zu sehen angesichts der Versuchungen und Skrupel, deren Gefangener ich seit langem war, ohne mir darüber Rechenschaft zu geben noch den Weg zum Frieden zu finden.“[5] Zuerst die Natur der Anfälligkeit ins Auge zu fassen – das bedeutete, in dieser Unbeständigkeit weniger abhängig zu werden. Er lernte aber auch bei seinem geistlichen Begleiter,[6] in dem Auf und Ab von Niedergeschlagenheit und Begeisterung die Wegspuren einer Gnade zu erkennen. Von seinen Eindrücken sollte er sich nicht beherrschen lassen, sie aber auch nicht zurückweisen; er sollte sie nicht weiter als Erweis dafür ansehen, was er wert war, sondern als Zeichen dessen, was Gott von ihm wollte. Ohne der Gegenwart zu entfliehen, befreite er sich durch den neuen Sinn, den er für sich darin erkannte: Er hing weiterhin davon ab, jedoch um von Gott abzuhängen. Von dieser Warte aus gesehen wurde die Trostlosigkeit zur Erfahrung eines Gottes, der uns immer entwischt: Indem er Gaben aus unserer Hand nimmt, bereitet er auf viel größere vor; der Trost ist der Beweis dieser Beständigkeit Gottes, der uns nie im Stich lässt und uns für neue Aufgaben

5 *Memoriale* [9].

6 *„directeur spirituel“* – *„Mi maestro en las cosas spirituales“*, sagt Faber von Ignatius [8].

bereitet durch seine neuen Gunsterweise. Nach und nach von Gott unterwiesen, vermochte Faber treuer zu den Ereignissen zu stehen, um in ihnen diesen Gott zu finden und zu folgen, der immer in Treue zu ihm stand.

Er musste sich nicht mehr für irgendeine Insel der Seligen einschiffen, die immer entschwand, sobald sie nahe zu sein schien![7] Leidenschaftlich sollte er sich dem Gegebenen zur Verfügung stellen, zurückkehren zu den täglichen Aufgaben, sein Gewissen bis ins einzelne und regelmäßig erforschen. Er hatte sich dem Wirklichen zu stellen, um Gott wirklich zu finden. Dank dieser Aufmerksamkeit vermochte er sich zum erhabenen und reinen Gott zu erheben, der sich im Detail seines Lebens offenbarte. Gerade diese religiöse Einstellung ließ ihn sein eigenes Leben führen und machte ihn frei von sich selbst. Es hatte ein Ende, dass er das Opfer des Augenblicks wurde, um darin die Gabe des Ewigen zu erhalten. Er wurde sich selbst wiedergegeben und der Welt durch die Geste, in der Gott sich ihm verband.

Anders ausgedrückt, er fand das Heil durch den Glauben; dieser Glaube gestattete es ihm, zu unterscheiden und nach und nach zu begreifen, was ihm widerfuhr. Eines hat das andere relativiert, alle diese inneren Ereignisse bekamen klare Umrisse dank der Beziehung zu Gott, der sich darin immer schenkte; diese Ereignisse wurden zu einer göttlichen Pädagogik; sie boten Konstanten, in denen sich die göttlichen Absichten mit ihm herausstellten und erfüllten; schließlich führten sie ihn, wenn er darauf jeden Tag antwortete, zu langsam herangereiften Wahlen, die aus ihm ebenso wie aus Gott hervorgegangen waren. Somit konnte er eine Entscheidung treffen, nicht ohne Risiken, aber in innerer Gewissheit. Denn er fasste keine „Projekte" mehr ins Auge, denen gegenüber er immer die Frage hätte zulassen müssen, ob sie etwas anderes als seine Träume seien; er hielt sich an eine „Berufung", deren erfahrbare Wirklichkeit die vorhandene Wahrheit gewiss werden ließ.

Der Rest seines Lebens ist der Kommentar dieser entscheidenden Jahre. Man könnte leicht zeigen, wie alle Ansätze seines Meditierens und seiner Tätigkeit diese ignatianische Gnade entwickelten. So greift das Gleichnis von den Talenten – eines von den Leitmotiven des *Memoriale* – daraus auf einer anderen Ebene die fundamentale Gegebenheit auf: Diese Talen-

---

7 Selbst die Exerzitien, die er zu machen wünschte, konnten für ihn den Anschein einer Art großen Abschieds annehmen. Deshalb hatte Ignatius sie ihm mehrere Jahre verweigert: Die Exerzitien sind nicht das Tor zu einem Ausweg, sondern die Einführung in die innere Wirklichkeit einer Welt, in die Jesus seine Apostel ruft.

te, wirkliche Ereignisse und Gnaden des Tages, führen ihn gleichermaßen zum Meister, der sie ihm gibt, und zum Dienst, auf den sie verweisen; was ihm von oben kommt, ist auf die Zukunft hienieden gerichtet; diese kleinen Dinge des Alltags sind immer auch die Zeichen der Macht, die ihn allmählich verwandelt, und die Werkzeuge einer Berufung, die ihn quer durch die Welt führt. Eine doppelte Bewegung, jedoch in ihrer religiösen Wahrheit nur eine zeichnet sich also im *Memoriale* ab: Aufstieg und Abstieg – Erhebung der Seele zu Gott und Erniedrigung mit ihm in den demütigen Dienst des Alltags.

Zuerst vom „Aufstieg". Gemeint ist der innere Aufbruch, durch den Faber sich von seinen eigenen Sicherheiten oder Notwendigkeiten löst; er verzichtet auf das, was er fühlt, um „zurückzukehren" und sich dem Gott anzuvertrauen, „der größer ist als sein Herz". Er muss die Hand zurückziehen, die instinktiv nach gefühlten Sicherheiten greift, oder durch einen Rekurs auf Gott das dunkle Netz seiner Unzulänglichkeiten zerreißen. Im Überschwang oder in der Abwesenheit beiläufiger Gnaden bezieht er sich auf den, der ihn zur „wesentlichen" Gnade ruft: Gottes Treue zu ihm. Unter so vielen Bewegungen, die ihn umtreiben, filtert er das heraus, was beiläufig ist, um sich an den hauptsächlichen Geist zu halten, an die innere Bewegung der Gelehrsamkeit und der Treue Gott gegenüber. Die tausend Aspekte dieser immer währenden Bekehrung zeigen sich in vielen Ausdrücken: vom Äußeren zum Inneren gehen; nicht mehr geliebt sein wollen, sondern lieben; von dem, was ihm widerfährt, zurückkommen auf das, was er glaubt. Das ist immer ein „Aufstieg", eine Übung des Glaubens: „Wir sollen Gott inständig bitten, uns sehr wohl in die Welt von oben und zur Betrachtung der rein geistlichen Wirklichkeiten zu erheben, damit schließlich alle anderen in uns in gewisser Weise geistlich werden und geistlich verstanden werden." [108]

Diese „Beständigkeit des Herzens" wächst; mit diesem Wort ist die geistliche Freiheit gemeint. Das Heil kommt nach wie vor durch den Glauben und formt allmählich seine Seele; alles, was in ihm geistlich wird, reicht an alles heran, was da ist: Intellekt, Gemüt – in einem Maße, dass auch sein Leib durch die innere Auferstehung bereichert wird. Die Tugenden – weit davon entfernt, unmittelbar von der Anstrengung des Menschen abzuhängen – erblühen aus dieser Aufmerksamkeit, in der das Herz der göttlichen Schöpfermacht sich öffnet. Der göttliche Same, der in der Seele Frieden stiftet, sobald er in ihrem Inneren aufgenommen ist, treibt Blüten und trägt Früchte in reicher Ernte.

Wenn also Faber jede persönliche Sicherheit aufgibt, so tut er es deswegen, um in der Welt eine Sicherheit zu finden, die von Gott kommt; wenn er auf die Genugtuung eigener Fortschritte oder Erfolge verzichtet, so tut er dies, um in die Welt die Kraft des Hl. Geistes einströmen zu lassen; wenn er sich zu Gott erhebt, dann deshalb, um in niedrige Verhältnisse hinabzusteigen, in die ihm angeratenen Verhältnisse Jesu. Der geheime Umweg dieses geräuschlosen Aufstiegs zum Herrn führt ihn an Einzelheiten heran, in denen tägliche Treue realisiert wird. Die Welt, der er entkommen wollte, ist die Welt Gottes, und Faber setzt sich in ihr mit Eifer ein aufgrund dieser inneren Verbindung mit Gott und in der Art eines in Gott verborgenen Lebens: „Angesichts dieser Liebe kann er sich nur erheben und nach oben blicken; eingetaucht in diese Innigkeit mit Gott kann er ohne Unterlass in dieser Liebe wachsen, wobei das Geheimnis Gottes jeden Tag mehr sich enthüllt, und auch mit größerer Zuversicht hinabsteigen zu den Brüdern, um sie zu treffen, sie zu hören usw." [66]

In der Tat, „Aufstieg" und „Abstieg" fallen zusammen. Der Glaube, der sich zu Gott erhebt, ist ein dankbares Anerkennen seines Kommens; religiöses Bewusstwerden dieses göttlichen Abstiegs nimmt in jedem Ereignis die Gabe des Höchsten wahr und verbindet sich mit dem, der nicht von hier war und aus Liebe zu uns gekommen ist. Und die Seele, die geheimnisvoll durch diese unsichtbare Gegenwart umgestaltet ist, muss in allen ihren Bereichen und angesichts aller Dinge einen Weg finden hin zur Gnade, die sich ausbreitet. Aufsteigen und Absteigen bestehen nebeneinander und verbinden sich in dieser göttlichen Herablassung, die von ganz oben kommt, aber auch so machtvoll in dieser Welt gegeben ist. Dadurch ist Faber weder von oben noch von unten. Er entkommt beiden durch den Austausch, der unter beiden zu Stande gekommen ist; was als Doppelung erscheinen könnte, ist nichts anderes als das eigentliche Geheimnis dieses Gott verbundenen Lebens. In sich selbst nicht mehr für sich sein; in dieser Welt nicht von der Welt sein – das ist für ihn zutiefst die Erfahrung des Kreuzes. Höchstes Zeichen der Liebe, Offenbarung der göttlichen Innerlichkeit, aber in einer Anstoß erregenden Gestalt und entliehen dem Geheimnis, das die Liebe enthüllt – das Kreuz wird in dieser Bewegung neu entdeckt, die in der Abfolge von Trost und Trostlosigkeit „das Tor zum Inneren, zu dem, der am Kreuz hängt, aufstößt" [221] und der ihn gewiss auch in Erhebungen des Gebetes zurückführt zu jenem „anderen Kreuz, zu den schweren und pausenlosen Arbeiten" des apostolischen Lebens [241]. Um seine geistliche Situation zu kennzeichnen nimmt Faber das Bild des Baumes auf; er liebt dieses Bild, weil er sensibel ist für die geheimen Übereinstimmungen zwischen dem Leben des Geistes und dem Leben der Natur; doch hier wird es verwendet, um den radikalen Unterschied in diesem Vergleich des umgekehrten Baumes zu kennzeichnen, in dem sich ganz gewiss das Wesen seiner Erfahrung ausdrückt und deren fremde Schönheit das folgende Paradox zum Ausdruck bringt: „Bisher hast du mehr Trost an der Größe des aus der göttlichen Gnade erwachsenen Baumes gefunden, als in seiner Wurzel, in der doch alle seine Kraft liegt. Du hast auf die Äste geschaut, auf die Blätter, die Blüten und die Früchte. Darin aber gibt es gar manche Veränderung, weil sie erst noch ihrer Vervollkommnung entgegen streben – kein festes und beständiges Wollen konnte auf diesem Geäst aufsetzen. Suche darum die Wurzel des Baumes nicht um ihrer Früchte willen; suche vielmehr die Früchte und alles andere um der Wurzel willen! Suche Tag für Tag durch dauerhafteren Halt und tiefere Einwurzelung in der Wurzel des Baumes, und sorge dich dafür weniger um das Fortdauern seiner Frucht in dir! Nicht die Frucht wird dich zur Herrlichkeit dieses Baumes führen, sondern die Wurzel. Richte darum alle dein Mühen und Sorgen auf die Wurzel; denn eben diese Wurzel wird eines Tages in Herrlichkeit erstrahlen – so wie sie einst, noch unter der Erde, als erste in Herrlichkeit erstrahlt ist, als Christi Seele zur Hölle hinabstieg. Das ist die wahre geschöpfliche Wurzel, die zur höchsten verherrlichten Frucht aller vernünftigen Geschöpfe wurde. Und so kehrte der Baum sich um: Die Wurzel kam zu oberst zu liegen, sie lässt alle Frucht herunterhängen und flößt ihnen ihre Wurzelkraft von oben nach unten ein.“ [280, Henrici]

Das geistliche Leben ist die Umkehrung des natürlichen Lebens: Es ist nicht etwas, was aus den Tiefen der Erde hervorbricht und sich zu Gott erhebt, sondern etwas, was als Gabe von oben kommt, um in segnender Hingabe auf die Erde herabzusteigen. Empfangen im Glauben, entwickelt es sich ausgehend von dieser Innerlichkeit, deren unsichtbarer Charakter seinem göttlichen Ursprung verbunden bleibt.

Die Erlösung der Welt

Faber ist nicht Eigentümer, sondern Bote des Heils; er hat zu geben, was er empfangen hat. Auch hier offenbart ein Satz von ihm, eilig in das Tagebuch seiner Sehnsüchte eingetragen und unverändert auf uns gekommen, die innere Bewegung: Sie geht vom „ich“ zu den anderen, *ego et caeteri*.

Von diesem persönlichen, vom Heil erreichten Punkt schreitet sie voran zu allen anderen. Wenn die Worte seines betenden Nachsinnens einen neuen Sinn bekommen, indem sie alle Wirklichkeit umfangen, in der ein und derselbe geistliche Elan zu entdecken ist; wenn die Sätze angereichert werden mit Beifügungen und voll werden mit Erweiterungen, um eine noch größere Zahl von Gegenständen ins Spiel zu bringen, entfalten sich darin die Gebete und Vorstellungen Fabers selbst in alle Richtungen und auf alle Wege, um eine immer größere Zahl von Menschen zu erreichen, die gerufen sind, das Heil zu empfangen und es weiterzugeben. Diese „Weitung" – ein Wort, das ihm wichtig ist – kennzeichnet sein Gebet. Illusion muss er nicht mehr fürchten! Die Wirklichkeit der heilvollen Gegenwart gründet und garantiert seine Verbreitung. Ohne das in Gott zurückgezogene Leben zu verlassen, geht Faber „hinaus auf die Weideplätze" des Herrn, und dieses Wort des heiligen Johannes (Joh 10,9), das er wiederholt verwendet, bedeutet für ihn kein Verlassen Gottes, sondern eine innigere und spirituellere Gemeinschaft mit dem Werk Gottes: „Wenn wir ein Werk Gottes sehen oder Gottes Worte hören oder mit unseren Händen heilige Dinge anrühren, sollte der Geist davon so hingerissen sein, dass er den ganzen sensitiven Bereich der Seele mitreißt und an diesen Gegenstand heranführt. Das heißt in Wahrheit ‚aus sich heraus gehen, um Weide zu finden' (Joh 10,9). Dahin gelangen wir allerdings erst, wenn wir alles in uns übersteigende Tiefen zurückgeführt haben, wenn wir gänzlich in unserem Inneren gesammelt sind" [108].

Erneut ist er auf den Straßen unterwegs, nicht mehr auf denen seiner Träume, sondern auf denen der Welt. Alle Wege, die er quer durch Frankreich und Italien, Deutschland und die Niederlande, Portugal und Spanien zieht, hinterlassen auf den Landkarten Europas Spuren dieser ausgedehnten Pilgerfahrt, unternommen um „alle und jeden einzelnen" aufzusuchen. Die wieder gefundene innere Einheit ist Grundlage dieses Daseins in der Zerstreuung. Das Heil muss verbreitet werden.

Wie in seiner Jugendzeit bleibt Faber empfänglich für die unendliche Verschiedenheit der Menschen und für den ständigen Wandel der inneren Bewegungen. Mehr als andere nimmt er wahr, empfindet nach und vermerkt alle Besonderheiten: Sie füllen das *Memoriale* mit Details und Kleinigkeiten, komplexen, bisweilen irritierenden Ausschmückungen. In seinen Augen ist alles kostbar, da alles sich auf Gott hin öffnen kann. Diese kleinen Dinge, diese Brotkrümel des messianischen Mahles, in denen Jesus sich selbst als freigebigen Schöpfer und Erlöser offenbart, verdienen es, gesammelt zu werden; jede Kleinigkeit, sie alle haben ihren Preis: Nichts darf verschwendet werden, nichts darf außer acht gelassen werden, alles soll mit Händen und Blicken oder durch das Wort des Apostels, der auf sie in den Wechselfällen seiner Reisen trifft, in Gebrauch genommen werden. Kein Augenblick darf vergeudet werden – auch an diesem Zug kann man den Mann, der frühzeitig durch seine Einsätze aufgebraucht ist und der den herannahenden Tod spürt, erkennen; er macht sich gelegentlich schwere Vorwürfe, weil er dies und das von den Nichtigkeiten verstreichen ließ, und weiß sich damit von Christus dem Herrn gehört: „Hier erkannte ich meine vielen Nachlässigkeiten, die ich mir bisher auf meinen vielen und verschiedenen Reisen zu schulden kommen ließ; in erster Linie die Nachlässigkeit, die Leute zu belehren oder aufzurichten, zu beraten oder zu trösten, mit denen ich zusammenkam, oder die ich antraf oder sah. Alles, was uns unter die Augen oder zu Ohren kommt, sollten wir nutzbringend einsetzen; denn Jesus Christus unser Herr hat nichts ungenutzt gelassen, keinen Anblick, kein Wort, das er hörte. Ja, es blieb nie ohne tieferen Sinn, dass er sich hierher oder dorthin begab; dass er seine Augen auf den oder jenen Menschen richtete; dass er bald auf dem Land, bald auf dem See, bald im Haus, dann wieder draußen, bald unter Menschen, bald wieder allein sein wollte; sein Stehen, Sitzen, Gehen, Essen, Schlafen – nichts geschah vergeblich. So lassen auch wir es nicht ungenutzt, wenn wir dem oder jenem auch nur im Vorübergehen mit einem raschen Blick näher kommen und noch viel weniger, wenn es die Umstände erfordern, mit anderen zusammen zu essen oder zusammenzuleben!" [434, Henrici]

Während dieser Pilgerfahrt, die in sich selbst eine immer währende Zerstreuung für jeden Menschen ist, den die Vielfalt der Dinge in hohem Maß beschäftigt, beseelte ihn eine einzige Sorge, die sein Leben zusammenhält: das Heilswerk vollbringen, „auferbauen". Darin sieht Faber seine Aufgabe, überall Diener dieses Heils zu sein, wo der Herr ihm die Türe und den Zugang zu seinen Weidegründen öffnet, d. h. da, wo der Gehorsam ihn hinführt. Überall bewegt er sich als Träger dieses Geheimnisses der Erlösung. Er sieht die Menschen mit der Einstellung eines Retters, mit den Augen des RETTERS. Er ist da, um Leib und Seele mit ermutigendem Mitgefühl zu stärken.

Es führt zu nichts, will man in ihm ein anderes Geheimnis suchen, das die Faszination, die von ihm ausgeht, und die Freundschaften, die in seiner Umgebung entstehen, erklären: Er ist für einen jeden der Retter dieser Innigkeit, die sonst sich verflüchtigte. Er ist nicht redegewandt, wir kennen ihn; er glänzt nicht. Doch nimmt er demütig die Last eines jeden auf sich. Für jeden einzelnen hat er eine erlösende Aufmerksamkeit; diese achtsame Ergebenheit dem gegenüber, was da ist, verbunden mit der Leidenschaft aufzurichten, ergibt bei ihm das Charisma Geistlicher Begleitung, um in jedem Leben den Punkt zu erkennen und aufleuchten zu lassen, von dem aus Gottes Heil ihm zukommt. Aus diesem Grunde gibt er besser als die anderen diese Geistlichen Übungen, die gemacht werden, damit sich in der Wahl des Menschen der innere Anruf des Erlösers offenbare. Vom Beginn seines Jesuitseins an wollte er vor allem Vermittler von Heil genannt werden und sein, Priester Jesu Christi.[8]

All das ist nur möglich um den Preis des Kreuzes und des Eintritts in die Tiefen des Elends der Welt. Allein schon die vielen Reisen sind für ihn schon recht beschwerlich. Nachdem er mit Mühe einende Mitte in seinem Herzen gefunden hat, leidet er nur noch mehr an dieser ununterbrochenen Zerstückelung seines Lebens. Er möchte da bleiben, wo er ist, Wurzeln schlagen in den Ländern, in die Gott ihn führt, und so an jedem Ort in seinem Apostolat diese Beständigkeit verwirklichen, woran seine Seele angefangen hat, Geschmack zu finden und Sehnsucht danach zu haben. Doch jedes Mal muss er sich auf den Weg machen, um die gute Nachricht, die die schläfrig gewordenen Herzen aufweckt, weiter zu tragen. Er, der Sohn einer Gegend, von der er immer schwärmend spricht, konnte weder „in der Heimat bleiben“ noch „in die Heimat zurückkehren“; und es gibt keinen Ort, an dem er sich heimisch niederlassen könnte. Er ist eben ein rastloser „Pilger“, und dieses Wort hat für ihn immer einen schmerzenden Beigeschmack: „Immer wieder sagt man mir, ich sei ein Pilger, ein Fremder, und ich stehe dazu; es ist so, ich bin Pilger wie alle meine Väter; ich bin Pilger in diesem Land; überall, wohin mich die Güte Gottes führen wird, bis zu meinem Tod.“[9]

„Versetzt“[10] an diese Orte, an die er sich immer erinnern wird, bei jedem neuen Aufbruch nimmt er ganz deutlich Bezug auf den EINZIGEN, der von oben kommt, um alle Wesen zu beleben, „den Geist des Herrn,

---

8 In seinen Gelübden der feierlichen Profess wendet er sich an „Iñigo de Loyola, den Oberen der Gesellschaft von Priestern Jesu“ (*Fabri Monumenta*, 119).

9 Brief an die Mutter des Petrus Canisius, Köln, Februar 1541 (*Fabri Monumenta*, 255).

10 Er schreibt an den hl. Ignatius: „Unser Herr weiß, weshalb ich es nicht verdiene, lange Zeit am selben Ort zu bleiben: gewöhnlich versetzt man mich, wenn die Erntezeit kommt“ (Mainz, 7. November 1542, ebd., 187). Er ist einer „von denen, die durch die Welt ziehen“ (Brief an Ignatius, 25. Januar 1541, ebd., 65).

der das Angesicht der Erde erfüllt"[11], „die Quelle, in der alle Geschöpfe lebendiger sind als in sich selbst"[12].

Noch beklemmender ist die Sicht der Sünde und des Elends, die seine Sehnsucht nach Erlösung nur verstärkt. Vor allem in Deutschland, aber auch andernorts wie auch bei sich selbst entdeckt er Ungenügen, Schwächen und lasterhafte Neigungen, selbst bei jenen, die das Beispiel der Liebe geben sollten. In dieser Zeit der brodelnden Reform nimmt er – einer, dessen Denken und Lebenseinstellung im Mittelalter wurzelt – auch das wahr, was vergeht. Mit einer Klarheit, die ohne Erbarmen hätte sein können, sieht er die Verlogenheit des Klerus und den Stolz der „Geistlichen". Er trifft und trifft immer wieder auf die Nöte der Kirche, mit denen er aufgrund seines Dienstes in Berührung kommen muss. Daran leidet er geistlich und physisch (er hat ein geschärftes Gespür für diese geheimen geistlichen Auswirkungen, die vom Leib her ausgelöst werden); diese Not steckt in ihm wie eine Krankheit und gibt für das ganze *Memoriale* den Hintergrund ab. Sie erstreckt sich bis in die Sphären des Unsichtbaren, bis zum Fegefeuer, in dem die Sünde weiterhin Leid verursacht. Faber hat immer die Worte *Katastrophe* und *Elend* auf den Lippen und in der Tiefe des Herzens.

Dem kann er sich einzig durch den Glauben zur Wehr setzen. Unablässig greift er alles auf, was die Auferstehung Christi zu bezeugen vermag. Auch in seinem *Memoriale* sieht man im Blick auf jedes Unglück und jede Sünde diese Engel erstehen, die ähnlich wie in der Apokalypse den Sieg des Herrn bezeugen und die eingesetzt sind, die kämpfende Kirche zu unterstützen. Im Gebet wendet sich Faber immer an diese Engel und an die Heiligen, weil sein Leben ununterbrochen unter der Last der Fehler und Sorgen der Welt stöhnt. Die scheinbar hoffnungslos verlorenen Seelen, die am meisten betroffenen Städte haben so gleichsam einen Verantwortlichen für ihre Wiederherstellung, kommen in den Genuss einer unsichtbaren Wohltat, die von der Höhe herabsteigt. Die Geographie der Erde wird innerlich verdoppelt um eine himmlische Geographie; ja es gibt auch ein Tiefgeschoß der Heiligkeit und eine unterirdische Kraft der Auferstehung: Das sind die Reliquien und alle Samenkörner des Lebens, die von den Heiligen, die an diesen Orten gelebt haben und gestorben sind, in die Tiefen der Erde gesenkt wurden. Die Bosheit, die Faber umgibt, ist also nur

11 Brief an Ignatius, 1. September 1540, ebd., 34.
12 Brief an Ignatius, Ende Mai 1544, ebd., 261.

ein vorübergehender Teil der Geschichte, den die Überfülle der Gnade von oben und unten bedrängt und der sich nur vorübergehend diesen Kräften, die viel stärker sind als die der Sünde, widersetzt.

Gewiss, so ist die Sicht des Glaubens, doch sie belebt das Vertrauen und den Einsatz des Apostels. Alle „Andachten“ Fabers haben Teil an dieser apostolischen Erfahrung im Herzen des Erlösungsgeschehens: Sie entspringen aus dem Innern und bewegen sich auf das Unsichtbare zu, das schon im Schoß der Erde wirksam ist, und auf die unendlich verschiedenartigen Wesen, die ob ihrer Nähe zu Gott und ihrer Nähe zu uns das Gelingen des Heils garantieren. Sie sind keine Flucht, wohl aber die Erneuerung der Hoffnung im Kampf des Christen. Sie sprudeln aus der Welt selbst hervor, sie sind – bei allem affektiven Widerhall einer so sehr vibrierenden Seele – Hilferufe und Aufruf zu Vertrauen, das an Gewissheit grenzt.

Das Geheimnis Gottes, der da kommt, uns zu retten

Dieser unablässige Rückgriff auf „nach oben“ und „nach unten“ wird für Faber zur persönlichen Herausforderung; diese und seine apostolische Tätigkeit enthüllen ihm nach und nach Gott selbst, grenzenlos „in der Höhe“ und grenzenlos „in der Tiefe“. Das Innere Gottes selbst entfaltet sich in seinem eigenen inneren Leben und im Inneren der Welt; Faber erkennt in den Bewegungen, die er in sich und um sich herum feststellt, die Bewegung Gottes, das Geheimnis, das sich erschließt, damit alle Menschen in es eingeweiht werden.

Dieser Gott ist unendlich. Er übertrifft in den Höhen, wo er bleibt, und in die Tiefen, wo er auch wohnt, alles, was wir von ihm erwarten dürfen: „Er selbst ist unendlich in jeder Hinsicht: unendlich, alles Begreifen und Verstehen der Geschöpfe übersteigend; unendlich, weiter reichend als alles geschöpfliche Fassungsvermögen; unendlich, alles, was Geschöpfe verstehend je ausloten können, noch tiefer erfassend; unendlich vor allen Geschöpfen, unendlich hinter allen Geschöpfen, unendlich am Grunde aller Geschöpfe – das alles ist er.“ [161] Zwischen dieser Unendlichkeit in der Höhe und dieser Unendlichkeit in der Tiefe liegt das zweite, das Fabers größere Aufmerksamkeit findet und was er im Verhalten Gottes zu uns wieder entdeckt: „In seinem Willen und Befehl aber ist er so demütig, so begrenzt, und abgemessen sind seine Befehle, dass keiner von ihnen die Kräfte eines noch so schwachen Menschen übersteigt, sofern dieser sich nur von der Gnade helfen lassen will, die ihm stets zur Verfügung steht und über die er mehr verfügen kann als über sich selbst. In dem, was er uns vorschreibt, in dem, wozu er uns verpflichtet, gibt es nichts, was nicht im Bereich des Menschenmöglichen liegt, ja oft diesen Rahmen gar nicht erreicht." [161]

Dieses Geheimnis erfüllt sich in Jesus Christus, FÜLLE der Gottheit, die in die Tiefen der Menschheit herabgestiegen ist, gegenwärtig ist „unter mir und in mir" wie auch „über mir" [307]. Die göttliche „Überfülle", die sich in Christus ausgebreitet hat, verbreitet sich durch ihn bis zu uns und unter uns hinab. Diese „Überfülle" kennzeichnet bei Faber zuerst die inneren Bewegungen der Andacht, doch was er erfährt, dehnt sich für ihn nach und nach in den Strom einer Überfülle aus, der vom Vater kommt, der ohne jede Einschränkung von Christus aufgenommen und besessen wird und der sich von da in die Menschen ergießt, um durch sie die tiefsten menschlichen und materiellen Tiefen zu erreichen. So geschieht Einigung der Welt kraft der Quelle, aus der alles hervorgeht und für die alle Dinge zu Vermittlern werden: „Hier wünschte ich auch, alle Menschenleiber, alle Menschenseelen und alle Menschengeister, die ihrem von Gott geschenkten Wesen nach gar geräumige Gefäße sind, möchten mit Gnade und Herrlichkeit angefüllt werden, die aus jenem höchsten Gefäß herabströmt, das da die Menschheit Christi ist, welche die ganze ‚Fülle der Gottheit' (Kol 2,9) in sich fasst. Könnten doch auch wir von ihr aus diesem Überfluss erfüllt werden!" [275]

Gott, der in die Welt eintritt, zieht alle mit sich, die seinem persönlichen und wohltätigen Leben entsprungen sind. Die Engel steigen herab in sein Kielwasser; geheimnisvoll nehmen sie Einfluss auf alle Wesen und wirken bis in diese körperlichen Sphären hinein, die uns selbst dunkel bleiben. Die Heiligen bilden im Inneren unserer Städte eine bewohnte Stadt, wovon unsere Handlungen und Gedanken Zeugnis geben, ohne dass wir sie sehen würden. Selbst die Dinge tragen diese Macht der Heiligung in sich, die sie zu Mitteln des Heiles macht: das Wasser ist angereichert mit den Segnungen des Vaters, die Kirchen sind Gott geweiht, menschlicher Glanz findet Eingang in die Liturgie, die Reliquien und die Gegenstände, die von Heiligen verwendet wurden, alle diese großen und kleinen Dinge haben Teil am Mysterium Gottes, der da kommt. Eigenarten und Wirkmacht, die Faber in ihnen erkennt, sind dieselben wie bei Gott. Diese von Gott erfüllten Wesen sind das Ergebnis dieses Abstiegs Gottes, denn genau das ist das Geheimnis seiner Ankunft: Gott erscheint, er selbst, in dieser

Welt und damit im Aussehen und in der Gestalt dieser unzähligen Wesen, denen und durch die er sich gibt.

Auch Fabers Beten und Handeln beginnen immer bei der lebendigen Mitte dieser universalen und göttlichen Ankunft und kehren dahin zurück: das eucharistische Opfer, eine in sich verborgene Mitte, so sehr sie auch sichtbar ist. Da, im Herzen der bescheidensten Sache, verwandelt der Herr selbst die Welt und wirkt in ihr wirklich das Heil. Da berührt der erhabene Gott in gewissem Sinne die entferntesten Tiefen der Wirklichkeit, um sie mit seinem eigenen Leben zu beleben. Diese selbe Überzeugung veranlasst Faber, über den Abstieg Jesu in die Hölle und über seine eucharistische Gegenwart zu meditieren: die extremen Pole des Universums, die Abgründe des Schmerzes und der Materie sind gleichermaßen erreicht durch die allmächtige Bewegung des Schöpfers.

Durch seinen Geist durchdringt Jesus die Welt mit seinem Leben spendenden Handeln;[13] das, was Christus im Geheimnis der Eucharistie in der Gestalt des wirksamen Zeichens vollbringt, kommt zur Vollendung und wird wiederholt durch den Geist im Herzen jedes Menschen. Die Unendlichkeit der GABE offenbart sich gerade in den Tiefen, in denen sie aufleuchtet. Faber macht als aktiver Zeuge dieser inneren Arbeit des Heiligen Geistes bei sich selbst und bei den anderen alle Episoden mit geistlichem Feingefühl zugänglich: Gott kommt zu ihm.[14]

Als sähe man eine neue Erde vom Grund des Meeres aufsteigen, so stellt Faber die allmähliche Veränderung der drei menschlichen Seelenkräfte fest, deren subtiles Spiel er in der Hohen Schule zu analysieren gelernt hatte: Wille, Gedächtnis und Verstand werden nach und nach umspült vom Leben, das aus dem Inneren hervorbricht. Diese drei Kräfte stellen in geheimnisvoller Weise das innere Leben der drei göttlichen Personen dar. Wie immer beginnt das Werk des Geistes bei dem, was am tiefsten verborgen und am originellsten im Menschen ist, beim Willen oder besser beim

---

13 Eine Besonderheit ist darin gegeben, dass Faber im Geist weniger den Geist der Sohnschaft oder der Liebe sieht als den Geist, der heiligt, stärkt, erleuchtet und gerecht macht. Darin äußert sich jedes Mal eine Durchdringung der Welt durch Gott.

14 Die passive Natur dieser inneren Vorgänge wird auch durch die Art bezeugt, in der Faber davon spricht. Er erwähnt sie nacheinander als bloße Vorfälle, deren Zusammenhang sich ihm entzieht: „Es war mir gegeben", „Mir geschah es dann", usw. Er nimmt zur Kenntnis, was er empfängt. Das sind die aufeinanderfolgenden Ereignisse, die sich ihm nach und nach zeigen, geheime Einbrüche und immer „Neuigkeiten". Ein Wort kennzeichnet diese Chronik: „auch", – es gab dieses, und dann *auch* das. Immer unvorhersehbar tritt Gott ein, weil er unendlich ist, immer diskret, weil er sich klein zu machen weiß am Grund des Herzens.

Gefühlsleben, selbst bei seinen dunklen und tiefen Regungen, die in das bewusste Leben in der Gestalt von Stimmungen, Entscheidungen und Erkenntnissen eintreten. In dieses Untergeschoss menschlichen Lebens tritt das göttliche Leben zuerst ein.

Sobald sie im Bewusstsein auftauchen, nimmt Faber die zaghaften Anfänge wahr und sucht ihrem Auftauchen in ihm in voller Zustimmung zu begegnen. So „entdeckt" er seine *affectus* (Anmutungen), die am Grunde seines Herzens erwachen und zurückgehen auf eine Gegenwart, deren Anziehungskraft er wahrnimmt, in dem, was sie in der Seele anregen, ohne das Handeln genau zu erfassen, das sie verlangen. Er nimmt alle diese inneren Anregungen und Bewegungen – oder Geister – wahr, die im Grunde in der menschlichen Affektivität wurzeln und die Anzeichen eines Austausches zwischen dem Menschen und Gott sind; die Impulse, die durch ein verborgenes Kommen hervorgerufen und Zeichen einer Erneuerung sind, von der Faber weiß, dass sie nicht ohne Urheber sind. Er erwähnt ja so viele von diesen „Wünschen", die ihn ihm als Echo – vielleicht ein sehr subjektives, daher weniger deutliches Echo – auf die feinsten Signale auftauchen, deren Anruf seine hörbereite Seele wahrnimmt. Gewiss, er spürt in sich auch, wie er in der Welt den Einfluss der bösen Mächte feststellt. Aber sie kommen nicht – diese Erfahrung macht er – aus den Tiefen seiner selbst, sie treten in ihm nicht in das tiefe Schweigen ein, sie reizen ihn, aber verführen ihn nicht; sie sind nicht bei sich (daher kraftlos).

Wie oft doch wiederholt der heilige Ignatius, Faber erlebe sich als „Gott verbundenes Instrument". Er ist es in der tiefsten Tiefe seiner selbst. „Ich bat den Heiligen Geist, schrieb er am Pfingsttag, geistlich zu gestalten mein Sein, geistlich mein Leben, geistlich meine Gefühle, geistlich auch meine Gedanken (…) Da war mir auch gegeben, in vielen Gebeten um die Gnade des Heiligen Geistes zu bitten, fortan möge mein Sein, Leben und Fühlen in diesen Geist verpflanzt werden, damit sich das Heil meiner Seele in jenem innersten Grund ereigne, der dem Heiligen Geist offen steht, und ich davon loskomme, die Dinge des Fleisches und des Leibes auf leibliche Art zu empfinden (…)." [313]

Hier, „in der Mitte seines Herzens" [307], taucht Gott auf und tritt ein in seine ganze Existenz, in all sein Tun, in alles, dem er begegnet, bis in die Fasern seines Leibes, die für den Geist durchlässig geworden sind. Das „Ich" wird tatsächlich zum Sakrament eines sich opfernden Abstiegs. In „diese für den Geist offenen Tiefen" tritt die unendliche Barmherzigkeit von oben ein, um sich in ein Leben zu ergießen, das alle Schichten des

Seins erreicht – ausgehend vom inneren und verborgenen Ort, von wo sie aufstrahlt.

Vom „Vater, der darüber ist", bis zum „Hl. Geist, von dem man sagen könnte, er sei darunter, will sagen in unserem Inneren" [307], verströmt sich das göttliche Leben in Schweigen, gleichsam in einer Nacht, was einige Zeichen lediglich andeuten. Selbst in seiner Ankunft bleibt es unsichtbarer Natur. Der Erlöser kommt aus dem Schweigen der trinitarischen Fülle; er wirkt im schweigenden Herzen der Welt; und er lockt zu diesem inneren Schweigen jene an, die er in ihrem Inneren erreicht, d. h. gleichermaßen im Inneren von ihnen und im Inneren von ihm. Durchdrungen von diesem Geheimnis zieht Faber quer durch die Welt wie in einem schon geheiligten Tempel, der Erweiterung des himmlischen Tempels der göttlichen Majestät auf Erden.

Schweigend bewegt er sich unter den Menschen, wie man in einer Kirche schweigt, in geistlicher Bescheidenheit, die überall die GEGENWART achtet, deren erster Zeuge und Mitarbeiter er ist. Nichts Erstaunliches, dass dieser *in actione contemplativus* in Maria diese „Bescheidenheit" bewundern und nachahmen will – ein Bild der betenden Kirche, die mit Maria Gott anbetet, den sie trägt und der in ihrem Schoß heranwächst: „Während der Vesper, als meine Augen auf das Bild der Jungfrau Maria fielen und ich von der bescheidenen Atmosphäre angezogen war, da spüre ich recht deutlich, wie wertvoll die Gnade war, nur den einen Gedanken zu haben, Gott allein zu gefallen, all diese Gaben in seinem Herzen zu bewahren und aufzunehmen, – als fürchtete man, durch ausgegossene Vertraulichkeiten Liebe zu erhaschen oder bei den anderen einen Namen zu erhalten. Die Schönheit Mariens ist ganz innerlich, in Gott verborgen." [208]

Das unruhige Verlangen nach Heil kehrt schließlich im Danksagen wieder: Das Heil ist tatsächlich gekommen. Vom Glauben, der Gott entdeckt, zum Heil, vom Herabsteigen zur Sehnsucht, die hofft, und vom „Gedächtnis", das die empfangene Gabe aufnimmt,[15] passiert Verbindung in der Danksagung; sie entspringt einer Gewissheit und gründet in der Pflicht der Anerkennung: der Allerhöchste ist niedergestiegen in den Abgrund des Elends dieser Welt, das ist die sichere Tatsache, die Faber in seiner inneren und apostolischen Erfahrung „anerkennt"; dieses göttliche

---

15 Bei Faber ist das „Gedächtnis" die Fähigkeit, die durch das Erinnern der Taten Gottes die noch aktuelle Gegenwart Gottes anerkennt, der ihr Urheber ist; zugleich ist sie eine Sammlung der Gnaden, die nacheinander erhalten wurden und ein Vergegenwärtigung der Person, deren Kommen sie bezeugen. Sie bezieht sich auch auf den Vater, den Ursprung alles Guten.

Leben, das in das Herz der Erde eingepflanzt ist, muss Frucht bringen, das ist die Berufung, die in ihm die Kraft des Geistes und seine eigene Dankbarkeit erwecken.

Er wird somit zur größeren Ehre Gottes arbeiten. Doch wenn Faber sich dieser Ehre hingibt („verliebt in die Ehre Gottes", sagt er), kann es für ihn nicht um eine Ehre gehen, die aus menschlichen Ehrungen käme, sondern die allein auf die Offenbarung Gottes zurückgeht. In Wirklichkeit umgestaltet durch eine reale PRÄSENZ, wird die menschliche Welt zum wirksamen Zeugnis dieser barmherzigen Herrlichkeit, die aus der höchsten Höhe bis in die tiefste Niedrigkeit gekommen ist. In dieser Erneuerung des Universums weiß Faber sich verbunden dieser Leidenschaft Gottes für die Welt, diesem verborgenen Leben, das nach und nach die Grenzen des Sichtbaren übersteigt, das seine geheimnisvollen Wege in die Tiefen des Elends gräbt und das dem Apostel diesen „Ausruf" der lobenden Danksagung entreißt, von der der fortlaufende Text seiner Leiden, seiner Hilferufe und aller Übel seiner Zeit verwandelt worden ist.

Fabers Stimme dringt bis zu uns durch. Nicht als hätte Faber durch sein Tagebuch die Erinnerung an ihn verewigen wollen; im Gegenteil, er hätte sich verschwiegen. Sein *Memoriale* war nicht für uns bestimmt, und er hat es uns nicht anvertraut; drei Jahrhunderte nach dem Tod des Verfassers wurde es veröffentlicht. Doch wenn wir heute dieses in Gott verborgene Leben aufgreifen, wenn die Umstände uns diesen für die innere Betrachtung verschlossenen Garten eröffnen, treffen wir auf den Faber, der er war, hingegeben, ohne sich herauszustellen, verborgen im Inneren der Gabe, die er vermittelt. Das Wort, das von ihm ausgeht, ist brüderlich: es drängt sich nicht auf, es kommt von innen; es ist das WORT, dem er folgen wollte und für das er nur ein neues Echo ist.

Jean-Joseph Surin[*]

Jean-Joseph Surin wurde 1600 in Bordeaux geboren. 1616 trat er in die Gesellschaft Jesu ein; am Ende seiner Ausbildungszeit traf er auf Père Louis Lallemant, den er mit anderen als Lehrer hatte. Er war von schwacher Gesundheit. Zunächst wurde er nach Marennes in die Gegend von Saintonge geschickt, dann 1634 als Exorzist nach Loudun. In einer Atmosphäre nervöser Anspannung wurde er durch außerordentlichen Stress so sehr ausgelaugt, dass er sich eine geistige Erkrankung zuzog, die er dem Teufel zuordnete. Diese Besessenheit vom Teufel und die damit verbundene Niedergeschlagenheit lasteten beinahe 20 Jahre auf ihm, ehe er von diesem Übel befreit wurde. Die Jahre gingen mit außerordentlichen Gnaden einher. Gegen Ende dieser Zeit begann er die Werke zu schreiben, die ihn zu einem der bekanntesten geistlichen Schriftsteller Frankreichs machten.

Surin hat beachtlich viel geschrieben, doch der größte Teil wartet noch auf eine sorgfältige Herausgabe.[1] Eine herausragende Klarheit kennzeichnet alle seine Schriften. Genau genommen ist es keine Einsicht psychologischer Ordnung noch die Frucht tiefschürfender Studien, im Wesen handelt es sich um ein Verständnis, das aus Erfahrung kommt, eine unbeirrbare Kenntnis von dem, was wahr und was falsch ist. Die Genauigkeit von Surins Diagnose geht einher mit einer klaren, absoluten und

* Erschienen in: The Month 24,6 (1960), 340–353. Aus dem Englischen übersetzt von Andreas Falkner SJ, in: Geist & Leben 92 (2019), 210–216 u. 316–323. Anm. d. Übers.: Michel de Certeaus Wunsch, das Puzzle des tiefgründigen und in alle Winde verstreuten Werkes des Jesuiten Jean-Joseph Surin (1600–1665) zur Sprache zu bringen, traf auf die Absicht der französischen Jesuiten um die Zeit des Zweiten Vatikanischen Konzils, „die grundlegenden Werke ignatianischer Spiritualität herauszugeben". Jean-Joseph Surin, der in den Augen Henri Brémonds „der größte Mystiker der französischen Gesellschaft Jesu" ist, durfte in dieser Reihe nicht fehlen. – Ob Michel de Certeau ahnte, dass J. J. Surin zur Bauhütte seines Lebens würde? Dieser wird in zahlreichen Fällen zum Dreh- und Angelpunkt vielfältiger Formen von Untersuchungen. In J. J. Surin sieht Certeau sein Double, das ihn bis zum letzten Atemzug begleitet. Vgl. F. Dosse, *Michel de Certeau. Le marcheur blessé*. Éd. La Decouverte. Paris 2002, 112 f. Eine französische Version des Artikels ist mir nicht begegnet.

1 Abgesehen von den ersten beiden Bänden seiner Briefe (*Lettres*, ed. 1926 u. 1928), *Fondements* (ed. 1930), *Questions sur l'Amour* (ed. 1930) und *Poésies* (ed. 1957) werden die folgenden Werke nach älteren Ausgaben oder nach Manuskripten zitiert: *Guide Spirituelle*, *La Science Experimentale*, *Le Triomphe de l'Amour*, *Les Dialogues*, *Le Catéchisme spirituel* und die noch ausständigen Briefe (die in *Correspondence de Jean-Joseph Surin*. Desclée de Brouwer – Paris 1966 von Michel de Certeau ediert wurden – Anm. d. Übers.).

leidenschaftlichen Entscheidung für Gott, was ihn befähigt, in all den Umständen des täglichen Lebens zwischen den Hilfen und den Hindernissen zur Liebe zu unterscheiden und zu erfassen, was von und was nicht von Gott ist. Herz und Hand sind gelenkt und geleitet von derselben einzigartigen Zielgerichtetheit. Surins Denken funkelt und strahlt gleich einem Diamanten. Seine Liebe ist mächtig: sie ist die Seele seiner Klarheit.

Surin entwickelt kein theologisches System und hat auch nicht versucht, irgendeine abstrakte Beschreibung von inneren Zuständen der Seele zu geben. Er hielt sich an die Wiedergabe von Fakten und auf diese Weise versuchte er, ein Erfahrungswissen des geistlichen Lebens zu bieten. Sein Ziel war es, in der Abfolge der Phänomene logische Strukturen aufzuzeigen, die von der Seele erfahren werden und die Entwicklung eines menschlichen, von Gott geschaffenen Lebens kennzeichnen. Denn das Geheimnis der menschlichen Persönlichkeit ist eben das Geheimnis göttlichen Handelns. Das Problem des Menschen wird also in den Zusammenhang seines eigenen Lebens gestellt, das selbst unermessliches Geschenk und Quelle wahrer Liebe ist. Diese Lehre ist Surin nicht eigentümlich, doch hat er sie mit einer besonderen Emphase übernommen, sie in erhellende Sprache gebracht und vor allem mit einer bemerkenswerten Intensität gelebt. Er war eine Seele, die an die Grenzen menschlicher Erfahrung bis an die Tiefen des Wahnsinns und der Verzweiflung gelangt ist und unzugängliche Höhen berührt hat, die uns nur durch Erzählungen, geschrieben von Mystikern, bekannt sind. Er hatte, wie sonst wenige, ein Wissen von unerforschten Regionen aus direkter Anschauung, er erforschte die Abgründe seiner eigenen Nichtigkeit und der göttlichen Beständigkeit. Seine außerordentliche Erfahrung machte eine Wahrheit sonnenklar, die ein Gemeinplatz des Christenlebens ist. Und er sah das in einer für jene schwerlich vorstellbaren Dichte, deren Erfahrung gewöhnlich ist. Er nahm das Risiko auf sich, einen Fehlgriff zu tun, und kannte die Extreme von Ekstase und Verzweiflung; so hat er in aller Klarheit die innere Dialektik der Begegnung der Seele mit Gott wahrgenommen. Ohne Zweifel ist das der letzte Grund für die Klarheit, die wir in Surin finden. Seine Botschaft vermittelt das Absolute, und er kennt, wovon er spricht. Es wird gewiss als passend empfunden werden, vor der Skizzierung seiner Lehre sein Leben in Erinnerung zu rufen.

Im Jahre 1656 hat Pater Surin ein Zimmer der Krankenabteilung in einer entlegenen Gegend bezogen, die zum florierenden Jesuitenkolleg in Bordeaux gehörte. Seine Kollegen waren geschätzt und verantwortlich für die Erziehung der besonders angesehenen und wohlhabenden Schüler der

Stadt. Surin war wegen der Geisteskrankheit, die ihn vor 20 Jahren ereilt hatte, an das Haus gebunden.

Am Abend des 9. Juni, als er vor seinem Bett stand, wurde er (so erzählt er uns) wieder vom Gedanken angefallen, der ihn nicht losließ, „Du bist verdammt."

„Dieser Gedanke begann in mir große Bedrängnis auszulösen, und ich fühlte Herzstechen, das mich auf die Einstellung verwies: und wenn es Gottes Wille sein sollte (...). Ich stammelte diese Worte: Ich ersehne es, wenn Gott es ersehnt, und vergrub mein Gesicht in das Bettlaken, um meine totale Unterordnung unter den göttlichen Willen zu kennzeichnen."

Trotz aller Hoffnungslosigkeit hat er seine Liebe nicht aufgegeben. Letzten Endes wünschte er, in die unergründlichen Pläne des Allmächtigen einzustimmen, aber doch hatte er gedacht, er habe seine Praxis der Hingabe, die ihn mit Gott verband, verloren. Mit seinen Worten drückt er das so aus: „Von da an fühlte ich, so schien es mir, eine zweite Welle, die mich mitriss und verschlang und meiner Seele Frieden brachte."[2]

Diese Episode kennzeichnet den Beginn seiner Heilung. Sein Verhalten ist für ihn typisch. Er war geteilt zwischen der Besessenheit, die sich in seinem Denken breitmachte, und der tieferen geistlichen Bewegung, die das Herz durchströmte. In ihm trafen das Du und das Ich aufeinander. Dabei ist die Aussicht auf Verdammnis als gewiss anwesend („Thou art damned"), ja selbst die verdammende Stimme empfindet er nicht als seine eigene („Thou"). Wenn er an Verdammung dachte, wurde die Idee zu einer reinen Hypothese („wenn Gott es ersehnt") – der eingrenzende Fall einer Liebe, die keine Grenzen kennt. Solch eine Dichotomie ist Zeichen der Trockenheit, aber selbst in seiner Trockenheit kommt ein tieferes Selbst an die Oberfläche („Ich wünsche es"). Surin versucht nicht länger, sich dem absurden, lange anhaltenden Gedanken auszusetzen, doch Selbstmord zu begehen. Er ordnet sie den psychologischen Fakten seines Missgeschicks unter und akzeptiert es. Dieses Annehmen ist nicht etwas rein Passives, es ist eine Hingabe seiner selbst und atmet etwas Radikaleres als Verzweiflung. Sein unbezähmbares Verlangen, mit Gott verbunden zu bleiben, was immer es koste, versetzt ihn offensichtlich in die Lage, die Lücke anzunehmen. Es verändert die ganze psychologische Situation und setzt das, was als Fügung erschien, auf den Stand einer Hypothese herab. Die Seele ist offen für den mystischen „Fluss" – Gottes Gegenwart in ihm ergreift Besitz von

2 *Lettres* II, 66 f.

einer Seele, deren Ziel es ist, ihrer Hingabe keine Grenzen zu setzen. Von jetzt an wird die mächtige Woge, die aus den Tiefen der Gottheit aufsteigt, nach und nach die oberflächliche Gespaltenheit in seiner Persönlichkeit, die das äußere Zeichen seines Wahnsinns ist, wegspülen.

Diese Krise kennzeichnet den Wendepunkt in seiner Krankheit, deren Ursprünge Surin mit großer Klarheit analysierte und die er als teuflische Besessenheit ansah. 1635 schrieb er:

„Es ist, als hätte ich zwei Seelen. Eine von ihnen ist aus meinem Körper hinausgeworfen und des Gebrauchs der Organe beraubt, und gleicht jemandem, der einen Angreifer zu bändigen hat. Ich bin mir dessen bewusst, verdammt zu sein und fürchte das. Ich fühle mich selbst, von Pfeilen der Verzweiflung durchlöchert, in einer fremden Seele, die die meine zu sein scheint, während eine andere Seele voll von Vertrauen ist, die Gefühle der Furcht geringachtet und vollkommen frei ist, deren Urheber zurückzuweisen."[3]

Wahrscheinlich ist die Diagnose zutreffend, dass dies ein Fall von Psychose sei: Gespaltenheit seiner selbst, krankhaft auffällige Sexualität, Besessenheit und Halluzinationen, die einem Verfolgungswahn ähnelten. Es ist gewiss, dass Surin fast zwanzig Jahre an Schizophrenie litt. Was immer die genaue Natur seiner Krankheit und die Umstände waren, die seiner Heilung zuträglich wurden, es ist sicher, dass außerordentliche Gnaden und eine große Heiligkeit des Lebens mit seiner kranken Veranlagung zugleich existierten. Surins Lauterkeit kann nicht infrage gestellt werden, wenn er die Gnaden, die er empfangen hat, beschreibt. Die präzise Aufzählung der Gaben an ihn, aber auch sein Verhalten als Ordensmann, sein apostolischer Eifer und seine geistlichen Lehren stellen ihre Echtheit außer Zweifel.

Nach dieser langen Periode der Prüfung fühlte er sich gedrängt, die Wahrheit, die er erfahren hatte, zum Ausdruck zu bringen. Es war nicht der Wunsch, zahlreiches Publikum zu erreichen, denn er sah nicht voraus, dass dieses Werk eines Tages veröffentlicht werden würde. Immerhin erfüllte ihn ein Drängen, eine Wahrheit zu beschreiben, die ihn von seiner Besessenheit zurückgeholt und seine Seele für das Handeln von Gottes grenzenloser Gegenwart geöffnet hatte. Zunächst war er unfähig, selbst zu schreiben; so diktierte er das erste Buch *Catéchisme spirituel* („so etwas wie eine Trompete" nannte er es, auf jeden Fall war es so etwas wie ein Siegeslied). Das waren keine persönlichen Memoiren, sondern eine Veröf-

3 *Lettres* I, 127.

fentlichung der WAHRHEIT und des Weges, der dahin führt. Er wählte die Form des spontan geführten Dialogs, weil ja jeder Katechismus Frage und Antwort einsetzt und weil diese Methode auch dem diente, seine inneren Erfahrungen fortzuführen. Die Antworten waren aber auch die Weisheit eines Sieges, den Gott über die Angst der Seele errungen hatte.

Die Segnungen, die er empfangen hatte, waren dazu bestimmt, viele andere zu segnen. Wenn er von den Wegen auch nur erzählte, auf denen göttliche Liebe am Werk ist, hat er schon geholfen, diese Wege besser bekannt zu machen, denn seine Bücher waren bald weitum zugänglich. Surin, Apostel durch Berufung und dem Temperament nach, war darauf bedacht, andere mit seinem eigenen Eifer in Brand zu stecken. Er verlangte danach, alle Christen auf den Weg zu bringen, den er geführt worden war, und sie alle für seinen Kreuzzug zu gewinnen. Vom ersten Moment an fühlte er sich gedrängt, sein Haus zu verlassen, bis zu seinem Tod 1665. Dieser unbezähmbare kleine Mann hinkte seinen Weg die Straßen Frankreichs entlang, um in Konventen und auf dem Lande sein Thema der Liebe zu predigen.

Niemand weiht sich selbst Gott, ohne einen vollständigen Bruch mit seiner Vergangenheit. „Jede gute *Gewohnheit* erfordert in erster Linie Anstrengung.“[4] Das ist die „Grundlage des geistlichen Lebens“, die Père Louis Lallemant „zweite Bekehrung“ nennt und Surin den „ersten Schritt“. Dieser besteht in einem *entschiedenen Entschluss*, Gott nichts zu verweigern, alles zu tun, was in jemandes Macht gelegen ist, all Seinen Wünschen zu entsprechen. Wie gut immer jemand sein mag, alles, was er tut, bevor er diesen Entschluss gefasst hat, liegt genau genommen außerhalb der Zielrichtung des geistlichen Lebens.[5] Es gibt kein Leben, von dem gesagt werden kann, es sei von Liebe und Heiligkeit beseelt, ohne einen „Sprung“[6], der den Übergang vom Relativen zum Absoluten kennzeichnet. Wo ein Fall von Alles oder Nichts gegeben ist, der Beginn muss von derselben Natur sein wie das in den Blick genommene Ziel – nämlich universal und absolut. Niemand darf Gottes Aufruf Grenzen setzen, wenn es darum geht, Seinem grenzenlosen Wesen zu entsprechen.

Hier darf man eine Parallele zur Philosophie sehen. Für Descartes ist der universale Zweifel der *Startpunkt*; für Hegel der Entschluss, sich selbst kopfüber in die Philosophie zu stürzen. Ebenso soll die Seele in die aus-

---

4 *Dialogues* I, 15.

5 *Fondements* 5, 11 [Anm. d. Übers.: Der kursive Schriftschnitt geht auf Certeau zurück.].

6 *Questions* I, 2.

schließliche Suche nach Gott ausziehen, im Geist völliger Unterwerfung. Sie muss sich selbst und ihr ganzes *Leben* ohne Abstrich Gott zur Verfügung stellen. Der absolute Charakter dieses Unterfangens ruft nach einer entsprechend absoluten Verfügbarkeit auf der Seite des Subjekts. Nie versucht Surin diesen Punkt kleinzureden: „Allerdings habe ich einen Cantus-firmus – das Herz für alles bereit zu halten."[7] „Gott mag keine halbherzigen Zugeständnisse, er verlangt eine schrankenlose Herzlichkeit ohne jedes Hintertürchen."[8] „Manche Dinge müssen auf einmal getan werden. Es geht nicht an, zu überlegen und es abzusetzen; wer startet und Bedingungen stellt und Kompromisse vorschlägt, erreicht nichts."[9] Auf die Maxime kompletter Selbstentäußerung zu pochen – ich erwähnte es schon – ist einer von diesen Punkten. Surin ist sich dessen bewusst, dass jeder noch so geringe Vorbehalt in einer Frage des Grundsätzlichen mehr verursacht, als bloß der Hingabe an Gott eine Grenze zu setzen; es verändert jedesmal die gesamte geistliche Haltung vollständig.[10] „Willst du alles gewinnen, musst du alles verlassen: ein Hintertürchen, selbst ein *kleines*, ist genug, um *alles* zu verspielen."[11] Ein Christ, der zu allem bereit ist, jedoch gewisse Einschränkungen macht, ist nicht wirklich bereit zu allem. Er ist ein totaler Fehlstarter. Vergiss einen halbherzigen Dienst, das Gesetz verlangt ja schon einiges. Mit anderen Worten, die Vollkommenheit des Gesetzes verlangt, dass Gott einem *alles* sein soll, dass Christus für den Christen *alles* sei.[12] Der absolute Charakter dieses Entschlusses weist schon auf seine Unmittelbarkeit hin. Hat einmal die Seele an Gott erkannt, was Er ist, bleibt kein Raum mehr für die vielfältigen Ziele einer zeitlichen Existenz. Einzig der totale und unmittelbare Verzicht kann der ewigen Allmacht Gottes entsprechen. Nicht dass die Selbstentäußerung unmittelbar wirksam wäre, sondern die Hingabe muss am Anfang stehen. „Ich meine, dass das Verlangen auf einmal vorhanden sein muss, doch die Ausführung des Verlangens geschieht schrittweise."[13]

Wenn dieses Verlangen matt ist, bleiben geistliche Schriften wirkungslos. Denn ihr ganzer Zweck besteht darin, die Pfade geistlichen Fortschritts

---

7 *Brief an Madame de Houx*, Ende 1660.
8 *Brief an Madame de la Cheze.*
9 Surin fügt dem hinzu: „Wer Kompromisse macht, möchte die Dinge nur halb tun."
10 *Brief an Anne Buignon*, 1. Juli 1660.
11 *Lettres* I, 264.
12 *Brief an Anne Buignon*, 1. Juli 1660.
13 *Ebd.*

zu erhellen, der einzig mit diesem festen Entschluss beginnt. Daher erklärt Surin immer wieder einmal, dass er in schriftlicher Form einzig mit Seelen Kontakt haben will, die entschlossen sind. Wenn sie wirklich entschlossen sind, werde er keine Mühe scheuen, ihnen zu helfen; wenn nicht, gehen seine Worte ins Leere. Leider ist es eben diese Qualität der Entscheidung, die so oft in den Seelen fehlt, die den Vorsatz machen, sich selbst Gott zu geben und die den Ernst der von ihnen getroffenen Wahl tatsächlich nicht erwogen haben. „Die meisten sind ‚zögerlich' und vernachlässigen den festen Entschluss, Gutes zu tun. Das Unterfangen verlangt den gesamten Einsatz und verbietet es ihnen, halbherzig zu arbeiten. (…) Tatsächlich ist ihr Heil in Gefahr. Denn wenn in ihrem Bereich solch eine Mischung von Gutem und Bösem herumliegt, wenn ihre Verbindlichkeit zu locker ist, kann man da sagen, dass sie Gott als ihren Meister erwählt haben?"[14] Schließlich sind sie zwar in der Lage zu tun, was recht ist, aber doch unfähig, alles zu empfangen, was Gott für jene bereithält, und all das zu vollführen, was er in ihnen und durch sie zum Ziele führen möchte. Von da kommt sein Drängen, das zu seiner kompromisslosen Haltung führt und jedem „Kleinmut" die Maske wegreißt.[15]

Surin wird dem nie zustimmen, „das Schlachtfeld zu verlassen"[16]. Auch die Gefährdungen dieses geregelten „Kampfes" wird er nicht kleinreden. „Die Zeit ist kurz, die Aufgabe anspruchsvoll (…). Nur dich selbst kannst du für die Liebe Jesu Christi geben. Tu diesen Schritt mit Entschiedenheit, mache eine großartige Anstrengung, befreie dein Herz, mache es frei von aller Anhänglichkeit."[17]

Das ist ein „heißer Kampf" mit vielen „Tiefschlägen"[18]. Bei Surin sind viele militärische Metaphern zu finden – es braucht Mut, mit dem Feind zu kämpfen, von Burgen, Kreuzzügen ist die Rede. Tod ist ein sehr wirkliches Risiko, denn der Maßstab dieses Kampfes wird durch Gottes Größe bestimmt; das sagt alles.

„Gib dich selbst Ihm und verschreibe dich selbst Seiner Regel in deinem Herzen. Übergib Ihm all deine Rechte (…). Erlaube Ihm, dich von allem weg zu holen (…), dich von jedweden Dingen zu trennen (…), dich von dir selbst wegzuziehen. Seine Aufgabe besteht darin, zu zerstören, zu

14 *Dialogues* I, 11.
15 *Lettres* I, 137.
16 Ebd., 170.
17 Ebd., 209.
18 Ebd., 132.

verwüsten, zu schleifen und dann neu zu gestalten, wiederaufzubauen und zu ersetzen. Er ist außerordentlich schrecklich und wundervoll freundlich. Als der Schrecklichste ist Er der am meisten Gewünschte, ja anziehend wird Er sein. Auf diese Weise wirkt Er, Er gleicht einem König an der Spitze der Armee, vor dem alles den Weg ebnen muss, ja sogar Seine Süßigkeit ist so gewinnend, dass sie alle Herzen zum Schmelzen bringt. Er sucht Personen einzig, um Sein Königtum mit ihnen zu teilen. Wenn Er alles nimmt, geschieht das, um *Sich selbst* ohne Grenzen zu geben. Wenn Er wegnimmt, verfolgt Er das Ziel, sich selbst diesen mitzuteilen, die Er vom Rest der Welt getrennt hat. Er erbittet alles und gibt alles. Nichts kann Ihn zufriedenstellen, und doch ist Er zufrieden mit noch so wenigem, denn Er braucht nichts."[19]

„Ausdauer" ist das erste Erfordernis.[20] Dann folgen Blöße des Herzens und Freiheit der Seele. Wenn eine Seele den ersten Schritt getan hat, muss sie zu der getroffenen Entscheidung stehen. Diese Entscheidung mag noch mit einem großen Anteil versteckter *Eigenliebe* einhergehen. Aber von jetzt an hungert sie, deren Sinn für Klarheit geweckt ist. Sie will eine Spur durch das Gemenge von Motiven legen, das in allen Handlungen gefunden wird. Weil sie auf Wahrheit abzielt, erkennt sie die „Mischung von Geistern in sich selbst"[21]. „Der Teufel bringt immer seine eigene Aktivität mit der von Gott in Verbindung."[22] Das ist die Zeit der Unterscheidung. Auf dieser Stufe stellt Surin alle seine Kenntnis von geistlichen Dingen seinen Lesern und den Seelen seiner Leitung zur Verfügung. Er hilft ihnen, die geheimen Widersprüche in den Tiefen ihres Wünschens aufzulösen, alle ihre Vorwände zu „entlarven"[23] und „den ungewollten Widerwillen zu entmachten, was mit stürmischen Gefühlen verläuft".[24]

Denn will jemand von der Selbstgenügsamkeit ablassen, muss er auf allen Linien Gott vorziehen. Das ist gewiss der beste Weg, Liebe zu zeigen. Alles muss „auf Gott hinzielen"[25]. Somit ist es viel mehr die Absicht als die Natur des Handelns, was Surin ständig im Auge behält. Nach allem lässt er sich auf kein Feilschen mit „entschlossenen" Seelen ein; diese müssen

19 *Questions* I, 7.
20 *Lettres* I, 201.
21 *Lettres* 2, 127.
22 Ebd., 120.
23 *Lettres* I, 190.
24 Ebd., 191.
25 *Questions* I, 3.

nicht an das erinnert werden, was das Gesetz verbietet. Doch Surin erkennt auch, dass egoistische Motive sogar in die edelsten Handlungen einfließen können; zumal ja jede Handlung nicht in sich selbst böse ist, kann sie in Liebe geschehen. Von einem solchen Standpunkt aus gesehen wird geistliche Führung wesentlich auf eine Läuterung der Motive hinauslaufen.

„Welchen Weg bevorzugt das Herz?“[26], das ist nun die grundlegende Frage, und ihr Zweck ist nicht darin gegeben, nun die Seele angesichts des Objektes ihrer Liebe in Ekstase zu versetzen, sondern wieder auf den Boden der Wirklichkeit zu bringen; es geht eher darum, das Objekt des Verlangens mit dem letzten Ziel allen Verlangens zu konfrontieren und so in die Nähe eines inneren *Übersteigens* zu bringen. Das ist der Weg, der stufenweise in „das Reich der reinen Liebe“[27] führt. Tätigkeit wird nun definiert durch ihre „Reinheit“, die in der richtig gelenkten Liebe besteht, durch Selbsthingabe und das Verlangen, Gott zu gefallen und seine Interessen zu teilen. Sie ist dadurch gekennzeichnet, dass „alles einzig für Gott getan werde“[28]. Noch deutlicher, „Gott“ als Motiv ist so rein, dass die Seele Mühe hat, nur deswegen zu handeln, weil „es um seine Glorie geht!“[29]

Das wahre Ziel der Lehre Surins kommt paradoxerweise zum Vorschein, wenn er sagt: „Ich erachte alle Dinge als Dünger, damit ich Christus gewinne“; und doch schließt diese einzige Liebe die Liebe zu den Menschen nicht aus. „Wir müssen unser Verhalten gegenüber dem Nachbarn so regeln, dass wir bereit sind, für ihn zu sterben, und gleichzeitig dafür bereit sind, ihn als unseren Feind zu betrachten.“[30] Unser Nachbar verdient das Opfer des Lebens insofern, als er Gegenstand der göttlichen Liebe ist, woran der Christ teilhat. Er ist unser Feind bis dahin, dass jede Anhänglichkeit an ihn uns von unserer wahren Bestimmung wegzieht, namentlich der Gottheit, die alle Menschen in sich selbst vereint. Gottesliebe und Nächstenliebe vertragen sich. Eine umarmt die andere. Die erste ist universal, die zweite partikulär. Göttliche Liebe ist die Grundlage menschlicher Liebe, die keine andere Grundlage haben kann. Diese Verquickung von menschlicher und göttlicher Liebe ist das Wesen der biblischen Botschaft.

Wie immer, es ist im Gegensatz dazu schon möglich, auf dem Niveau der menschlichen Motive zu existieren. Der Primat Gottes wird sodann zu

---

26 Ebd., 7.
27 *Questions* 2, 2.
28 *Questions* I, 5.
29 Ebd.
30 *Lettres* I, 19.

einer schmerzlichen Trennung von Geschöpfen rufen. Widerspruch steigt in der Seele dessen auf, dessen Liebe zwischen zwei Objekten geteilt und unfähig ist, die fundamentale Einheit anzuerkennen. Aus diesem Grunde bedeutet Einheit in jeder Pädagogik des geistlichen Bewusstseins sehr viel, während es eine sehr nebensächliche Rolle in der Theologie der Liebe spielt. Surins einzige Absicht ist es, diese Trennung aus der Seele zu entfernen; schließlich soll es möglich sein, sich ganz auf Gott zu konzentrieren und alle Liebe auf ihn auszurichten. „Liebe ist ein mächtiger Strom von Gott her."[31] Jemandes „Reinheit" ist das Ergebnis einer Verbindung, die durch Liebe zustande gekommen ist, die von Gott herströmt. Mit anderen Worten, es geht um eine exakte Balance zwischen dem Partikulären und dem Universalen, dem Endlichen und dem Unendlichen. So steht Surin nach der nötigen Trennung ganz und gar auf der Seite der Seele, die sich selbst in Gottes Hand gibt und eher auf Gottes Gegenwart wartet, als einen frontalen Angriff auf partikuläre Anhänglichkeiten zu machen. Somit offenbart alles, was passiert, letztlich den Willen Gottes, nichts ist im Grunde genommen gleichgültig für eine Liebe, die einzig Ihn sucht. Das Bedeutsame an der Sache ist nicht, etwas zu verlassen, sondern Gott zu finden.

Dasselbe gilt für die Gaben, die der gläubigen Seele durch ihre Liebe zu Gott zukommen. Ist diese Liebe uneigennützig? Wenn sie es ist, sollte das für die Dauer des Verzichtes auf alle Belohnung gelten, ja selbst auf die Aussicht der Rettung? Diese Frage entwickelte sich zur Schlüsselfrage des Quietismus, und Surin setzte sich damit ernsthaft auseinander. Einerseits sind da die Gunsterweise, die Gott denen gibt, die Ihn lieben: Er ist die unendliche Fülle und Erfüllung und öffnet die „Schatzkammer geistlichen Reichtums"[32] für jene, die Ihm gehören.

„Was immer du hergibst, bald wird es mehr als hundertfach Deins sein."[33] Die Wohltaten, die Surin denen verspricht, die beten und Gott suchen, sind Freude und Glück. „Gesegnet sind, die (…)", das ist der Refrain seines Gesanges, andererseits hängen diese Gaben von einer einzigen Bedingung ab – die Seele muss Gott um Seiner Selbst lieben. Sobald die Seele in ihrer Gottesliebe auf etwas schaut, das nicht Gott ist, kann sie nicht länger für sich in Anspruch nehmen, Ihn über alles zu lieben. Es macht keinen Unterschied, ob die gewünschten Gaben jene sind, die normaler-

---

31 *Questions* I, 1.
32 *Questions* 3, 1.
33 Ebd., 2.

weise den Gläubigen geschenkt werden. Es ist auch verständlicherweise keine Schande, auf diese Ereignisse zu hoffen, aber es ist eine Unvollkommenheit, ein verkehrtes Verständnis vom wahren Ziel der Seele.

„Wenn also die Seele jene Stufe erreicht hat, einzig auf Gott zu schauen" – also die reine Liebe erreicht hat –, „erfüllt Gott sie mit seiner Fülle, und die Seele ruft nur noch ‚Mein Gott und mein Alles'." Das ist wahres Glück. „Wenn aber die Seele ihr Herz, vielleicht nur leicht, an ein Geschöpf abseits von Gott hängt", indem sie Anhänglichkeit an Gaben zeigt, die nicht auf Gott bezogen sind –, „kann sie diesen Ausruf ganz gewiss nicht in den Mund nehmen."[34]

Reine Liebe führt zu „Weitung der Seele", zu Befreiung von Eigeninteressen, beides zusammen zu einer inneren Ausdehnung der Seele auf Gott hin. Das Partikuläre als Offenbarung des Universalen anzuerkennen, geschieht nicht dazu, um dem Partikulären die Existenz abzuerkennen, es ist eher eine Ablehnung, auf das Partikuläre so zu schauen, als wäre es irgendetwas; es geht um ein Annehmen Gottes, vermittelt durch jedwedes partikuläre Medium. Er erwählt, um sich selbst zu offenbaren. Reine Liebe ist so sehr an diesen Weg des Schauens auf die Dinge gebunden, dass es diesem Sinn und Bedeutung gibt. Nie verliert es sich selbst in Gottferne. „Gott ist genug für dich. Sei arm und verschwende deine Zeit nicht damit, zu schauen, dass alles gut gehe."[35] Sich selbst in kleinkarierte Überlegungen[36] verwickeln zu lassen, ist übrigens Selbstliebe und da gibt es nichts Schlimmeres als ein Herz, dessen Horizont bei Bagatellen endet. Nichts kann gewonnen werden, indem man sich selbst ärgert und sich auf persönliche Kümmernisse und Interessen konzentriert; solches zieht nur die Aufmerksamkeit von Gott ab, die Er in Wirklichkeit verdient. Es ist Seine Aufgabe, zu sorgen und auszugleichen; dafür ist Er uns im Wort. „Sei also geduldig und trag das Kreuz deiner von Natur aus gegebenen Unreinheit"[37] und du wirst frei sein, all deine Aufmerksamkeit auf Gott zu richten. Reinheit des Herzens meint genau das. „Halte dich selbst frei", Surin wiederholt es immer wieder, „auf die Liebe ausgerichtet zu sein und Gott selbst zu fürchten. Du wirst alles in Ihm, der alles ist, finden."

„Manchmal, wenn gute und reine Seelen eine lange Lehrzeit in Liebe gehabt und häufige Anstrengungen gemacht haben, um Unseren Herrn in

34 *Questions* I, 5.
35 *Lettres* I, 202.
36 Ebd.
37 *Dialogues* I, II, 3.

allen Dingen zu finden, wird Er sie tatsächlich seine Gegenwart und damit auch das Wirken Seiner Gnade fühlen lassen. Dieses Empfinden ist so deutlich, dass wir es Zeugnis des Heiligen Geistes nennen können, der da ihnen versichert, dass sie das Glück haben, zu den Kindern Gottes zu gehören. Das bringt das Wort des hl. Johannes in seinem Brief zum Ausdruck: ‚Er, der an den Sohn Gottes glaubt, hat das Zeugnis Gottes in sich selbst.'"[38]

Die innere Gegenwart des Heiligen Geistes ist die Quelle allen geistlichen Lebens. Das erschließt sich selbst nach und nach denen, die sich selbst verlieren, um sich dem Wirken göttlichen Lebens zu öffnen, und es wird offenkundig in dem Ruf, der unser ganzes Sein erfasst, „Abba, Vater". „Mit diesem Zeugnis sind wir in der Dunkelheit des Glaubens hier unten dessen gewiss, dass unsere Seele Gott gehört und in Gott ruht."[39] Das bedeutet nicht, dass diese Überzeugung darauf hinausgeht, das Ende unseres Daseins in der Zeit, noch auch Gottes endgültiges Urteil vorwegzunehmen. Es ist eher ein Vertiefen des Glaubens in das Erfahren wechselseitiger Liebe im Geist kindlicher Verbundenheit.

Die Endstufe dieses „kontinuierlichen und lebendigen Austausches zwischen Gott und der Seele"[40] wird im mystischen Bund der Eucharistie substantiell, im *Mysterium fidei*.[41] Doch selbst auf höheren Ebenen ist das nicht so sehr eine direkte Erfahrung Gottes, vielmehr die verzückte Wahrnehmung Seines Näherkommens. Es ist eine *„göttliche Erfahrung"*, aber nicht eine Erfahrung von Gott. „Die göttliche Berührung, von der Mystiker oft reden, ist eine übernatürliche *Ahnung (notion)*, in der die Seele erfasst, was wie Gott ist, nicht etwa ein Resultat des Sehens, sondern des *Ihn*-Berührens." *Genauer gesagt*, „als Resultat dieser *göttlichen Erfahrung*, was hauptsächlich Frucht der Reinheit ist, empfängt die Seele einen Eindruck von Gott und ebenso von den Gaben dieser Reinheit, zu denen ER sie erhoben hat."[42] Die Seele wird kraftvoll zu Gott hingezogen, ganz und gar gefangen genommen durch das *Fühlen* Seiner unendlichen und überfließenden Gegenwart. Die „göttliche Reinheit", die diesen Ausbruch an Liebe definiert, ist das nicht ausdrückbare Echo auf die göttliche Heimsuchung. „Ich hätte Dich wohl nicht verlangt, hättest Du nicht vorher mich

---

38 *Questions* I, 2.
39 Ebd.
40 *Questions* 3, 7.
41 Ebd., 8.
42 Ebd., 6.

gefunden.“ Diese Worte im Zusammenhang einer unmittelbaren Wahrnehmung fassen die Erfahrung der Seele zusammen, die in der Inkarnation des WORTES und in der Herabkunft des Hl. Geistes begründet ist; kurz gesagt, Gott nahekommen.

Mystische Theologie besteht für Surin in so erfahrener Kenntnis Gottes. Das ist ein Ertasten und Erahnen Seiner „inneren Gegenwart“, wachgerufen durch Seinen Austausch mit der Seele. Oft bezieht sich Surin darauf und spricht von einer „universalen und schemenhaften Ahnung“. Mit „Ahnung“ meint er nicht eine Gemeinsamkeit mit dem Handeln Gottes; denn das würde eine komplette Identifikation mit Gott *selbst* einschließen, sondern ein Aufflammen des Geistes, das nach dem Aug in Aug mit Ihm zustande kommt. Eine völlig neue Erfahrung, in seinem Charakter etwas Menschliches, auch wenn es verbunden ist mit der erfüllenden Gegenwart Gottes.

Ein Bezug zum „Bild“ des Origenes oder zur „ewigen Idee“ des hl. Augustinus mag hilfreich sein, Surins „Ahnung“ zu erklären. Es ist eher eine Erkenntnisquelle als deren Objekt. Es stellt eher eine Bewegung auf ein Ziel zu, nicht so sehr dessen Erreichen dar; es ist keine einzelne Idee, weil diese Wahrnehmung von „Vergöttlichung“ die eigentliche „Gestalt“ von Erfahrung ist. Von daher ihr Anspruch, „universal“ zu sein. „Es ist wie ein Pfeil, vom Herzen Gottes ausgehend auf das winzige Menschenherz gerichtet, es völlig erfüllend“[43] – eine „schemenhafte“ Ahnung gerade darin, dass das keinen bestimmten Inhalt hat, wohl aber der grundlegende Anfang aller religiösen Erkenntnis ist. Gleichzeitig ist es aber auch eine „klare“ Ahnung bis dahin, dass darin das Anfangsdatum jeder religiösen Intuition gegeben ist. Man kann es als die Idee des Unendlichen ansprechen, eingelassen in eine unbändige Bewegung, die zu Gott hinführt. Surin spricht also davon wie von einer unmittelbaren Wahrnehmung der *coincidentia oppositorum* in Gott – zum Beispiel seine Macht und seine Demut. „Wenn diese beiden Qualitäten in einem Punkt zusammenkommen, bilden sie einen Lichtschein, der die Seele mit Helligkeit erfüllt.“[44] Doch das Zusammentreffen von zwei Ideen wird nie einen derartigen Lichtschein hervorbringen. Das ist lediglich eine dunkle, wenn auch irgendwie schillernde Wahrnehmung der Kreatur von ihrer Beziehung zu Gott oder, um es genauer auszudrücken, jener Beziehung zwischen Gott und ihr selbst, die

43 Ebd., 10.
44 Ebd.

aus der geistlichen Veranlagung der Menschen aufscheint. Es ist das „Missverhältnis zwischen dem niedrigen Dasein der Seele und dem göttlichen Dasein Gottes, das mit Majestät und Liebe einhergeht."[45] Diese ontologische Erfahrung versteht Gott im Menschenwort an Gott und in dem, was Gott aus ihr machen kann. Die existenzielle Erfahrung dieser Beziehung zu Gott fällt mit Gotteserkenntnis zusammen. Neben dem göttlichen Sein ist der Mystiker ein Sein, das dem Tod ausgesetzt ist (*être-pour-la mort*), aber doch ein Sein, das geliebt ist. Auf Existenzebene erlangt er eine unmittelbare und in gewisser Weise im Voraus gegebene Kenntnis dieser „Übereinstimmung der Gegensätze"[46], Gottes Größe und Erbarmen, kurz Seine Grenzenlosigkeit. Von nun an wird diese „universale und schemenhafte Ahnung" eine permanente Verbindung zum Leben des Mystikers aufrichten. Das ist die innere Gestalt, die grundlegende Kategorie dieses Lebens.

Surins eigene philosophische Formung und der allgemeine Zustand der Scholastik seiner Zeit erklären die Strenge, mit der er diese wesentliche und unmittelbare Kenntnis gegen die Angriffe von denen verteidigt, die er abschätzig denen zuordnet, die „gern Philosophen"[47] sein möchten. Mit ausfälligen Bemerkungen, die bisweilen ungehalten sind und in Ironie verfallen, greift er diese engstirnigen Einstellungen an, die nur das als wahre Erkenntnis anerkennen, was von klar definierten Begriffen und davon abgeleiteten Schlussfolgerungen ausgeht. Ihren Schlussfolgerungen und Vorstellungen von „Verständnis" setzt er seine innere Wahrnehmung entgegen und die ahnende „Einsicht". Diese Gegenüberstellung ist nicht nur auf Surins eigenwilliges Verständnis von aller religiösen Erkenntnis zurückzuführen. Es ist auch auf den Typ von Philosophie zurückzuführen, die er studiert hat. Denn in den Augen der Gegner war das, was Surin vertrat, Mystizismus und sie, etwa der Karmelit Chéron, bestanden, ihrem Lehrer, dem hl. Thomas, folgend, hartnäckig auf dessen Theorie der abstrakten Begriffe, die aus der Sinneswahrnehmung gewonnen sind. Sie vernachlässigten eine ganz entscheidende Stelle in *De Veritate*, die von inneren Erleuchtungen und dem Umgang mit ihnen handelt. Der hl. Thomas erläutert darin die Gabe der Weisheit und die Seligpreisungen. Es macht den Anschein, dass Surin nie Werke eines Theologen gefunden hat, der

45 Ebd.
46 Ebd.
47 Das ist das zentrale Thema von *Guide spirituelle.*

die Natur des Problems, mit dem er umging, verstand. Diese Lücken seines theologischen Hintergrundes zeigen ihn selbst mit seinem übermäßig psychologisierenden Trend seiner Analysen. Doch dies beweist nicht, dass seine Kritiker recht hatten. Er trat an gegen „Doktoren, die etwas nur dann glauben können, wenn es zuerst in der Mühle ihrer Syllogismen gedacht wurde“[48], die in den Mystikern nur zusammenhanglos redende Schwätzer, Schreiber von Unsinn sahen, die für unwissende Frauen, frömmelnde Enthusiasten und Melancholiker taugen mögen, die von ihren Halluzinationen mit einem Topf Porridge zu heilen wären. Schaut man auf diesen einseitigen Dialog, wird man verwundert zurückgelassen, mit etwas Wehmut; ein Treffen von Surin mit Malebranche hätte wohl nichts Anderes ergeben.

Es liegt auf der Hand, dass die Probleme, die vom Großteil der Schriften Surins aufgeworfen wurden, im Rahmen eines Artikels nicht zu behandeln sind. Eines jedoch ist klar: Surins Werk darf nicht in Begriffen beurteilt werden, die der Welt der geistigen Erkrankung des Autors entnommen sind. Jemandes Schriften *von vorneherein* zu verdächtigen, weil er geistig nicht gut beisammen war, würde beides ins Unrecht setzen und missverstehen lassen. Zunächst war Surin zu der Zeit wieder gesund, da er den Großteil seiner Bücher geschrieben hat. Dann hatte er in der Zeit seiner Erkrankung eine Fülle von außerordentlichen Gnaden empfangen, wobei er in der Beurteilung seiner eigenen Lage immer vollkommen klar blieb. Schließlich bildet sein Werk objektiv ein Ganzes, dessen Wahrheit an seinen Wirkungen zu messen ist. Erst wenn das getan wurde, wird es möglich werden, des Schreibers Missgeschick zu bewerten. Eine Anzahl von Hinweisen zu Eigenart und Geschichte des Falles Surin können in seinen Schriften gefunden werden. Aber die Schriften selbst, die vor der Veröffentlichung minutiös geprüft wurden, enthalten keine Anzeichen von lehrmäßigen Entgleisungen.[49]

Der scharfe Zug an seinen Lehren ist der Aspekt, der – so scheint es – am meisten seine Krankheit in Erinnerung ruft. Auf den ersten Blick fällt auf, dass er das langsame Vergehen der Zeit außer Acht lässt. „Ich finde, dass Gott die Seele aus der Bindung an die Zeit herauslöst.“[50] Dieser Ausdruck wird schriftlich nur beiläufig in einem seiner Briefe gebraucht,

48 *Questions* 3, 6.

49 Die Übersetzung von *Catéchisme spirituel* ins Italienische wurde 1687 auf den Index gesetzt aufgrund des Gebrauchs, den die Quietisten von Neapel davon machten.

50 *Lettres* 2, 197.

hat aber doch den Anschein, es sollte eine Leitidee Surins ausgedrückt werden. Wir haben gesehen, wie der „erste Schritt“ unverzüglich getan werden muss; das Herz muss in einer Reinheit verharren, die geheimnisvoller Vorläufer künftigen Glücks ist. Die „universale und schemenhafte Ähnlichkeit“ ist die Wahrnehmung einer Verbindung mit Gott, die einzig Grundlage für jedes geistliche Leben bleibt. In all seinen Schriften wird der Absolute jenseits der Zeit gesehen. Das passiert gewiss immer, wenn es um Fragen des Seins geht. Für Surin, dessen mystische Leidenschaft einen unweigerlich an Pascals metaphysische Leidenschaft erinnert, bestand die Versuchung, die Wahrnehmung mit der Natur des Absoluten zu vermischen. Gerade das wird als seine Bestimmung offengelegt, er wird dahin geführt, aufs Neue die gemeinsame „Ordnung“, die Gott zu seiner eigenen gemacht hat, zu umfangen. Die Logik der *coincidentia oppositorum*, der glühende Inhalt seiner „mystischen Theologie“ holt ihn wieder zur „Einfachheit des gewöhnlichen Weges“[51], auf dem die höchsten Dinge mit den niedrigsten zusammenfallen. Als Volksmissionar, der Andachten förderte, die wir für kindisch halten würden, kam er dahin, mehr und mehr auf den Zustand des Glaubens zu achten, der „mit dem Eindruck von allem, was außerordentlich genannt werden könnte, aufräumt, um uns mit dem alltäglichen Rhythmus und Verlauf des Lebens vertraut zu machen“.[52]

Bei all dem war er getrieben von der Tiefe seiner mystischen Erfahrung. Seine Demut ist Teil des Geheimnisses, in das er getaucht ist. „Doch diese Wasser tosen gewaltig, wenn einer in ihnen steht, dafür fließen sie aber auch in verborgene Kanäle.“[53] Es ist eben das, was das innere Geheimnis als Geheimnis Gottes unüberhörbar wieder aufruft. Die Stimme der Mystik ertönt im Schweigen der GEGENWART, die überreich, ja allen garantiert ist.

---

51 *Brief* vom 11. April 1662.
52 Ebd.
53 *Brief* vom 7. Mai 1662.

Vom Beteiligen zum Unterscheiden*

Aufgabe der Christen nach dem Zweiten Vatikanischen Konzil

Dem Konzil verdankt man die immer dringender gewordenen Direktiven, die eine Beteiligung am *gesellschaftlichen Leben* mit *expliziter christlicher Erfahrung* in Verbindung bringen. In diesen Entwicklungen, die einer „Öffnung der katholischen Kirche zur Welt" entsprechen oder in denen man „ein neues Zeitalter", „einen neuen *kairos* des kirchlichen Bewusstseins"[1] gesehen hat, können wir den Aufruf zu einer Neu-Bekehrung im Bereich unseres Verständnisses von den Bezügen der Politik und des Glaubens, der Handlung und der Lehre oder den beiden „Ordnungen" „des Zeitlichen" und „des Geistlichen" sehen, die einst aufgrund einer Sichtweise unterschieden wurden, die heute zu revidieren ist.

Auch wenn man „von Fragen, die einer unaufhörlichen Entwicklung" unterworfen sind, handelt (für uns die wichtigsten: die von heute), versteht sich diese Lehre immer noch „allgemein" und ist darauf bedacht, dass sie „befolgt und entwickelt"[2] werde. Man muss also festlegen, auf welche Weise dieser Fortschritt zu verstehen und zu untersuchen ist, nicht nur „im Sinne" des Konzils, sondern auch „nach" dem Konzil. Die Beziehungen zwischen dem Ereignis und dem Ergebnis des Zweiten Vatikanischen Konzils verpflichten uns überdies, diesen Punkt zu präzisieren. Wir haben die Tatsache ernst zu nehmen, dass die Kirche „sich nicht mehr als eine sieht, die der Welt *gegenüber*, sondern *in ihr* im Heute steht"[3]. Im Gegensatz zu Theorien der „Tadellosigkeit" im Bereich der Lehre und zu alten Verteidigungsreflexen nimmt der Stil christlichen Handelns und Denkens von nun an die Gestalt des Unterscheidens an, die von Beteiligung abhängig ist. Muss man aber dann sich nicht fragen, in welchen Punkten und

---

* Der Artikel erschien unter dem Titel *De la participation au discernement. Tâche chrétienne après Vatican II*, in: Christus 13 (1966), 518-537; übersetzt von P. Andreas Falkner SJ, in: Geist & Leben 93 (2020), 318-326 u. 425-433.

1 Mgr C. Moeller, *L'Église dans le monde d'aujourd'hui*. Genève, 16 Juillet 1966. Doc. Cath., 4. septembre 1966, c. 1487.

2 *Gaudium et spes*, 91,2 (Anm. d. Übers.: Dokumente des Zweiten Vatikanischen Konzils werden, wenn Texte wiederzugeben sind, zitiert nach URL: http://www.vatican.va/archive/index_ge.htm).

3 Mgr C. Moeller, *L'Église*, c. 1495 [s. Anm. 1].

Bereichen die dargelegte Lehre mehr ist als eine bloße Variante eines universalen Themas von heute oder besser als eine Behauptung, der nirgendwo der tatsächliche Prozess der Erfahrung entspricht? In der ersten Hinsicht wäre das ein Gemeinplatz der modernen Kultur; in der zweiten würde die dargelegte Lehre sich in dem Maße, als sich die Bande zu den Gläubigen und zum tatsächlichen Verhalten von Christen lockern, als eine Ideologie[4] herausstellen. Im ersten Fall käme eine aktuelle Erwiderung, im anderen eine Abstraktion zustande.

Mitten im Konzil wurde diese Spannung zwischen Öffnung zur Welt und dogmatischer Entwicklung angesprochen, ja zu verstehen gegeben, dass das Zweite Vatikanische Konzil selbst in sie verwickelt sei. Es wurde festgestellt, dass das Konzil mehr und mehr das Geheimnis der Kirche in Abhängigkeit von einer menschlichen Solidarität auszudrücken hatte. So konnte deutlicher fassbar werden, dass das Konzil sich wirklich dafür einsetzt, den christlichen Glauben auf eine Weise auszudrücken, für die Schwierigkeiten belastend, Einfälle bereichernd sind, die zum Aufbruch passen und dem mentalen Vermögen *dieser Zeit* angemessen sind. Wenn sich die Lehre des Konzils selbst in eine situationsabhängige Analyse von Abhängigkeiten und partikulären Verpflichtungen einlässt, setzt sie den Vollzug voraus, den sie definiert; sie ist ebenso das Zeugnis wie die Theorie einer *Praxis*[5]. Das Konzil beschreibt also eine Erfahrung, die auch die unsere ist und dies noch mehr werden muss; von uns erwartet es eine Entwicklung, deren Typ es schon charakterisiert.

Da ist schon das geboten, woraus Christen lernen, wie sie von ihrem Glauben in Zusammenhängen, in die sie hineingestellt sind, Rechenschaft geben können. Und sie vollziehen es auf drei Weisen, die durch das Konzil schon angedeutet sind. Erstens müssen sie ihre eigene, mitunter abweichende Sendung in Abhängigkeit von gemeinsamen menschlichen Herausforderungen deutlich machen. Zweitens haben sie selbst zu einer Lehre des Konzils Stellung zu beziehen, in der sie aufgrund ihrer Erfahrung eine „evangelische" Proklamation und historische Bestimmungen aussagen dürfen, ein Zeichen Gottes und eine weitere Stufe in einer Entwicklung, in deren Verlauf es unmöglich ist, zu Gott, zur Kirche oder zum Menschen zu sagen: „Du, bleib da." Schließlich müssen sie in einer unaufhörlichen

---

4 Zu diesem zweifachen Aspekt der Frage vgl. M. Montuclard, *Conscience religieuse et démocratie*. Paris 1965, 201–207.

5 Zur Wichtigkeit und dem Sinn der *praxis Ecclesiae* (Weise, konkret Kirche zu sein) als theologischem Ort vgl. die Hinweise von H. de Lavalette, in: *Études*, septembre 1966, 258–269.

Gegenüberstellung ihrer Initiativen und der Glaubens-Tradition im Konzilsgeschehen selbst den Stil des Zeugnisses zur Kenntnis nehmen, den sie mit ihrem Wort und in allen menschlichen Risiken zu geben versuchen.

Die Prüfung von Beziehungen zwischen der Lehre und der Situation des Konzils scheinen uns sowohl die Freiheit des Christen im politischen Handeln als auch die Weise zu erhellen, wie er in diesem Geschehen „durch sein christliches Bewusstsein[6]" geführt ist. Sprache der Kirche und Sprache dieser Zeit, die Lehre des Konzils ist exemplarisch, ohne aufzuhören, selbst partikulär zu sein. Wir können darauf zurückkommen und darin entdecken, wie eine Beteiligung an den gegenwärtigen Aufgaben dazu führt, „die Wahrheit zu tun" und dafür in neuer, aber verlässlicher Gestalt Rechenschaft zu geben.

Für eine christliche Unterscheidung menschlicher Aufgaben

„Der kleine Same", den 1959 Johannes XXIII. „mit zittriger Hand und klopfendem Herzen ausgebracht hatte[7]", hat seither nicht zu wachsen aufgehört. Das war eine ganz einfache und sinnvolle, aber wesentliche Frage. Eine „pastorale" Sorge, sagte der Papst: wie soll in unserer Zeit die Beziehung zwischen der Neuartigkeit der Welt und dem „aggiornamento" der Kirche aussehen. Dem galt seine Achtsamkeit, sein planendes Denken und sein Glaube. Er brachte sich in dieses Wachsen der beiden Neuerungen ein. Da berief er das Konzil, da sollte sich die gesamte Kirche versammeln und zu „Zeichen der Zeit" erwachen, um sich von neuem zu ihrer eigenen Erneuerung zu bekehren. Das Bewusstsein, das Johannes XXIII. von dieser Beziehung oder von diesem Kontrast hatte, begann nach allen Seiten seine Logik zu entwickeln, um mit der Zeit in allen Analysen einer Situation der Welt und in der Welt hell zu leuchten. Der noch unsicher wirkende Ruf des Wächters begann Bewegung auszulösen.

In der Tat, mit einem Mal konnte man im Geschehen des Konzils zwei sich ergänzende, aber im Stil verschiedene Richtungen unterscheiden. Die eine rekapituliert, bestätigt, weitet die Arbeit, die seit Jahren der Ekklesiologie gewidmet ist, zur Liturgie hin, zur Offenbarung, zur Schrift-

---

6 *Gaudium et spes*, 76,1. Vgl. ebd., 43,1: Das Konzil ermahnt die Christen, „eifrig und treu ihre Aufgaben hier auf Erden zu erfüllen und sich durch den Geist des Evangeliums leiten zu lassen".

7 Vgl. die Konstitution *Humanae salutis* vom 25. Dezember 1961, in: *Documents conciliaires*, t. VI. Paris 1966, 14.

auslegung durch die Tradition usw. aus. Diesen Arbeiten, die schließlich in eine Art Evidenz einmündeten, entsprechen die am meisten ausgereiften und gehaltvollsten Texte. Sie betreffen vor allem die inneren Strukturen des Lebens der Kirche. Sie führen eine Periode ihrer Geschichte zu Ende; sie setzen hinter eine Etappe der dogmatischen Entwicklung den Punkt. Die andere Richtung ist auf die neuen Probleme ausgerichtet, die in der unmittelbaren Vorbereitung nicht sonderlich erhellt wurden. Die Texte dazu sind hastiger, weniger zusammenhängend, vielleicht auch deswegen, weil sie die aktuellen Probleme berühren. Entstanden sind sie auf Drängen von außen, wurden aber doch sehr bald als grundlegend für den Glauben verstanden, weil sie den Menschen im Blick haben. Auf diesen Vorposten der Überlegungen des Konzils, da wo das Gewicht der Gegenwart tastendes Vorangehen, Bescheidenheit und das Zusammenwirken in der Untersuchung auferlegt, finden wir ohne Zweifel das, was das Konzil an Zukunft eröffnet und uns dafür zusammenruft. Darin erkennen wir auch, gemessen an den ersteren Texten, Orientierungen, die dank eines schärferen Bewusstseins für noch nicht angesagte Aufgaben in eine andere Richtung zeigen und, um Beispiele zu nennen, wahrnehmbare Differenzen in den Kapiteln, in denen die Problemfelder der Missionen, der einzelnen Kirchen oder des Laienapostolats behandelt werden. Zur Bestätigung der vorausgegangenen Arbeit kommt die Hinwendung auf eine zu unternehmende Arbeit hinzu. Verstärkt ist eine Bewegung wahrzunehmen, die von einer anerkannten Entwicklung zu einer angezielten Entwicklung, von einer gegebenen Theologie zu einer notwendigen Unterscheidung mit nicht absehbarem Ausgang führt.

Da ein Glaubensverständnis die Väter des Konzils veranlasst, in der aktuellen Realität eine „Gegenwart" des „verborgenen"[8] Gottes zu erahnen, bieten die Konstitutionen und Dekrete, die von ihrer gemeinsamen Arbeit Zeugnis geben, eine Reihe von Analysen der großen zeitgenössischen Probleme. Doch Ziel dieser Texte ist es nicht, uns zusammenzufassen oder vor Augen zu führen, was wir sonst und besser über die Kultur, über die Waffengattungen, die Demographie oder die Sexualität lernen können. „In solchen Bereichen, sagt uns Mgr Vilnet, muss die Kirche darauf achten, sich zu informieren, mit all denen im Gespräch sein, die zuständig sind."[9] In dieser Hinsicht haben wir keinen Bedarf an Konzilsdefinitionen, um

8 *Lumen gentium*, 2,17; vgl. *Ad gentes*, 9 u. 11.
9 *Documents conciliaires*, t. III, 23 [s. Anm. 7].

Phänomene wie Sozialisation, Verstädterung oder Massen-Medien zu entdecken. Das Geschehen selbst und dessen wissenschaftliche Analyse führt uns die Bedeutung oder die Verwobenheit dieser Umbrüche vor Augen. Es wäre also falsch, von religiösen Texten ein solches Wissen von den Realitäten zu erwarten, das uns ein Überprüfen ersparte; es wäre kindisch, wollten wir uns bei uns einsperren, um da Dokumente zu lesen, die uns von der Existenz der Bäume vor unserem Fenster erzählten, wo doch diese Texte es empfehlen, unsere Türen zu öffnen, um draußen das zu lernen, was vor sich geht, und uns in die harten Auseinandersetzungen der Menschen einbeziehen zu lassen[10].

Das Konzil will uns weder einen Spiegel der zeitgenössischen Welt noch einen kleinen Katechismus zu den großen Problemen von heute anbieten. Zunächst wollte es sich informieren. Unter dieser Voraussetzung misst sich die Bedeutung seines Exposés schlicht an der Qualität der Information. Die Bischöfe, die *Gaudium et spes* vorlegen, sind sich übrigens des „Risikos" sehr bewusst, das darin besteht, „in einem ähnlichen Fall in leichtfertige Verallgemeinerungen, in abstrakte Formeln oder in billige Beteuerungen guten Willens auszuweichen[11]".

Doch warum diese Analysen in den Konzilsdokumenten? Insbesondere hier ist die Antwort eigentlich kirchlich und „enthüllend". Die „neue Sicht" seiner Bestimmung, die der Mensch sich zuweist, das allgemeine Bewusstsein von Dringlichkeiten, die aus Machtverhältnissen und einem bisher undenkbaren Austausch hervorgegangen sind, überhaupt alles das, was Paul VI. unter dem Ausdruck des „neuen Humanismus" zusammenfasst, zeigen der Kirche die Grenzen, in denen sie sich äußern und sich zu Gott bekehren soll. Die menschliche Verfasstheit, wie sie heute gelebt wird, ist die unerwartete, aber unausweichliche Form einer Frage an Christen zu ihrem Glauben und ihrem Handeln. Die grundlegenden Fragen des Menschen zum Leben, zum Tod und zur Sprache, hinsichtlich Geburtenkontrolle, Krieg und Kultur greift die Kirche auf und kann nicht darauf verzichten, sie „sich zu eigen" zu machen, ohne sich selbst zu verleugnen. Sie muss sie leben und sie denken als Probleme des Menschen und Probleme des Glaubens. Darauf weist uns das Konzil hin, wenn es *eine christliche Lektüre der zeitgenössischen Erfahrung* macht. Diese Art, sich in unsere Zeit einzufinden, um in ihr die Zeichen und Erwartungen Gottes zu erkennen,

---

10 Vgl. *Gaudium et spes*, 29,4; 57,1 usw.
11 *Documents conciliaires*, t. III, 29 [s. Anm. 7].

ist genau die Art, in der die Kirche heute die Offenbarung des Menschen und Gottes ankündigt.

Die Offenbarung ist nie eine pure Gegebenheit, noch weniger ein vergangenes Ereignis. Sie war und bleibt ein *Ereignis*. Die Einfälle des Menschen hören nicht auf, dafür der Ort zu sein; sie helfen der Kirche, es allmählich wieder zu lernen, was sie sagt, was sie glaubt; was Grundlage dafür ist, dass sie Sakrament des Bundes Gottes mit den Menschen, der historischen Genese des Menschen und des Kommens Christi in Geist und Wahrheit ist. Anders gesagt, ohne Unterlass muss die Kirche in der Welt das e*ntdecken*, wofür sie Zeugnis ablegt, immer hat sie mit den Menschen zu suchen, was sie sie lehrt; nie hat sie ein definitives Eigentum an der Wahrheit erworben; immer werden ihr diese Besitzungen entwunden im Namen dessen, was sie glaubt und was sie lebt. Gott hört nicht auf, sie ins Exil jenseits von sich selbst zu schicken durch die Begegnungen und die Verbundenheit mit denen, die zunächst aus der Spur geraten, sich dann erinnern und das erneuern, was sie schon „in Erinnerung" als Zeichen des ewigen Bundes gemacht hat.

Beteiligen: Von der Praxis zur Theorie

Die Beziehung zur Welt ist für die Kirche die historische, aber doch überraschende, paradoxe Weise ihrer Beziehung zu Gott. Das Konzil bringt es mit einem Thema zum Ausdruck, dessen Bedeutung im chronologischen Verlauf seiner Dokumente wächst bis dahin, dass es als Sorge oder Kennung bestimmend wird: die „Beteiligung". Im Unterschied zu den zentralen Begriffen in der Theologie des Zweiten Vatikanischen Konzils (Volk Gottes, das Wort als Schöpfer und Erleuchter, der Mensch – Bild Gottes) ist dieses kennzeichnende Thema nicht direkt aus einer Schrifttradition oder dogmatischen Überlieferung abgeleitet. Es repräsentiert nicht mehr einen unmittelbaren Bezug zu den Ansprüchen des modernen Bewusstseins, wie das für andere zentrale Ideen (Würde, Freiheit, Verantwortlichkeit, Gemeinschaft usw.) zutrifft. Es siedelt sich zwischen diesen beiden Einteilungen der Konzilssprache an; es weist zugleich auf Verbindung und Distanz hin. Es bezeichnet diese Verquickung allerdings als ein offenes Problem. Indem das eine auf das andere bezogen wird, nämlich die Glaubensüberlieferung auf die Realität der Welt, das Geheimnis der Kirche auf die menschliche Lage, die christliche Sendung auf die zeitliche Aufgabe, bezeichnet es zugleich einen Tatbestand, eine Herausforderung und eine

Frage. Einen Tatbestand, denn so oder so ist die Kirche an der gegenwärtigen Welt beteiligt. Eine Herausforderung, weil sie daran sich zu beteiligen empfiehlt und es auch tut. Eine Frage, da dieses Beteiligen der Ort von Gegensätzen ist: Sie ist Berufung und Zugeständnis; sie beteuert ein Ideal, von dem ohne Unterlass durch die Wirklichkeit der christlichen Religion abgewichen wird, sie schließt aber auch die Abwege ein, die der Rückgriff auf den Glauben unablässig ausbessern muss. Das ist also die Achse einer internen Bewegung zur gegenwärtigen Situation der Kirche in der Welt.

Es darf also nicht erstaunen, dass das Beteiligen darauf hinausläuft, alle Reflexionsbereiche des Konzils zu organisieren: Es betrifft die Beziehungen innerhalb religiöser Orden, das Zusammenarbeiten der Menschen (Christen oder Nichtchristen) in den gegenwärtigen Aufgaben und auch die Beziehungen der Kirche zur Welt oder zu den Gesellschaften und Staaten. Es bringt also eine konkrete Struktur in allen Bereichen mit sich, löst eine universelle Dynamik aus. Aber überall, wo es Eingang findet, sind Spannungen festzustellen, die den drei Aspekten seines Handelns entsprechen: allenthalben eine tatsächliche *Situation* im Bewusstwerden des Gegenwärtigen; ein *Programm*, das darauf abzielt, eine Zukunft zu konstruieren; ein *Gesetz des Handelns*, von dem abhängig man die Tradition neu interpretieren und eine Theologie der Praxis erarbeiten muss.

Die Veränderung (zuerst ganz praktisch), die das Beteiligen in die Mitte der Perspektiven des Konzils eingetragen hat (dessen Bedeutung für die zugestandene Anpassung im Grunde nur ein Aspekt ist), wirft tausend Fragen auf; in den kommenden Jahren wird es Aufgabe der Christen sein, dessen Konsequenzen deutlich zu machen, indem seine praktischen Implikationen umgesetzt werden. Auf jeden Fall ist es nötig, dessen wesentliche Bewegung hervortreten zu lassen: eine intellektuelle Bekehrung im Bezug der Theorie zur Praxis; noch grundlegender, eine geistliche Bekehrung, die sich in der Weise, wie eine Beziehung zu den anderen und zu sich selbst gelebt wird, Ausdruck verschafft.

Es wird nicht ausdrücklich behauptet, dass die Bedeutung, die der Tatsache und der Dringlichkeit des Beteiligens zugewiesen wird, die Beziehung der Theorie zur Praxis im Denken der Christen verändert. Einmal weil – wir haben schon daran erinnert – die Texte des Konzils eine Geschichte beschreiben und weil die Analyse dieses Ablaufes nicht methodologisch gemacht wurde: Man hat vor allem auf eine Entwicklung im *Inhalt* von Texten und, was wesentlich ist, auf den Übergang der Ekklesiologie zur Anthropologie hingewiesen, „die die Periode nach dem Konzil mehr und mehr kennzeichnen wird[12]". So hatte das Konzil nicht die Aufgabe, die Theologie dieses Vorganges deutlich zu machen, wohl aber hatte es eine überlieferte und für den Glauben heute unverzichtbare Lehre zu erarbeiten, an die die Christen von nun an sich in der vom Zweiten Vatikanischen Konzil vorgegebenen Richtung halten sollten. Sieht man das unter dem Vorzeichen des Beteiligens, leuchtet aus dieser Perspektive keine lehrreiche Vergangenheit auf, das ist ganz offensichtlich, wohl aber verpflichtet es dazu, den Sinn auf eine neue Weise zu suchen, von bekannten menschlichen Situationen und von Initiativen auszugehen, die darauf Antworten geben. So gesehen ist diese Perspektive totalitär, aber auch logisch; sie schließt eine Haltung ein, die sich nur auf das Ganze ausweiten kann; sie ist von kollektivem und spirituellem Drängen getragen, wofür das Konzil Ausdruck und Garant geworden ist, gerade da, wo es dem Drängen Rechtfertigungen an die Hand gab, die dem Typ von Problemen, die es zu stellen verstand, nur einigermaßen angemessen waren.

Diese Bekehrung kann man mit einem Wort charakterisieren: Wenn Einsätze aus einer Doktrin abgeleitet werden, *wird die Praxis zu einem „theologischen Ort"* und definiert das Element, in dem und in Abhängigkeit von dem es eine lehrmäßige Erhellung hergibt. Zum Beispiel hat man sagen können, und das Konzil hat es in *Lumen gentium* feierlich erklärt, dass die Kirche *sacramentum unitatis* ist, in Christus „gebunden an die gesamte Menschheitsgeschichte und an den Menschen in seiner Einheit und Totalität"[13]. Das ist *Gegenstand* des Glaubens, eines Glaubens, der gleichzeitig im Namen der göttlichen Einzigkeit die Einheit des Menschengeschlechtes und die sakramentale Natur der Kirche aufgrund der Beziehung zu dieser Einheit behauptet.

Die Tatsachen, was sagen denn sie? So lautet die Frage, die das Konzil sich stellt. Ein „pastorales" Problem, wenn man so will: ein Problem der Praxis. Das ist es also – wie soll man die Weise, eine „Glaubenswahrheit" zu erfassen und umzusetzen, gestalten? Denn die Institutionen und die christlichen Formulierungen bleiben in der Tat in der modernen Zivilisation den Pionieren und den Exkommunizierten reichlich fremd. Nachgewiesenermaßen gibt es am Beteiligen einen Mangel. Die erste Geste des Konzils besteht darin, überall eine „weltweite Gesamtheit" der Beziehun-

---

12 Mgr C. Moeller, *L'Église*, c. 1504 [s. Anm. 1].

13 *Lumen gentium*, 1,1; *Ad Gentes*, 10; *Gaudium et spes*, *3,1*. Vgl. J. L. Witte, L'*Église, sacramentum unitatis du cosmos et du genre humain*, in: *L'Église de Vaticanum II*. Paris 1966, t. II, 457–492.

gen und der Güter voranzutreiben[14]. Eine Reaktion, die in der Ordnung des Quantitativen anzusiedeln ist, aber doch die Bedingung einer qualitativen Vertiefung enthält, eines Verständnisses, das den Glauben durch das Einbeziehen der Erfahrung bereichern wird. Ein bedeutend größeres Beteiligen an den gegenwärtigen Herausforderungen verlangt eine vertiefte Einsicht in die Sendung und das „Geheimnis Mensch". Mit den Vätern des Konzils ist also festzustellen, dass „eine Gesellschaft industriellen Typs (...) radikal die *Ansichten* und die weltlichen Lebensbedingungen in der Gesellschaft umformt"[15]. Wenn ein neuer Typ des Austausches eine Veränderung im Denken nach sich zieht, soll man da nicht zulassen, was an Gleichartigem in der ganzen Gesellschaft, die Kirche inbegriffen, abläuft und was an einbeziehendem Ausweiten von umsichtigem Wahrnehmen und christlichem Zusammenarbeiten im Gange ist, und auch die Glaubenserfahrung und ihren Ausdruck „umgestalten" muss?

Die Praxis ist hier auf unverblümt geprüfte Verhältnisse abgestimmt; sie verpflichtet, das Paradox von Kirche als *sacramentum unitatis* anders in den Blick zu nehmen. Die Partikularität, die historischen Fixierungen und die sozialen Behauptungen des Christentums, aber auch das „Loslassen", das von Christen verlangt wird, lassen es nicht mehr zu, dem Bemühen den Vorrang zu geben, das seine Rechtfertigungen aus dem Rückgriff auf die *Definition* bezieht, um eine Solidarität des *Rechts* aufrechtzuerhalten. Vielmehr soll man jene Anstrengung fördern, die nach dem *Sinn der Bewegung* sucht, die durch diese räumlichen und geistigen Abstände hervorgerufen wurde. Zeichen einer Entfremdung der christlichen Institutionen von der zeitgenössischen Zivilisation – sind sie nicht auch Zeichen einer inneren Teilung? Das, was die Kirche von den anderen trennt, das trennt sie von sich selbst. Die Natur ihrer wirksamen Beziehungen wird als Konstante ins Spiel gebracht.

Man beginnt, besser zu begreifen, was mit Ausdrücken wie „Sakrament" gemeint ist, aber man begreift es unterschiedlich, als wäre das Leben der Kirche mit dem beschäftigt, was sie noch nicht kennt, weil sie gebunden ist an das, was sie sagt, an das, was sie nicht versteht. Man versteht ein bisschen besser, aber auf eine neue Weise das, was mit „Einheit" des Menschengeschlechtes gemeint ist und was das „Sakramentale" dieser Einheit

14 „Mehr und mehr einen weltweiten Umfang" von für das Gemeinwohl unverzichtbaren Bedingungen (*Gaudium et spes*, 26,1); Ausweitung der Kultur zu allen (ebd., 9,2); Ausweitung der Sendung zu den fernsten Ländern oder zu den am meisten Entrechteten (ebd., 21,5) usw.

15 *Gaudium et spes*, 6,2. Hervorhebung von de Certeau. Vgl. ebd.,7,1 f.

dank der Kirche bedeutet, wenn das Erstere als die überall anzutreffende Entwicklung von „Beziehungen“ und „Austausch“ empfunden wird, so wie es *Gaudium et spes* versteht, während das Zweite ein Über-sich-hinaus-Wachsen meint, wofür Kirche ohne Unterlass sich selbst hinter sich lassen soll, um immer wieder sie selbst zu werden. Aus der Praxis hervorgegangen, wird der Gedanke dynamisch und belebend. Das ist nur ein Beispiel (das als solches Präzisionen verlangte). Doch zumindest legt es eine intellektuelle Bekehrung des Handelns nahe, die durch eine mit Bedacht gewählte Perspektive auf der Ebene des Beteiligens zu Stande gekommen ist.

Beteiligen: Beziehung und Umkehr

Diese Veränderung in der Beziehung von Theorie und Praxis zielt auf einen viel tieferen Wandel ab. Dem Gesichtspunkt des Glaubens*objektes* folgt der andere nach, der das Glaubens*subjekt* definiert: die Kirche, die Gläubigen, den Menschen. Eine Analyse der Erfahrung führt zu einer Exegese der Texte – genau genommen dadurch, dass man von der Ekklesiologie zur Anthropologie übergeht und dass man wirklich die Praxis als theologischen Ort gelten lässt. Es geht ja da doch um dieselben christlichen Geheimnisse. In den Konzilstexten drückt sich dieser Übergang weniger in sich selbst aus, durch eine Erläuterung dieser zwei Gesichtspunkte (die oft verwechselt oder nebeneinandergestellt werden), als durch die konkrete Gestalt, in der sich der Primat von persönlichen Beziehungen äußert: Anstelle von einem Irrtum zu sprechen, geht man auf den zu, der sich täuscht; an die Stelle der erworbenen und besessenen Güter tritt der soziale Austausch; anstelle von neuen Ideen kommt Entwicklung in den Austausch usw.; oder auch, man erklärt eher die zu setzende Handlung und den einzurichtenden Dialog als die auszuklügelnde Lehre zu deren Verteidigung und Erhärtung.

„Dialog“: Dieses Wort ist so sehr in aller Munde, dass ihm eine Entwertung droht und es zum Wechselgeld der Sentimentalität und der hehren Meinungen wird. Dennoch fasst es alles zusammen. Die Vorgangsweise des Beteiligens ist die der Beziehung; dadurch kommt die Problematik des Subjekts ins Spiel, Wechselseitigkeit ist eingeschlossen. Dass das Konzil in Bezug auf die anderen sich verstehe, dass es in den Mittelpunkt der Überlegungen (die eben „pastoral“ genannt wurden) die Frage nach der Beziehung stelle und aufhöre, gelegentlich dieser vorhandenen Frage alle Aspekte des „inneren“ und „äußeren“ Lebens der Kirche anzuführen – das ist und bleibt eine *Tatsache*, die *lehrmäßig* von großer Bedeutung ist. Aber es handelt sich nicht nur um eine Analyse, die die Dringlichkeiten in Abhängigkeit von zeitgenössischen Entwicklungen bestimmt, auch nicht um ein simples Aufeinandertreffen, das dazu bestimmt ist, die unerlässlichen Präzisierungen anzubringen, sondern um ein Beteiligen an einer Beziehung, die für die Kirche (und für jeden Christen) zu einer Erfahrung „in Geist und Wahrheit" werden soll. Welche Erfahrung? Die des notwendigen und nicht auflösbaren Anders-sein, das zu einem Zurück zu sich selbst aufruft, aber doch zu einem Zurück zu einem immer wieder zu setzenden Hinweis, *selbst zu existieren, um sich der Wahrheit zuzuwenden*, die man schon bekannt hat.

Die Kirche, ebenso wenig der Christ, kann sich nicht mehr damit zufriedengeben, ein Defizit festzustellen. Das ist nötig, aber es genügt nicht. Gewiss, es ist mutig, einer Situation ins Gesicht zu schauen, die nicht befriedigend ist, doch diese und ähnliche Schritte in Freimut bedeuten einfach das Abgehen von einer Behauptung; es macht keinen Sinn in Bezug auf die Sendung und den Glauben. Auf einer Behauptung zu beharren, bedeutet, auf Sinn zu verzichten, ihn abzulehnen. Wenn man sagt: „Das ist nun einmal so", sagt man nichts, was *wahr* ist. Man lässt einfach zu, dass man eine den Tatsachen widersprechende „Wahrheit" ausgesprochen hat. Ein Geständnis in Ehren, unumgänglich, vielleicht auch anrührend, aber *nichtssagend*. Das Konzil verweist auf eine völlig andere Haltung: Tatsachen sind „die Zeichen der Zeit". Es verleiht ihnen Sinn in dem Moment, da es (im Prinzip!) die Analyse akzeptiert, die die anderen dazu anstellen und die diese seiner Vision im Namen der Soziologie, der Geschichte oder der Politik entgegensetzen. Die Anerkennung dessen, wie die anderen das Christentum sehen, die Annahme von festgestellten oder von Wissenschaften berichteten Tatsachen, die dem Glauben fremd, aber „autonom" und völlig verschieden[16] sind, liefern der Kirche genau das, *was ihr es gestattet, von sich Rechenschaft zu geben*, die Wahrheit, die sie verkündet, zu erläutern und auf die eigentliche Frage zu antworten: „Kirche, was sagst du von dir selbst?"[17] Anders gesagt, diese Tatsachen, die andere ihr vorhalten, spielen die Rolle, die im Dialog Jesu mit der Samariterin das „Ruf deinen Mann!" hat: Diese indiskrete Frage scheint nichts zu tun zu haben mit der schönen Erklärung, die vorausging; schroff unterbricht sie ein ganz

---

16 Im Blick auf die Kultur spricht das Konzil von *Autonomie* und *Unverletzbarkeit* (*Gaudium et spes*, 59,2).

17 Vgl. R. Laurentin, *Bilan de la deuxième session.* Paris 1964, 37.

und gar religiöses Hoffen und eine Unterredung, die schon einen GEGENWÄRTIGEN ankündigte. Die Kirche lässt zu, dass die Menschen und die Wissenschaften vom Menschen sie auf indiskrete Weise fragen und den Faden eines theologischen Diskurses abzuschneiden scheinen. Und wie die Samariterin gestehen: „Ich habe keinen Mann“ – ich bin nicht unschuldig; ich habe gesündigt gegen den Bund Gottes mit dem Menschen; ich habe dem Mann nicht dieses totale Vertrauen entgegengebracht, das ich ihm zugesichert habe –, das ist kein bloßes Feststellen einer Tatsache; vielmehr ist es schon das neuerliche Aufrichten des Bundes, das Entdecken göttlichen Einschreitens in einer menschlichen Kritik. Für die Kirche bedeutet das auch, ausgehend von diesem Fehltritt, auf den die anderen sie aufmerksam machen und zu dem sie die Kirche hinführen, das Sehnen neu zu entdecken, das an sich nicht mit nichts gleichgesetzt werden kann, ein Sehnen, das Institutionen oder Formeln unaufhörlich verraten, so wie sie es ausdrücken, und das GEIST ist; es geht also darum, „sich im Herzen zu bekehren“ zu dieser immer überraschenden Freiheit, die immer durch die Tatsache und den Sinn der Verschiedenheit erneuert wird; schließlich bedeutet das, den Glauben offenzulegen als Beziehung zum ANDEREN, in der menschlichen und spirituellen Dialektik eine Einheit, die auf dem Respekt für den anderen und auf der Wechselseitigkeit der Geburt zu sich selbst beruht. So wird die Annahme der Tatsache zum Bekenntnis des Glaubens. Sie vollführt diese „Sendung“ der Kirche, die darin besteht, „das Geheimnis Gottes“ und „zur gleichen Zeit dem Menschen den Sinn seiner eigenen Existenz[18]“ zu offenbaren. Es kommt zu einer Verständigung unter *Subjekten,* Ausgangspunkt und Ziel einer Anerkennung Gottes.

Diese Bekehrung ist natürlich nicht auf die Beziehung der Kirche zu „den anderen“ beschränkt. Jedem Christen ist es empfohlen, sich an den menschlichen Aufgaben zu beteiligen und so Zeuge des immer diskreten, manchmal ungestümen Zwischenrufs, der Menschen Sprache und Gottes Wort, zu werden, worauf die Kirche insgesamt aufmerksam sein will und soll, um dem GEIST treu zu bleiben. Unter dieser Rücksicht soll er seinen „kritischen Geist“ zeigen, dem das Konzil die Rolle des „Reinigers[19]“ zuweist. Aber weder die Kirche noch der Christ dürfen sich damit zufriedengeben, verantwortungslose Beobachter von festgestellten Defiziten und

18 *Gaudium et spes*, 41,1; es wird hinzugefügt: „Wer Christus, dem vollkommenen Menschen, folgt, wird auch selbst mehr Mensch. Das ist das *missionarische Zeichen.*“

19 *Gaudium et spes*, 7,3; vgl. ebd., 19,3.

Spannungen zu sein. Seine Erfahrung wird zunächst seine religiösen Absichten schockieren und diesen widersprechen; sie soll sich auf den Glauben hinbewegen, dessen Vorstellungen sie störend findet und dessen Wahrheit sie ans Licht bringt, indem sie die Absichten kritisiert. Das, was sein Beruf und sein Leben ihn „gerade vom Menschen besser erkennen" lassen, ist genau das, was „neue Wege zur Wahrheit eröffnet" und ein „besseres Verstehen" ermöglicht. Diese Sendung ist für die Kirche „hilfreich"; letztlich entspricht sie dem „Gesetz der gesamten Evangelisation"; sie enthält die Freiheit in der Forschung und ein geistliches Unterscheiden inmitten menschlicher Arbeit. Sie ist definiert durch das Beteiligen, das für jeden einzelnen und für alle die Erneuerungen des Glaubens in den „vielfältigen Sprachen unserer Zeit[20]" bedingt.

> Im Glauben daran, daß es vom Geist des Herrn geführt wird, der den Erdkreis erfüllt, bemüht sich das Volk Gottes, in den Ereignissen, Bedürfnissen und Wünschen, die es zusammen mit den übrigen Menschen unserer Zeit teilt, zu unterscheiden, was darin wahre Zeichen der Gegenwart oder der Absicht Gottes sind.[21]

Auf Fragen, die Tatsachen stellen, kann man nicht mit dogmatisierenden Protesten oder mit Selbstanklagen antworten, die oberflächlich blieben und es riskierten, in Worten zu versanden. Vielmehr muss man auf die Frage eingehen, um darin nicht nur einen Tatbestand, sondern eine Glaubenssituation in Verbindung mit der historischen Bedingtheit unserer Beziehung zum wahren Gott zu ergründen. Das ist das von Christen erwartete Zeugnis, die eingeladen sind, sich gezielt an den menschlichen Aufgaben in „freier" und „verantwortlicher" Weise zu beteiligen, um dabei den Typ von Erfahrung zu machen, von dem das Zweite Vatikanische Konzil ihnen schon die geistliche Tragweite anzeigt. Es wäre also paradox, wenn diese Konzilserfahrung zu einem „Wissen" würde, aus dem man die Gegenwart ableiten müsste und das man bloß „anzuwenden" bräuchte. Es wäre widersprüchlich, wenn Anzeichen eines Aufbruchs zu einer Entwicklung auf solch unverrückbar erscheinende Bedingungen träfen, die selbst von den Texten, die dazu rufen, nicht vorgesehen sind.[22]

---

20 Ausdrücke aus *Gaudium et spes*, 44,1 ff., gewiss einer der bedeutendsten Texte des Konzils zusammen mit denen, die wir zitieren. Vgl. auch ebd., 43,2; 58,2 usw.

21 *Gaudium et spes*, 11,1.

22 Vgl. beispielsweise den deutlichen Aufruf von *Gaudium et spes*, 43, 2.

Die Wahrheit des Kompromisses

Wenn das Beteiligen in der Vorstellung der christlichen Erfahrung oder unserer Zeit eine vorherrschende Rolle spielt, sind dann diese Analysen nicht einfach als ein Echo auf die zeitgenössische Mentalität zu werten? Zwar mag man mit dieser Frage unangenehm und als Störenfried in einer „harmonisch verlaufenden" Konversation auffallen, sie stellt sich deswegen nicht weniger wirklich. Wir haben übrigens nicht die Freiheit, sie abzuweisen. Sie ist gestellt. Sie ist von den Vätern des Konzils selbst gestellt, wenn sie einerseits es verstehen, sehr wohl die Sprache unserer Zeit[23] zu sprechen, und sie andererseits die „radikale Umwandlung von Begriffen"[24] feststellen, die in ihr zum Ausdruck kommt. Gestattet der Einsatz dieser Sprache auch der Kirche, die ihre zu sprechen? Tritt sie dabei nicht in die Logik einer Zivilisation ein, die das Wort des Evangeliums infrage stellt, wenn sie die Christen dazu anleitet, bewusst oder unbewusst die Gedanken der ganzen Welt zu wiederholen und ihr nichts mehr zu sagen? Das Problem betrifft gleichermaßen die aktuelle *Möglichkeit* einer Zeugenschaft und die *Natur des Wortes,* das immer in eine menschliche Sprache eingetragen ist.

Man kann das unter zwei Gesichtspunkten verstehen, die sich überschneiden. Der eine bringt eine Art von Synkretismus ins Spiel oder, besser gesagt, von „Zweierlei Sprache" mit Ausblendungen, die ungeeignet sind, ein verhängnisvolles Abrutschen der Sprache zu kompensieren. Der andere entspricht dem Willen, das „bleibend Wesentliche" vom „vorläufig Zufälligen" zu unterscheiden; er setzt ein fragwürdiges Verständnis von Sprache als soziokultureller „Verkleidung" voraus. Es soll genügen, dafür einige Symptome zu nennen.

Das erste bezieht sich auf ein Phänomen, das *Gaudium et spes* vermerkt: „(…) und doch erhalten die gleichen Worte, in denen sich gewichtige Auffassungen ausdrücken, in den verschiedenen Ideologien einen sehr unterschiedlichen Sinn"[25]. Allgemeiner, sie sind durch den Zusammenhang ihrer Verwendung polarisiert; ihre Bedeutung folgt der Bewegung des geistigen Systems, in das sie eingetragen sind. In dem Maße, da das Konzil von der Sprache unserer Zeit spricht, gibt es da nicht den christlichen Wor-

---

23 *Gaudium et spes*, 1 f.; vgl. *Ad gentes,* 11; 15; 21; 26 usw.

24 *Gaudium et spes*, 6,2; vgl. ebd., 5,1; 1 f. usw.

25 *Gaudium et spes*, 4,4.

ten selbst einen Sinn, der viel mehr dieser Sprache konform ist als ihrer religiösen Bedeutung? Ein Beispiel: Zu sagen, „dass die Menschheit nicht nur ihre Herrschaft über die Schöpfung immer weiter verstärken kann und muss“[26]“, ist das nicht gleichbedeutend damit, aus diesem letzten Ausdruck seinen theologischen Bezug zum Schöpfer-Akt zu verbannen, um ihm das vom Menschen konstruierte Universum zuzuweisen? Ebenso geht man unbemerkt von der „Berufung“ zur „Veranlagung“ des Menschen – zwei Ausdrücke, von denen der zweite den Sinn des ersten übernimmt, jedoch gern in letzter Stunde „restauriert“[27] wird. Das sind nur zwei Hinweise unter vielen anderen, die ein Abgleiten des Sinnes ebenso verraten wie einen versöhnungsbereiten Willen. In diesem Zusammentreffen, das das Beteiligen zuwege bringt, entsteht ein Hang, Begriffe eines herkömmlichen Gebrauches zu einem „modernen“ Gebrauch hinüberzuziehen und die Bedeutungen aus einem System in ein anderes zu übertragen.

Der Prozess, den diese Worte in einen unstabilen Zustand ziehen, nimmt eine andere Form an: Gewisse theologische Strukturen, die analog in anthropologischen Fragestellungen angewendet werden, erfahren eine Verzerrung, die aus der wahren Verwendung verdrängt und eine fragwürdige oder übereilte Rolle in Bereichen eines anderen Typs spielen lässt. So geht man vom Glauben an Gott als dem Zentrum und Höhepunkt der Schöpfung über zur Behauptung, der Mensch sei „Zentrum und Höhepunkt“, worauf alles hin geordnet ist und sein muss[28]. Wie sich ehedem der Theozentrismus im Heliozentrismus äußerte, wird dieser nun von einem Anthropozentrismus abgelöst. Das hält man für eine (theologisch oder kulturell?) erreichte Tatsache, dieser „königliche Platz“, den heute die Humanwissenschaften den Menschen zuweisen: Die „Gesetze“ des Unbewussten, des ökonomischen Austausches oder der sozialen Sprache relativieren einzigartig diese „Freiheit“ und diese schöpferische „Autonomie“, die das Konzil uns allen so großzügig zugesteht. Und die tägliche Erfahrung bestätigt oder unterstreicht diese Analyse. „Optimismus“, hat man gesagt. Der christliche Optimismus, der sehr wohl „weiß, was im Menschen ist“, wurzelt im Glauben an Gott. Wenn er verlangt, dass wir für das „Geheimnis Mensch“ den Respekt aufbringen, der im Geheimnis Christi und im Tatbestand der göttlichen Liebe gründet, sollte das nicht

---

26 *Gaudium et spes*, 9,1.

27 Vgl. *Gaudium et spes*, Titel der einleitenden Erklärung und des ersten Teiles. Vgl. die Ausgabe von *Action populaire*. Paris 1966, 83 f.

28 *Gaudium et spes*, 12,1; vgl. ebd., 53,2; 57,2; 63,1 usw.

den Untersuchungen aus dem Weg gehen, die legitimerweise Fragen stellen, die man unmöglich verdrängen kann und die morgen so sein werden, wie viele andere es gestern gewesen sind, der Ort einer aus dem Glauben erneuerten Erkenntnis. Dieser Anthropozentrismus ist also eine Art „Kompromiss"; ein gegenwärtiges Problem bringt er schnell in eine theologische Form; ebenso bettet er einen diskutablen Inhalt in eine Lehre, die hier einem Bereich „angepasst" ist, der eigentlich nicht der seine ist. Das an vielen anderen Indizien erkennbare Phänomen könnte als Gleichmacherei verstanden werden. Insgesamt entspricht es dem, was „Denglisch" [ein Gemisch von Deutsch und Englisch] ist: Fortlaufend in Unterbrechungen, eine Sprache, die aus zwei Sprachen zustande kommt. Wir werden sehen, was dieses Sprachengemisch auf ein Erfordernis des Glaubens antwortet und was das Konzil ihm an dogmatischer Reichweite zubilligt. Doch zunächst ist das Faktum festzustellen.

Ein zweiter Aspekt hält uns weniger auf. Nicht weil er weniger Probleme birgt! Vielmehr ist es schwieriger, ihn nahezubringen aufgrund von Feinheiten, die er erfordert. Außerdem ist er im ersten enthalten; die Möglichkeit, das „Wesentliche" vom „Akzidentellen" zu unterscheiden oder „das, was ewig ist" von dem, „was sich verändert", berechtigt zur Hoffnung, die akzidentellen Formen von gestern durch jene von heute ersetzen zu können, ohne dass dadurch das Wesentliche berührt wird; man wird also ohne hohe Risiken Anschlüsse oder begrenzte Anpassungen durch eine Verortung des Unveränderlichen versuchen. Irgendwie gibt es einen stabilen „Inhalt". Unglücklicherweise trägt diese Sicherheit nicht genug der Tatsache Rechnung, dass die Kultur totalitär ist und dass sie die Verhaltensweise einer globalen Gesellschaft enthält, die Vergangenheit ihrer Gegenwart angleicht und „Werte" postuliert, unter deren Voraussetzung es Kommunikation unter Individuen gibt[29]. Die Sprache ist kein Umhang. Sie ist ein System der Interpretation; sie koordiniert ohne Unterlass das bewegliche Netz von Elementen, die es enthält. Einer teilweisen Veränderung stehen ein neues Gleichgewicht im Gesamten und dann ein Bewusstsein oder eine verschiedene Erfahrung von Formulierungen, von Praktiken oder noch unveränderten Institutionen gegenüber. Auch ist man berechtigt, zu fragen, ob eine allgemeine Entwicklung es nicht mit sich bringe, die christliche Sprache zu verändern, die sich da hineingezogen fühlt, ohne es zu wissen; wenn eine Bewegung des geistigen Untergrunds nicht in der Lage

29 *Gaudium et spes*, 53,2 f.

ist, den Sinn von Institutionen und von sorgfältig gehüteten Formeln zu verändern; wenn eine kollektive Verwandlung, erkennbar im Vokabular des Konzils wie in der doppelsinnigen Sprache so vieler Christen[30], doch die Kluft zwischen dem, was die Autorität glaubt, den Gläubigen immer sagen zu sollen, und dem, was diese leben, vergrößert.

Mit diesen Fragen enthüllt sich schließlich das fundamentale Problem des Beteiligens, nicht bloß als solches, wie es sich der Kirche stellt, sondern so wie es sich allen stellt. Von diesem Gesichtspunkt aus ist das Konzil zutiefst *von dieser Zeit*. Es erfindet nicht, es bezeugt. Der Geschichte entkommt es nicht; es spricht deren Sprache und redet somit von deren Spannungen bis zu und vor allem in ihrem Willen, aus einem Partikularismus auszusteigen, um die ungeheuerliche Anstrengung zu teilen, die auf einmal alles Zusammenarbeiten erfasst und Verwurzelungen infrage stellt. Die Kulturen, die Gesellschaften, Gruppen wie einzelne, verspüren alle den Schub zu einer gigantischen Zirkulation, Erneuerungen, aber auch Zerrissenheit, die mit einem notwendigen Selbstbewusstsein in der Kommunikation einhergehen. Überall bemüht man sich, in Nachbesserungen und Gleichmacherei rasch ein gewaltiges Missverhältnis auszugleichen, doch verrät es dieses Abgleiten des Untergrunds mehr, als dass es ihn meisterte. Überall zeigt sich ein Zwiespalt unter theoretischen Entwürfen und einer Wirklichkeit, die ihnen derart entgeht, dass die Erarbeitungen in den Teilen oder in partikulären Kulturen die Gestalt von Ideologien oder Mythologien annehmen, während andererseits die Erfahrung fortschreitend nach einem angemessenen Ausdruck für sich selbst sucht und nicht dahin kommt, aus diesem Prozess eine Theorie zu entwickeln, die Sinn macht. Wie sollte die Kirche für ihren Teil heute nicht an dieser Genese teilnehmen, deren ächzendes Zusammenbrechen ein kollektives Risiko, das des Menschen, bedeutet: das Risiko zu leben und das Risiko zu sterben? „Herold und Bote sind gefährdet."

30 Wir sehen „Unruhe", „Unbehagen" und manchmal die „Ratlosigkeit" als *Bilinguismen* (doppelsinniges Reden) an, was das Konzil vermerkt (*Gaudium et spes*, 4,5; 7,1 ff. usw.). Für viele Christen, Laien wie Priester, sind ihre wirklichen Fragen und ihre geistlichen Orientierungen in den lehrmäßigen Formulierungen oder den christlichen Institutionen kaum enthalten. Wenn man darüber in den üblichen Kategorien urteilt, gibt es für sie mehr und mehr *zwei* Morallehren, *zwei* Theologien usw.; diese, die sie tastend suchen und die sie im Namen von tiefsitzenden Erfordernissen ihres christlichen Bewusstseins erarbeiten (oft recht konfuse und schlecht erklärte Erfordernisse, weil sie über eine angepasste Lehre nicht verfügen, um das Ihre zu analysieren); jene, die sie gelernt haben und die sie weder adaptieren noch zurückweisen können, weil sie einerseits nicht mehr dahin kommen, ihre geistliche Erfahrung darin zu erkennen, und weil sie andererseits darin das Zeichen und objektive Anhaltspunkte des Glaubens entdecken, dem sie treu sein wollen.

Ja, die Kirche ist in und durch diese Geschichte in „Mitleidenschaft" geraten. In all ihren Anstrengungen und Versuchen, in jeglicher Furcht und Ermutigung (wie zu unterscheiden?) treffen ihre Gegenwart und ihre Vergangenheit aufeinander und stehen nebeneinander; sie liest in diesem Drama das Zeichen einer Berufung, deren Ziele ihr gleichermaßen unveräußerlich sind, und weigert sich, sie gegeneinander zu stellen, ohne jedoch dahin zu kommen, sie zusammenzuführen (wer kommt heute schon dazu?). Die Kirche lebt das Drama der Entbindung, das, übersetzt in Begriffe von „Beteiligen", in dieser heute allgemeinen Frage zum Ausdruck kommt: nach dem *Anders-Werden, um mit allen zu sein;* wird da die christliche Sprache nicht auch eine *andere*? Hört sie, indem sie sich anpasst, auf, sie selbst zu sein? Wenn sie sich darauf einlässt, gewisse von ihren Formen zu modifizieren, ändert man damit nicht das ganze System, das sich darin ausdrückt? Tritt man da nicht in eine notwendige Entwicklung ein, die man weder abweisen noch annehmen kann, ohne sich zu verlieren?

Diese Frage bringt die Kirche mit sich und sie kann nicht anders, als diese sich „zu eigen zu machen". Sie wird allen Schwierigkeiten begegnen, die auch die anderen kennen, die Väter des Konzils haben ihr da – mit allen Risiken und Überraschungen, die sie mitbringt –, mit der Bestätigung des ewigen Bundes zwischen Gott und Mensch, ihren Platz angewiesen. Um den Preis, den der Herr selbst für diese Einigung erlegt hat, die aber in einem schon wirksamen Beteiligen an den Spannungen wie an den Anstrengungen der Zeitgenossen ihren Ausdruck findet, kann diese Bejahung sich nicht anders äußern als in den Formulierungen der aktuell menschlichen Probleme. Die Sprache, die die Schwierigkeit aussagt, wird auch zur Sprache des Glaubens durch eine Veränderung, die gleichermaßen ein Kompromiss (wie dieser des Herrn) und eine Offenbarung von Sinn ist. Gebunden an eine Genese, ausgedehnt und beschwert durch sie, ist diese Sprache eigentlich dogmatisch, ganz wie die Definition der beiden Naturen Christi in der Einzigkeit seiner Person. Und nicht mehr als diese, sie dispensiert nicht von einer Meditation des Geheimnisses, das sie getreulich stehen lässt, ohne es lange zu erklären.

Übrigens, wann sind das christliche Denken und Handeln dem Kompromiss entgangen, das heißt der Geschichte? Wir sind mehr oder weniger wie die Christen von gestern oder vorgestern in diesen Kompromiss hineingezogen. Wir würden uns täuschen, wenn wir, weil wir von „Freiheit" oder „Dialog" sprechen, dächten, nicht mehr gerade auch an unsere Zeit gebunden zu sein, als sie an ihre, als sie „Christenheit", „göttliches Recht" oder „Ordnung“ dachten. Die Zuverlässigkeit, die wir mühevoll unter den zeitgenössischen Problemen suchen, haben sie auch erarbeiten müssen und notwendigerweise in einer Weise mentalen und aktiven Beteiligens; ihr Glaubensverständnis war schon die Sprache einer menschlichen Erfahrung und folglich auch politisch.

Nach dem „Zeichen der Zeit“, was das Konzil auch ist, kann man sich in der unübersehbaren Bewegung, in die alle Institutionen und alle Auffassungen hineingezogen sind, das „Geistliche“ nicht als einen abgesonderten Sektor irgendwelcher Natur vorstellen, der vor der Ansteckung zu bewahren sei. Die jüngste Erfahrung zeigt hinreichend, dass der Christ, wenn er zwischen dem Erfordernis eines religiösen Verhaltens und dem eines wirksamen Verhaltens hin und her pendelt, den Widersprüchen einer Ideologie und einer Praxis nicht entgeht, sei es, dass er den politischen Pragmatismus einer geistlichen Ideologie gegenüberstellt, sei es, dass er sich in Grüppchen zurückzieht, in denen die lehrmäßige Reinheit mit so etwas wie einer politischen Nicht-Existenz bezahlt wird, sei es, dass er es verweigert, sich einzubringen, um nichts als ein Beobachter (ein Voyeur) des politischen Geschehens zu sein[31]. Er kann sich nicht mehr in dem übrigens illusorischen Zirkel einer Theorie aufhalten, demzufolge, *was immer dessen reelles Tun sei,* er einem wie immer geheimnisvollen, gemeinsamen Unterfangen angeschlossen wäre, oder nach dem er, *zu welchen reellen Bedingungen eines Engagements immer,* aus einer Lehre die praktischen Modalitäten ableiten möchte, die geeignet wären, ihre Reinheit zu bewahren. Ein Unterscheiden, rechtens und tatsächlich, ist nur möglich, wenn man sich einbeziehen lässt. Die Sicherheit und das Risiko des Christen drücken sich immer auf eine einzigartige Weise aus, die dahin führt, die Erfahrung des Konzils zu erinnern und zu erneuern: Ein Beteiligen bedingt das Glaubensverständnis; eine Praxis bietet die Gegebenheiten der Bestätigung, die den Sinn beisteuert; ja, eine Ausweitung und Vertiefung der menschlichen Beziehungen führen zu Bekehrungen; Wagemut ist nötig, ein Kompromiss wird die Sprache der Wahrheit.

---

31 Vgl. die eindringlichen Bemerkungen von A. Prost, in: *Forces religieuses et attitudes politiques dans la France contemporaine.* Paris 1966, 161–166.

Das Gebet von Arbeitern*

Nicht nur das Thema dieses Artikels wirft Fragen auf, auch die dürftige Dokumentation, auf die er sich stützt, und schnell sich verändernde Arbeitermilieus. Dennoch sollen, gestützt auf zwei Umfragen der letzten Jahre[1], in den folgenden Seiten bezeichnende Züge des Gebetes, die Arbeiter in ihren Antworten beschrieben haben, analysiert werden.

„Ich möchte gut beten", schreibt einer von ihnen; ein anderer: „Wirklich beten hat niemand mich je gelehrt." So haben viele Priester Christen darum bitten gehört, dass man sie darin „ausbilde, im Erwachsenenleben zu beten". Diese priesterliche Aufgabe ist immer wichtig; es ist dieselbe, die Jesus übernommen und den Seinen anvertraut hat. Das Entstehen der „Mission-ouvrière", an der die gesamte Kirche interessiert ist, lädt dazu ein, die Bedingungen dieses Dienstes gründlich zu bedenken, geht es doch um die Welt des Arbeiters, die nach dem Bericht Gilbert Pourchets an die Versammlung der Kardinäle und Erzbischöfe[2] ein Drittel der aktiven Bevölkerung[3] Frankreichs ausmacht, somit die größte und zugleich kirchenfernste soziale Gruppe Frankreichs ist.

---

* Der Artikel erschien unter dem Titel *La prière des ouvriers*, in: Christus 16 (1957), 413–427; übersetzt von P. Andreas Falkner SJ, in: Geist & Leben 91 (2018), 312–318 u. 428–435.

1 Es geht um Umfragen, die die Zeitschrift *Témoignage chrétien* und die Schriftenreihe A. C. O. (*Action Catholique Ouvrières*) der Katholischen Arbeiterbewegung Frankreichs durchgeführt haben. Die erste, deren Ergebnis freundlicherweise die Schriftleitung der Zeitschrift zur Verfügung gestellt hat, wurde im Dezember 1955 durchgeführt. Sie ergab mehrere hundert Antworten, von denen ein Fünftel aus dem Arbeitermilieu kommt; sie wurde bereits von l'abbé Rétif in seinen Artikeln vom 23.12.1955, vom 03. und 10.02.1956 und vom 30.03.1956 verwendet. Die zweite Umfrage wurde von P. Goutagny, in: Masses ouvrières 114 (Dezember 1955) unter dem Titel *La Prière militante adulte* vorgestellt und in Auswahl von l'abbé Barrou, in: *Quand les ouvrières prient* (Éd. Ouvrières 1956) veröffentlicht. Wir verweisen auf die erste mit den Buchstaben T. und der Nr. des Dokumentes; auf die zweite mit dem Buchstaben B., gefolgt von der Seitenzahl in Barrou. Zugleich merken wir an, dass beide Umfragen sehr unterschiedlich sind. Die erste ist umfangreicher, weil sie an sehr unterschiedliche Milieus gerichtet war; sie ermöglicht aufschlussreiche Vergleiche und gibt eher das Niveau des Durchschnittschristen wieder. Die andere wurde im Einzugsbereich von l'A. C. O. durchgeführt und spiegelt die geistlichen Orientierungen; ihre Antworten kommen von Aktivisten und manifestieren insgesamt tiefere geistliche Erwartungen.

2 *Aperçue sociologique sur le monde ouvrier*, in: Masses ouvrières 129 (April 1957), 37–80.

3 Der Autor spricht von 33%. In Wirklichkeit machen diese 33% alle Gehaltsempfänger der Industriebetriebe aus, folglich auch die Techniker usw., die man genau genommen nicht als „Arbeiter" ansehen kann. Andererseits muss man aber zu diesen 33 % jene 11 % der geringfügig Beschäftigten hinzunehmen, deren religiöse Situation ganz anders ist als die der Arbeiter.

Gewiss, die Umfragen allein „beweisen“ nichts; lehrmäßig haben sie in der christlichen Gemeinde keinen Wert. Doch spiegeln sie eine religiöse Erfahrung wider, in der die Kirche Jesus Christus, wie er gesucht wird, zu erkennen und darzustellen weiß. Die Umfragen müssen aufmerksam meditiert werden, weil jeder Christ das Recht hat, vom Priester gehört zu werden, um schließlich eine Antwort zu bekommen, die seinem Verlangen entspricht. Sie können Pastoral und geistliche Leitung im Arbeitermilieu erhellen. Sie werden es auch gestatten, festzustellen, in welchem Maß man berechtigt ist, von einem Gebet von Arbeitern zu sprechen.

Befreiung und inneres Leben

Das Leben nicht qualifizierter Arbeiter bringt diese in hohem Maß um die Möglichkeit, sich auszudrücken und sich dank ihrer Arbeit zusammenzuschließen. Der Arbeitsalltag gibt ihnen nicht das Gefühl, „etwas zu machen“, auch nicht die Freude, „zu einem Werk beizutragen“: ihre Tätigkeit bezieht sich „auf einen Teil eines Objektes oder auf ein Stück, das sie *fertig und vollendet im Ganzen, zu dem es gehört, nie sehen*“. Ihre Tätigkeit wird „unaufhörlich durch die im Minutentakt gestalteten Produktionsvorgänge *unterbrochen*“[4]. Somit sind sie der Abfolge der Dinge ausgeliefert, die fortwährend den Geist absorbieren, ohne dessen Initiative in Anspruch zu nehmen. Die „zerbröselte Arbeit“ zerstückelt die Existenz und bringt ähnliche Menschen in Serie, ohne Gesicht hervor, eben zerbröselte Menschen.

Zerstückelung und Mechanisierung, die den Arbeiter materialisieren, indem sie sein Leben auf eine blanke, zusammenhanglose Zerstückelung reduzieren, bilden die hauptsächliche Behinderung des Gebets und den Grund anderer Schwierigkeiten. Alle Innerlichkeit versiegt und vertrocknet. Die Arbeiter sprechen von einer „zermürbenden Arbeit“ (T. 202); einer formuliert es so: „In der Arbeit findet man keine Zeit zu denken oder zu beten“, „vor allem wenn man am Fließband steht, ist es völlig ausgeschlossen“ (T. 296). Der Geist ist zerstreut und, gehetzt durch die Abfolge des Geschehens, ganz und gar ausgegossen. Im Moment, wo der Geist seine Geschlossenheit verliert, geht auch die erforderliche Kraft für eine Regeneration verloren. Der Arbeiter versucht dieser Zerstreuung

---

4 G. Friedmann, *Le Travail en miettes. Spécialisation et loisirs* (1956). Paris 1964, 110.

durch Ablenkungen zu entgehen oder in seine „Dadas“[5] zu entkommen, durch Wein[6], durch Sport, in dem der Auftritt zum Schauspiel[7] geworden ist: all das ist weit von seiner Arbeit entfernt, hier soll er den kleinen Garten seiner Freiheit oder paradiesische Augenblicke für seine Träume und Luftschlösser finden. Die abweisenden Tore von Fabriken gehen in ihrer Verlängerung in festliche Kinoportale über, doch diese Sorte von Paradies entspricht ihm nicht. Sie kommt von irgendwo her und nicht aus ihm.

Ohne diesen Zusammenhang ist nicht zu verstehen, was die Arbeiter uns über ihr Gebet sagen. Gebet ist für sie ein Bedürfnis, Teil eines allgemeinen Bedürfnisses nach Sammlung wider die Zerstreuung, ihre Seele wiederzufinden. Das Gebet zielt darauf ab, dem Leben seine innere Einheit wiederzugeben. Im Gebet wendet man sich an Gott, der von innen und von oben alle Hinweise und Teilchen aus der Zerstreuung sammelt. Aus einer veräußerlichten Existenz kommend, sucht das Gebet den Innerlichen.

Auffallend ist, dass dieses Gebet am Schauspiel der Natur entspringt: die von den Arbeitern oft erwähnte Tatsache entspricht nach Ansicht der Psychologen[8] „der enormen Bewegung Zurück-zur-Natur“ in der arbeitsfreien Zeit und „der wachsenden Beliebtheit von Camping“. Es habe den Anschein, man müsse von der Arbeit befreit werden, damit die Seele frei werde und sich in der Anrufung des mächtigen, friedvollen und zugewandten Gottes, den die Natur offenbart, ausdrücken könne. „In seiner Natur ist man ihm ganz nahe“ (T. 259), als wäre man bei ihm und bei sich, wenn man den Arbeitsplatz verlässt.

Im selben Sinne, aber noch viel tiefer zeigt sich oft das Bedürfnis nach Schweigen und Einsamkeit. „Tätiges Leben ist nur möglich, wenn man Zeiten des Schweigens findet.“ Nach dem Lärm der Fabrik braucht es Schweigen, nach dem Eingepfercht-Sein die Einsamkeit, damit die Person im Angesicht ihres Gottes von neuem geboren werde. „Je dichter das Schweigen, umso besser der Dialog“ (T. 100); „das Schweigen wurde mir

---

5 Vgl. G. Friedmann, *Où va le travail humain?* Paris 1950, 348 f. oder ders., *Le Travail en miettes*, 186 [s. Anm. 4].

6 Vgl. G. Navel, *Travaux.* Paris 1946, 182.

7 L. Mumford, *Technique et civilisation.* Paris 1950, 263 f.

8 G. Friedmann, *Le Travail en miettes*, 192 [s. Anm. 4]. Dieser Tatbestand begegnet oft in den Analysen.

angeboten; es hat bei mir Eingang gefunden" (B. 183). Nach einer hastigen Mittagspause suchen viele einen stillen Platz in einer Kirche oder unter einem Baum. Weil der geheime Grund des Menschen aus dem Ablauf eines Tages ausgeschlossen bleibt, artikuliert er sich im Schweigen. Die Gebetshaltung verbindet sich mit dem Geheimnis der Maria, „der großen Schweigerin" (B. 184). Wenn also die Seele in der täglichen Erfahrung die Sprache nicht gefunden hat, in der sie sich ausdrücken kann, hat der Arbeiter nicht aufgehört, in der Welt, in der er lebt, wahrnehmbare Zeichen der göttlichen Gegenwart zu entdecken.

Das Schweigen des Menschen schmiegt sich also an das Schweigen Gottes. Die Fabrik entwickelt sich dahin, ein Niemandsland zu werden, das der Mensch verlassen muss, um sich selbst zu finden; geheimnisvollerweise kann er außerhalb mit Gott in Verbindung kommen.

Beten ist also auch ein „Innehalten" (T. 267; 269 u.ö.), ein „Anhalten"(B. 180): eine Atempause an der frischen Luft. Beim Beten „scheint es mir, dass meine Seele durchatmet". Doch für diesen Augenblick des Luft-Schnappens muss man den Ort der Arbeit verlassen, sich zurückziehen, sei es auch nur auf die Toilette (davon ist wiederholt die Rede). Das Gebet ist Rückzug und Eintritt in eine andere Welt. Gewiss, jede geistliche Erfahrung kennt dieses Gefühl, das Gefühl dieser Absonderung, dieser Trennung von zwei Welten und zwei Lebensweisen; doch handelt es sich hier wie in gewissen Milieus humanistischer Kultur nicht um einen Gegensatz zwischen der Genügsamkeit des Menschen und der Größe Gottes; Trennung geschieht hier zwischen der äußeren Aktivität und dem persönlichen Leben, zwischen menschlicher Geschäftigkeit und geistlicher Freiheit; der Mensch ist wie Gott aus seinen eigenen Schöpfungen hinausgejagt. Er sucht sich und er sucht Gott in ein und derselben Bewegung und das ist eine Fluchtbewegung.

Diese mehr oder weniger bewusste, fundamentale Erfahrung äußert sich in den Haltungen und im Inhalt des Gebetes. Man möchte sich von einem Materialismus „lösen", der „auftaucht", einen „Schutz" herbeirufen, der „befreit", beim Erlöser und „Befreier" Hilfe suchen: „wenn man das große Ungeheuer, die Fabrik, betritt, bittet man im Umkleideraum Gott um Hilfe" (B. 200). Beten bedeutet, in Gott eine innere Wahrheit zu suchen und sie von ihm zu erwarten. „Gott ist am Grunde des Lebens" (B. 85), ein Hoffen, ausgerichtet auf die Sehnsucht des Menschen: „leben"! (B. 183) Die Zukunft des Menschen ist auf der Seite Gottes zu finden.

Die Zeit der Seele

Aus der Sicht der Arbeiter fühlt das Problem sich gewöhnlich so an, wenn man nach der Beziehung zwischen Gebet und täglichem Leben fragt. Da die Möglichkeit fehlt, hier verschiedene Aspekte in den Blick zu nehmen, soll es genügen, im Rückgriff auf die zitierten Umfragen diese von einer präzisen Fragestellung aus anzugehen, nämlich jener der Gebetszeiten.

Wenn der Arbeiter betet, versucht er unwillkürlich, die zerstückelte Zeit seiner Arbeitstage durch eine geeinte Zeit zu ersetzen; da, wo der Rhythmus der Maschine die menschliche „Zeit tötet", das Nachdenken zu Träumereien erklärt und die Tage im Minutentakt unterteilt, bewirkt das Gebet eine Erneuerung der Zeit, es stellt eine Dauer her, die dem Ablauf menschlicher Erfahrung konform ist. In der Tat begegnet man in den Äußerungen der Arbeiter einem besonderen Widerstand dagegen, regelmäßige Zeiten dem Gebet zu widmen, morgens, abends usw.: ja, aber kein zerstückeltes und spezialisiertes Gebet! Am geistlichen Leben teilzuhaben bedeutet, auf Zeiten zu verzichten, die durch den Glockenschlag vorgegeben sind. Hervorgerufen durch Ermüdung, durch Bereitschaftsdienst, durch ein gebeuteltes Leben erscheint diese Reaktion des Arbeiters schließlich als Abwehr gegen den Vorrang der Mechanik, den Ursprung des Industriezeitalters[9], die Stoppuhr. Er wehrt sich gegen den Imperialismus der Zeitmessung, er will in einem sein Leben und sein Gebet retten: Er verteidigt seine Seele.

Er zerbricht also die einförmige und mechanische Zeit. Dabei zieht er sich zurück, um den Gott seines Herzens zu finden und, während er so von der einen Welt in eine andere wechselt, vollzieht er die Bewegung, mit der alles geistliche Leben beginnt. Er betet in brüsken Stoßseufzern der Seele, manchmal in der Einsamkeit, das Herz quillt über von Tränen. Bei diesen Arbeitern und Arbeiterinnen fährt das Gebet „wie Sternschnuppen" über den zu irdischen Himmel des Arbeitslebens. „Gebetsminuten, Sekunden-Gebete" (T. 71), „Stoßgebete", ein kurzer „Aufschwung", ein „Anruf beim so guten Gott" (B. 197), „Gebetspfeile" (T. 109): Die Vielfalt der Bilder bringt diese beständigen Träume einer Aufmerksamkeit zum Ausdruck, die Gott zukommt, dem Andauernden in Schweigen und Innigkeit.

Diese Gebete steigen auf, sobald das Netz der Beschäftigungen sich lockert. Zeiten des Unterwegsseins, vor allem in der Metro, auf dem Fahrrad, im Autobus, zu Fuß auf den Straßen, ‚Pausen' im Verlauf der Gesprä-

9 Vgl. ebd., 23, über die Uhr, die „Schlüssel-Maschine des modernen Industriezeitalters".

che, Zeiten des Wartens zwischen zwei Gängen im Restaurant, weniger drängende Arbeiten im Haushalt, alle Lücken in eng gestrickten Tagen begünstigen dieses Gebet: verlorene Zeiten werden zu kostbaren Zeiten. Wer die Texte dieser Arbeiter gelesen hat, kann nicht mehr wie sonst in die Metro einsteigen, in die fremde Kirche auf Schienen, die unterirdisch und lärmend so viel Gott erfülltes Schweigen mitführt; er weiß auch, dass in den von Menschenmassen vollen Straßen stumme und unsichtbare Gebete auf dem Weg sind.

Diese kurzen Anrufungen werden, wenn sie sich ausdehnen und wiederholt werden, nach und nach zu „diffusem Gebet“ (B. 202), nicht zu „Gebet am laufenden Band“, sondern zum „dauernden Zustand“ (T. 65), zum inneren Bestand des Seins. In diesem Zusammenhang kehrt ein Wort häufig wieder, um diese Haltung zu beschreiben: „*GeGenwart*“. Ohne Worte, ohne besondere Gesten wird Aufmerksamkeit gegenwärtig auf den hin, der immer in unmittelbarer Intimität des menschlichen Seins gegenwärtig gefühlt wird mit dem Sein Gottes, von sich zu ihm. Die Betrachtung wendet sich, wenn sie diesen Weg eingeschlagen hat, dem Geheimnis des Heiligen Geistes zu, der diese Einigung wirkt, die keine Sprache nötig hat, oder auch dem monastischen Gebet, das andauert und kontemplativ ist, eben als Symbol für Arbeitergebet verstanden werden kann, das von vorgefassten Ideen abweichen darf. Wie sollte man hier nicht einen Text zitieren, der aus einer kämpferischen Bewegung stammt, einen Text, dem man viele andere hinzufügen könnte, die weniger umfangreich sind, aber doch auch passend:

> „Ich sage mir: Du bist ein Geschöpf Gottes, ein Sohn Gottes. Ob du es willst oder nicht, du bist in seiner Gegenwart. Der Vater sieht dich, er folgt dir, dir dem Sünder, der aber getauft ist. Lebe also so, dass du dieser Aufmerksamkeit Gottes auf dich bewusst bist. Am Morgen beim Erwachen sei dein erstes Augenmerk auf ihn gerichtet. Er ist nicht im Himmel, weit weg, unnahbar. Er ist da, ganz nahe, du bist vor ihm. Er sieht dich, er liebt dich. Leb also in seiner Gegenwart, und mein Gebet ist das: vor Gott da sein. Ich wecke in mir ein Gefühl der Liebe, der Ausrichtung auf den Vater, mit Christus, und so bin ich mir dessen bewusst zu beten.
>
> Ich lebe den Tag über in der Gegenwart des Vaters, in der Arbeit, in meinem Zuhause, überall. Ich strenge mich an, ich strenge mich wirklich an – ich bin kein Engel, sondern ein Sünder –, von der Sorge

um die Einheit im Geist durchdrungen. Immer wieder rufe ich den Heiligen Geist an, ohne Formeln; viel eher ist es ein liebevoller Gedanke, der in die Bitte um Hilfe, um Unterstützung übergeht, eine wirkliche Gegenwart in jeder meiner Handlungen, selbst den unbewussten. Ich denke, dass man nicht genug den Heiligen Geist bittet. Man vernachlässigt es, sich in dieser Gewissheit zu stärken, dass wir gleichsam vom Geist Gottes durchdrungen sind, diesem mächtigen und sanften Hauch, der die handelnde Liebe erneuert.

Im Verlauf des Tages verbinde ich mich in Gedanken dem großen Gebet der Kirche. Ich vernehme die Stimmen der unzähligen Seelen, die im Schutz des Klosters schweigend in Gottes Gegenwart sind, und ich, ich bin da inmitten von lärmenden Maschinen, Vergnügungen, Sorgen, Arbeiten oder schlafend, essend oder bei einem Glas Wein im Bistro mit einem Kumpel, und immer bin ich mir dessen bewusst zu beten, gegenwärtig meinem Gott wie auch meinen Brüdern und Schwestern im Glauben“ (T. 292).

Daraus sollte man nicht schließen, dass dieses „diffuse Gebet“ genüge. Das Gegenteil wird ausdrücklich erwähnt (vgl. B. 173). Die wieder gefundene Zeit erfordert eine neue Ordnung. Die neu begründete Einheit mit Gott verlangt nach einer neuen Bewertung. In dem Maße, da dieser neue Mensch auftaucht und sich behauptet, empfindet er das Bedürfnis, in seinem Leben eine Ordnung zu manifestieren, die die Ordnung Gottes ist und die seine eigene werden soll. Er kommt auf „strenge Zeiten“ des Gebetes zurück, auf eine Verdichtung und Zusammenfassung dieser oft verloren gegangenen Einheit, der Quelle zahlreicher Aufbrüche, in denen Gott in jedem Augenblick gefunden wird. Die Zeit geistlicher Befreiung beinhaltet eine Organisation; wenn es also nötig ist, „sich eine Disziplin aufzuerlegen“ (B. 180), ist das nicht eine willkürliche Disziplinierung, die von außen kommt, vielmehr ist das die konkrete Manifestation von Leben und Vorlieben des Herzens, der neue Rhythmus einer Existenz, der im Verlauf seine innere Wahrheit ausdrückt, die aus Gott geboren ist.

Will man das zusammenfassen, was diese Bemerkungen über die Beziehung des Gebetes zum täglichen Leben uns lehren, kann man zwei Merkmale hervorheben: Das Gebet ist einerseits eine Befreiung. Es bietet die Erfahrung einer Freiheit, in der die innere Einheit der Existenz sich äußert. Ein Arbeiter begann folgendermaßen vom Gebet zu sprechen: „Ich bin eine menschliche Person und nicht ein Individuum in der Masse“

(T. 176), und ein kleiner Angestellter betet, „um sich nicht noch mehr zu entfremden, sich in der Masse zu verlieren, um sich nicht durch eine Situation, die durch den beengten Raum zustande kommt, beherrschen zu lassen, durch den Lärm, durch ein von Arbeit und Materialismus besessenes Milieu, von meinen Nerven, um frei zu werden“ (T. 206). Die Größe des Menschen, die in seinem Werken verloren gegangen ist, wurde wieder erweckt durch das Bewusstwerden der Größe Gottes; „indem ich euch fand, habe ich die Würde des Menschen wieder entdeckt, ein Geschöpf, das eure Hände nach eurem Bild geformt haben“ (B. 61 und 72). Das Herz des Menschen wird wieder geboren, indem er seinen Gott anerkennt.

Andererseits bezeichnet das Gebet die Gegenwart Gottes; es ist das Zeichen einer Hoffnung und eines Kommens. Wenn dieser Gesichtspunkt weniger deutlich ist als der erste, so ist er doch Anker und Grundlage. „Das Gebet bedeutet Hoffen“, sagte ein Handlanger (T. 99): Gott kommt und fährt darin fort, den Menschen zu gebären. „Wenn eine werdende Mutter ihr Kind erwartet, ‚spürt‘ die Mutter immer ihr Kind in sich selbst, während sie andere Dinge tut. In dieser Weise versuchte ich Gott zu ‚spüren‘ in meinem gebeutelten Leben.“ (T. 170) Gott tritt ein und, man kann sagen, wächst im Herzen des Menschen heran; davon ist er das innere Leben, das persönliche Geheimnis, das Mysterium. „Ich suche unseren Herrn in mir zu bewahren wie das Ciborium, das die Hostie enthält.“ (B. 179) Daraus erwächst ein „Friede“, der die Sicherheit des Menschen ausmacht und zugleich das Zeugnis Gottes ist. So spielt es keine Rolle, was der einzelne ist! Gott ist; das genügt, dass ein jeder dessen gewiss ist zu sein, durch ihn. „Ich könnte gut eine Fliege sein“, sagt ein Arbeiter, „Christus bleibt Christus.“ (B. 65)

Gemeinsam und für die anderen beten (B. 202)

Das Bewusstsein einer Gesellschaft drückt sich in ihrer Sprache aus, in der allgemeinen Ansicht, in der Beziehung untereinander; die Gesellschaft, die vom Geist Jesu beseelt ist, bringt ihre Einheit auch durch die gleichbleibende Sprache des Gebetes zum Ausdruck: Liturgie; gelernte Gebete, die vom „Vater unser“ bis zu „Akten“ des Glaubens oder der Liebe reichen, die durch den Katechismus oder auf dem Schoß einer Mutter vermittelt werden. Wenn man in diese Sprache, in diese Worte und diese Riten eintritt, betritt man eine Tradition und eine Geschichte, die jedes Individuum übersteigen. Man weitet seine Absichten und sein Herz, damit die intimsten Seufzer ohne weiteres zu denen des ganzen Volkes werden, dessen Gestalt sie annehmen.

Doch nach den Umfragen scheint diese Weise geistlicher Gemeinschaft dem Arbeiter fremd oder schwer zugänglich zu sein. Unter den gelernten Formeln zieht er diese vor, die er „für sich passend“[10] findet, oder die spontanen Anrufungen, die ein Umstand[11] in ihm auslöst, oder auch das Schweigen. Für die herkömmlichen Gebete hat er nicht den Geschmack oder Respekt, den einige Studenten oder Professoren in ihren Antworten in der Absicht an den Tag legen, aus ihrer eigenen Innerlichkeit herauszutreten und ihren „Ideen“ oder Empfindungen die Erneuerung und Weite zu geben, die dazu die Kirche beiträgt. Er braucht nicht seinen inneren Reichtum zu verlassen: er ist schon genug außer sich, in den anderen: „Wir sind beraubt, nicht nur der materiellen Güter, sondern auch des inneren Reichtums“ (B. 93).

Im Interesse der Pastoral muss man auf diesen zentralen Punkt hinweisen: Die Professoren – viele von ihnen haben auf die Umfrage von *Témoignage chrétien* geantwortet – sind Menschen, die Respekt vor dem Geschriebenen und Sinn für die historische Dimension haben; sie sind in den Reichtum der Vergangenheit eingeführt worden und sie wissen um das, was die Gegenwart ihr schuldet; ebenso haben sie gelernt, um jetzt das zu sein, was sie sind; die Tradition ist Instrumentihrer Beschäftigung, ihrer Stärke und ihres Bewusstseins. Spontan öffnen sie sichder Vergangenheit und ihrer Sprache, um die Worte, die sie an Gott richten, zu lernen und sie sich zu eigen zu machen. Nichts dergleichen bei den Arbeitern! Sie haben nicht gelernt, um zu sein; sie sind geworden. Ihre Vergangenheit ist in ihren Leib eingetragen[12], gestaltet während der Jahre, die in ihm gespeichert sind, doch es gibt keine Sprache; die Geschichte, die ihnen bewusst ist, ist eine Geschichte der Zukunft, die der Hoffnung, auch sie hat noch keine

10 Es sei angemerkt, dass natürlich dem „Vater unser“ (ein Gebet, das „alles einschließt“, sagt eine Arbeiterin) und dem „Ave Maria“ Vorrangstellungen eingeräumt werden: diese Gebete sind, so schreibt ein Arbeiter, die „Entdeckungen von vierzig Jahren“; ebenso der Rosenkranz. Bisweilen ragen auch einige „Andachten“ heraus, Überbleibsel von ehedem, die nicht minder ein wahres Beten des Arbeiters ausdrücken.

11 Der Erfolg von M. Quoist, *Prières* (Édit. ouvrières, 1954) und schon vorher von L. de Jerphagnon, *Prières pour les jours intenables* (ebd. 1957), erklärt sich zweifellos durch die Tatsache, dass das Gebet eines Kameraden, eines Augenblicks geschwisterliche Gebete sind, Hinweise eher auf beliebige Umstände als auf eine „Regel“ des Betens.

12 Vgl. die Meditation von G. Navel über die Hand (*Travaux*, 187 [s. Anm. 6]): „Alle Toten vor meiner Mutter standen mir im Sinn, alle gegenwärtig, die mir diese Hand, ähnlich den anderen, gegeben haben. Der Mensch lebt von seinen Händen, meine Hand gehört Generationen (...).“

Sprache. Die gemeinsame Zeit ist für sie eine taube Erfahrung, die nicht ausdrücklich wird; so bleiben ihnen diese alten Texte fremd, auch diese Riten, die im Schrein der Gegenwart den Schatz einer Geschichte bergen, in die die fortwährende Dauer einer Gegenwart[13] eingetragen ist. Weil sie keine Sprache haben, d. h. weil sie noch keine eigene Kultur haben, fühlen sie sich in der kirchlichen Sprache des Gebetes nicht „echt": Das ist nicht ihre Erfahrung.

Diese Erfahrung ist in der Tat eher räumlich als zeitlich. „Solidarität"[14] aus Nähe, Gefühl der „Equipe" und des Milieus, Bruderschaft unter Leuten, die nebeneinander stehen, oder sie teilen dieselben Mühen und dieselben Arbeiten in den Fabriken von heute. Das Gebet hebt diese Bruderschaft bis zu Gott empor, die in Christus einen ganz neuen Sinn bekommt.

> „Alle Ereignisse treten in mein Gebet ein, die ganze Welt, die wir in Gott leben! Tag für Tag wächst, verdichtet sich meine Zugehörigkeit zur Welt, sie trage ich in mir. Beten bedeutet, alles einen" (zitiert in T. C. am 30. März 1956, S. 8).

Doch dieses Gebet in den „Abmessungen der Welt" beginnt bei den Gefährten am Arbeitsplatz, den Nachbarn im Bus oder in der Metro, mit denen, die man nicht kennt und deren Antlitz doch einen Hauch von Ähnlichkeit anzeigt: „Unbekannte, meine Schwestern und Brüder". In welchem Abteil der Metro gibt es nicht eine innere Stimme, die das Gebet ganz nahe zu Gott hin trägt? Das Gebet scheint ganz besonders aufgerufen zu sein durch die Armen, die Unglücklichen, die Kinder, all jene, die nach Stütze suchen:

> „Für die Schwachen, die Unterdrückten, die Notleidenden, die Kranken, die Verunsicherten, für jene, die in A. N. F. (Französisch-Nord-Afrika) fallen, für die Opfer der Rassendiskriminierung, für die Clochards, usw." (T. 196).

---

13 Vgl. E. Pin, *Pratiques religieuse et classes sociales*. Spes 1956, 404, wo er den Graben zwischen dem Proletariat und dem städtischen Katholizismus in einer Pfarrei in Lyon herausstreicht: „Einerseits eine Welt, in der der Begriff, die kritische Reflexion, die erworbene Kenntnis, klar vorgegebene soziale Konventionen die menschlichen Beziehungen vermitteln; andererseits eine Welt, in der der unmittelbare Kontakt, gespürt und erlebt, den einzigen Zugang zu den Dingen und Menschen eröffnet."

14 Dieses Wort – eines der Leitmotive in der Literatur der Arbeiterklasse und der Texte, die wir analysieren – bildet auch eines der Leitmotive der Empfindsamkeit der Arbeiterklasse.

> „Für die Befreiung der Kleinen, der Ausgegrenzten, der Ausgebeuteten“ (T. 171).

Dem üblichen Rosenkranzgebet wird der Rosenkranz der Barmherzigkeit hinzugefügt. Die bedrückende Weltlage regt an zum Gebet: „Herr, du hast mich sensibel gemacht für alle menschlichen Leiden, hilf mir, dass ich in meiner Sendung der Liebe nicht schwächle“, sagt ein Arbeiter (B. 207), und eine Arbeiterin: „Ich spüre in mir alle Hilflosigkeit der Arbeiterklasse“ (B. 175). Dieses Elend ist das Antlitz dessen, der davon befreien soll, des schwachen, aber doch starken und geliebten, weil armen, angeflehten, weil allmächtigen Jesus:

> „Ich lasse euch nicht als Waisen zurück.“ „Man gewinnt den Eindruck, wenn man ihn so allein sieht, so verlassen in seinem Haus, es ist er, der die Gestalt des Waisen in unserer Mitte annimmt“ (T. 186).

Das Elend verbindet; wie es den Kampf der Arbeiter nährt, so durchzieht es das Gebet. Die schmerzlichen, im Leben der Arbeiter immer wieder auftretenden Wechselfälle bestimmen ihre geistliche Orientierung: Sie denken von ihrer Erfahrung her, und wenn sie zur Liebe des Nächsten und Gottes aufbrechen, bleibt diese geistliche Bewegung im Innern dieser Erfahrung ihre einzige Sprache. Auch das Gebet wird ans Kreuz geheftet, mehr als an alle anderen Mysterien (vgl. B. 39, 80, 109 usw.); es hat mehr Verbindung zur Klasse der Arbeiter als zur Katholizität: Es ist ein Flehen um die „Christianisierung der Arbeiterklasse“ (B. 98), für die „Erlösung der Arbeiterwelt“ (P. 70). Das Fehlen einer wirklichen Arbeitersprache, einer Kultur und eines universalen Instruments der Bewusstseinsbildung (und wer ist daran schuld?), wird hier in der Schwierigkeit sichtbar, die tägliche Wirklichkeit hinter sich zu lassen und in universalere Perspektiven der Bestimmung, die durch die Auferstehung angefangen hat, einzutreten. Offensichtlich würde es niemand wagen zu sagen, dass diese kulturelle Armut, die, faktisch gegeben, zu einer „kollektiven Sünde“ (B. 29, 75) gehört, auf deren Seite man sich nicht schlagen sollte, den Arbeiter von Gott trennen könne, der selbst arm geworden ist, um deren Nächster zu werden! Doch die kulturelle Armut erläutert die Natur ihrer Gebete und zeigt den Weg, auf dem sie, wie jedes Gebet, sich noch zu entwickeln haben.

Eher aus dieser „Solidarität“ als aus einem Universalismus hervorgegangen und mehr einer Erfahrung als einem Dogma verbunden, findet das gemeinschaftliche Gebet in Handlungen Ausdruck. Im Leben, dem es Sinn gibt, drückt es sich aus. Beschrieben wird es in zahlreichen Antworten als „Hingabe“, als „Opfer seiner selbst für die anderen“. Schon Navel bemerkte, wie eine immer nicht zu Ende gebrachte, ohne Lust getane Arbeit nur menschlich werden konnte, wenn sie „für“ jemand getan wurde: „Der Schmerz der Fabrik muss jemandem nützen, den man liebt (…). Die Arbeit selbst rechtfertigt nichts.“[15] Vor allem ist es Erfahrung eines Verlustes ohne offensichtliche Gegenleistung, einer Verletzung[16]; dieser Verlust nimmt im Glauben die Form eines Geschenkes an: Die Arbeit wird „für“ jemanden getan und für das Heil von vielen. Sie erlangt die Würde des Opfers und der Teilhabe am Geschenk, das Jesus aus seinem Leben für das Heil der Vielen gemacht hat. Unter dieser Rücksicht ist sie Gebet: „Gebet geschieht, indem die tägliche Arbeit aufgeopfert wird“ (T. 59).

„Alle Arbeit kann aufgeopfert werden, ebenso alles Leid, und kann zum in Freiheit dargebrachten Opfer werden“ (T. 205): Das ist der Grundzug des Gebetes, das wir zu analysieren versuchen, – Gabe seiner selbst im Anschluss an das Gebet, dessen, der sich für sein Volk als „Diener für die anderen“ (B. 234) dem Vater dargebracht hat. Wortlos gibt der Arbeiter seinen Leib daran. „Allein meine Hände, meine leeren und zerfurchten Hände erheben sich zu dir“ (B. 210): Die Hand, brauchbar für die Arbeit des verständigen Menschen, Wirklichkeit der Geschichte, ist auch echtes Gebet und Hingabe; sie ist „für die anderen“. Das ist Definition und auch Sinn, wie der Leib Christi seinen Seinsgrund in der unendlichen Hingabe für die Menschen findet, er selbst ist der Erlösungsakt: „Das ist mein Leib, der für euch ist“ (1 Kor 11,24).

„Leiden und Erlösung: Mein Gott, jeden Tag mehr spüre ich die Last der Erlösung drücken“, schreibt eine Aktivistin aus dem Arbeitermilieu (B. 232); und eine andere: „Je länger das Leben dauert, umso mehr zermalmt es. Das Leiden, als Teilhabe an der Erlösung verstanden, ist, denke ich, das beste Gebet“ (T. 306). Ebenso waren die „Mühen“ Christi jene seines erlösenden Leidens.

---

15 In G. Navel, *Travaux*, 172 [s. Anm. 6]; vgl. auch G. Friedmann, *Travail en miettes*, 110, 185 [s. Anm. 4].

16 Vermerkt sei, dass in *Témoignage* [s. Anm. 1], dem Reflexionsorgan der Aktivisten der Katholischen Arbeiterbewegung (A. C. O.), das „Ereignis“ Leben, oft beschrieben und zur christlichen Meditation vorgelegt, am häufigsten auf Fälle verweist, wo Arbeit menschliches Leben mindert, seine Freiheit schwächt, sein Lieben herabsetzt.

In ihrem Leben suchen die Arbeiter „persönlich teilzunehmen" an diesem „einzigartigen Opfer Christi" (B. 125); sie haben nicht vorrangig das Gefühl, stolz eine Welt zu schaffen, sondern sie aus ihrer Pein loszukaufen. Die Spekulationen von Marxisten oder Christen über die Großartigkeit der Arbeit, in der der Mensch hervortritt und die Schöpfung fortführt, scheinen der Erfahrung fremd zu sein, die uns in ihren Zeugnissen angezeigt wird. Sie leben nicht eine „Mystik der Arbeit"[17], sondern eine „Mystik der Erlösung" (was ja viel mehr der Tradition entspricht!), wo der Kampf und die Arbeit eines jeden Tages Ausdruck einer unendlichen und ununterbrochenen Anrufung des Vaters sind.

Gott, der kommt und rettet

Gott wird angerufen als der, der rettet und der jene, die er liebt, nicht „im Stich lässt". „Er erfüllt sein Versprechen" (T. 186), er beschützt die Seinen, er ist immer da, gut und mächtig. Jeder weiß sich von ihm „erhört", „verstanden": aus „der Ferne weiß man sich gelenkt" (T. 128).

Doch dieser sorgende Gott, der die Welt mit seiner Macht erfüllt und seinen Bund nicht vergisst, ist gebeten, erwartet als der Gott, der noch kommen muss. Wenn der Bauer oder der Bewohner reicher Quartiere überall auf dem Land, das er kennt, oder in den Geschichten, die er gelesen hat, die Spuren dessen erkennt, der gekommen ist, sieht hingegen der Arbeiter in seinem Quartier oder in seiner Fabrik kein Zeichen dieser Gegenwart. Sein Land ist noch nicht von der Gnade erobert worden. Der Gott, auf den hin er lebt, ist der Gott des Herzens, der Gott seines Hoffens für die Seinen, aber doch ein Gott, der sich noch nicht offenbart hat und die Welt noch nicht umgestaltet hat. Es ist ein noch abwesender Gott: seine Werke sind wenig bekannt, weil nichts in den Arbeiterstädten[18] auf sie hinweist, weil das Buch, das davon erzählt, schwer zugänglich ist, weil

---

17 M. l'abbé Barrou sagt es mit einer gewissen Zurückhaltung und vielleicht auch mit etwas Bedauern angesichts dieser angeblich guten Formulierung „Mystik der Arbeit" sehr treffend: „Wenngleich die Aktivisten aus dem Arbeitermilieu dank der Rede von der ‚Mystik der Arbeit' den Sinn für den Schöpfer-Gott neu finden, hat es doch den Anschein, dass sie das Gefühl haben, in Verbindung mit Christus zu leben und insbesondere mit Ihm das Leiden und die Erlösung zu leben" (ders., *Quand les ouvriers prient*, 114 [s. Anm. 1]).

18 Einige Zeichen der Sympathie offenbaren jedoch schon den Christen die Arbeit Gottes in den Herzen, die für ihn noch verschlossen sind: Diese Anfänge der Liebe, geheimnisvolle Pfade des Heiligen Geistes, machen aus dem Menschen selbst, der heranwächst, das Zeichen Gottes, der kommt.

keine verlängerte liturgische Erfahrung die Weise des Spürens erneuert und der ganze Körper sich noch nicht an die Zeichen Gottes gewöhnt hat.

> „Das wahre Leiden ist deine Abwesenheit; doch die Katastrophe wäre es, an deiner Abwesenheit nicht zu leiden“ (B. 47).
> „Christus, ihn sieht man nicht mehr; Gott, diesen fühlt man nicht mehr (…). Ja, das ist wahr, der Glaube verlangt, im Tunnel weiterzugehen“ (B. 19).

Auch die Sprache des Evangeliums scheint manchmal ferner zu sein als die großen Propheten des Alten Testamentes, ihre Vertrauensappelle und Schreie der Entrüstung. Dem Reich Gottes, das in der Arbeiterwelt noch nicht eingewurzelt ist, und der Kirche, der tausend Einwände (nicht immer reelle!) es untersagen, deutlich zu kommunizieren, ebnet vollführtes Gebet den Weg und kündigt das Kommen eher an als unterlassenes.

> „Mein Gebet nimmt zuerst die Blickrichtung einer Geschichte ein. Die einer Menschheit, die auf ihre Einheit hin unterwegs ist, wo Gott alles in allem sein wird und wo das Glück vollkommen sein wird. Gott ist immer am Werk und wir mit ihm in allen Ereignissen. Durch alle meine Handlungen bin ich in dieses große Abenteuer eingebunden. Ohne diesen Untergrund gibt es für mich kein Gebet.
>
> Nach all dem tun die Formen, die das Gebet annimmt, wirklich wenig zur Sache. Wesentlich ist, dass es Fuß fassen kann auf den Pfaden der Tage. In meinem aktuellen Arbeiterleben, in dem es keine Kniebeugen mehr gibt, auch keine gemeinsamen Gebete, keine Kreuzzeichen, auch keine Sakramente; in meinem Leben, wo das Gebet unglücklicherweise wenig Platz findet, existiert immer noch diese trockene Anstrengung, mit Gott zu kommunizieren, ihm verbunden zu sein. In der Fabrik, am Tresen in der Bar, im Leben (…) nirgendwo eine besondere Form des Gebetes. Es passiert ruckartig, ich rufe um Licht, um Gottes Kraft; ich schreie meine Verzweiflung zu ihm hin (…). Ich breite mein großes Sehnen vor ihm aus, mehr an den großen Werken des Heiles und der Schöpfung Teil zu bekommen und dabei in meinen persönlichen Problemen, die immer mit denen des Kollektivs vermischt sind, klar zu sehen. Wenn man den

> Blick auf die Väter der Bibel richtet, so trifft man auf etwas, das dem gleicht, auf ihr Gebet“[19] (T. 274).

Auch Gott erscheint einmal in seiner unendlichen oder geheimen Größe, dann wieder mit den Zügen des Gottesknechtes, Jesu des ohnmächtigen, der um seine Herrlichkeit gebracht ist, in der Art des Arbeitervolkes, in das er ohne Vorbehalt eintritt. Da ist also der Weggefährte, der Bruder in der Mühsal, der „Arbeiter, der dafür gestorben ist, dass die Menschheit geschwisterlich sei und glücklicher lebe“ (B. 66), jener, „der so viel gelitten hat aus Liebe zu seinem Vater und zu uns“ (B. 115). Er wird sich nur in dem Maße reich zeigen an allen menschlichen Reichtümern, als er davon sichtbar annimmt. Die Menschwerdung offenbart sich in jeder menschlichen Gruppe, wenn sie erneuert lebt: Deren Wirkungen werden also zu ihren Zeichen. Weil Christus die Welt der Arbeiter noch nicht umgestaltet hat, hat er in ihr noch nicht seine volle Größe gefunden, wie auch sie in ihm noch nicht all ihre Fülle haben. Ganz einfach kann man sagen, dass er damit noch nicht zu Ende gekommen ist, sich uns zu offenbaren, weil die Geschichte noch nicht vollendet ist.

Doch schon das Geheimnis des Gott-Menschen selbst wohnt ihrem Gebet inne: Das Geheimnis der Hingabe seiner selbst für die anderen und an Gott, wodurch die göttliche Größe des Menschen definiert wird, charakterisiert auch dieses Gebet; wir haben es gesehen. Schließlich drückt nichts besser das eucharistische Geheimnis aus, in dem der für das Heil aller hingegebene und dem Vater dargebotene Leib zum Akt der schweigenden und unaufhörlichen Hingabe wird, zu Jesu Gebet und zum Gebet seines Volkes. Die Realität des Sakramentes der Messe bringt die Wahrheit und auch die „Originalität“ des Gebetes von Arbeitern zum Ausdruck; es ist nichts als sein sakramentaler und symbolischer Aspekt, der weniger fassbar bleibt, weil, wie wir gesagt haben, das Geheimnis der Auferstehung, Grundlage der eucharistischen Gegenwart, sichtbare und allgemeine Anwesenheit des Erlösers in einer Welt ist, die von nun an dazu bestimmt ist, seine Herrlichkeit in brutalem Kontrast zur Realität zu offenbaren, wie sie

19 Es ist müßig zu unterstreichen, dass dieses Gebet, in dem die Schwierigkeiten, die viele Arbeiter empfinden, sich zeigen, in seinem Ausdruck den kirchlichen Formen und der christologischen Sicht des Gebetes immer noch zu fremdartig ist, um als Beispiel hingestellt werden zu können. Ohne Absichten oder innere Wahrheit zu beurteilen, soll man darin weniger ein Modell, schon viel eher ein sehr doppelsinniges Zeichen tiefer Sehnsucht und lastenden Unbehagens sehen.

in der industriellen Welt erfahren wird, der die Zeichen Gottes und die Sprache der Menschen fehlen.

Schließlich ist es eine Meditation der Auferstehung, die nach und nach dieser „Spiritualität der Erlösung" die volle Gestalt[20] geben wird: Sie ist es, die letzten Endes die Erfahrung einer erschöpfenden Arbeit und die Erfordernisse der Gerechtigkeit versöhnen wird; sie ist es, die jetzt schon der Hoffnung der Arbeiterklasse ihre Unerschrockenheit, der Last der Arbeit ihren Sinn[21] geben wird; sie wird im Gebet die Freude der Christen wachrufen, die dessen sicher sind, mit Christus für eine schon begonnene Kirche zu wirken, die dessen gewiss ist, endgültig „an der großen Familie des Vaters" zu bauen.

Gibt es „Gebet von Arbeitern"?

Schließlich sei noch einmal die Frage gestellt: Gibt es „Gebet von Arbeitern"? Nein, es gibt nur das Gebet Christi, an dem jeder Christ im Geist Jesu teilhat. „Wenn die Arbeiter beten", bezeugen sie diesen Geist und lassen das Gebet Christi aufleuchten, das einzige und ewige Gebet.

Doch da im Verlauf der „neuen Zeiten" alles christliche Beten von Jesus begonnen wurde und teilweise in Gemeinschaft mit dem Gebet Christi steht, variieren sein Ausdruck und seine Akzente entsprechend den psychologischen, sozialen und historischen Zusammenhängen. Das Gebet des heiligen Johannes war nicht das des heiligen Paulus; das der ersten Christen von Korinth hat nicht dieselbe Sprache wie das der französischen Katholiken des 17. Jahrhunderts. In dem Maße, da das Arbeitermilieu eine Einheit bildet (was wahr bleibt, trotz einer großen inneren Verschiedenheit und der Quasi-Unmöglichkeit einer Definition), kann man auch von einer Gebetssprache der Arbeiterklasse reden, von besonderen Problemen, Bedürfnissen und Schwierigkeiten, die in den Gebeten der Fabrikarbeiter auftauchen.

---

20 Die zu Recht gegebene Anerkennung, die bei den Seelsorgern der Katholischen Arbeiterbewegung das schöne Buch von F.-X. Durrwell, *Die Auferstehung Jesu als Heilsmysterium. Eine biblisch-theologische Untersuchung*. Salzburg 1958 gefunden hat, darf man als Zeichen dieser Sorge ansehen.

21 Vielleicht hat man gefunden, dass wir diesen Aspekt zu wenig betonen und zu sehr auf das „Elend" der Arbeiter hinweisen. Wir glauben, den Texten, der Begegnung mit gewissen apriorischen Ideen treu gefolgt zu sein. Ein optimistischeres Verständnis der Arbeit trifft man in den Umfragen bei den Ingenieuren und Technikern an, bei Werkmeistern, die sie umsetzen und sich an deren schöpferisches Denken halten.

Doch Gott muss „alles in allem“ werden. Um diesen totalen Universalismus seiner Gegenwart in uns vorzubereiten, einen Universalismus mit verschiedenen Zugängen, muss man zu unterscheiden versuchen, welche Formen das Gebet Jesu bei den christlichen Arbeitern hat; so kann man die einzelnen Gebete besser zur Fülle des einzigen Gebetes, dessen alleinige und wegweisende Zeugin die gesamte Kirche ist, heranführen. Ist übrigens das Geheimnis der Erlösung, das Mitte und Kern der geistlichen Interessen der Arbeiterklasse zu bilden scheint[22], nicht auch das hauptsächliche Objekt der paulinischen und apostolischen Verkündigung, der spontane Gehalt von Gebeten, die Jesus angeregt hat, da er zu uns gekommen ist? Das Gebet von Arbeitern erfassen und erklären wollen, verlangt immer, auf das Gebet der Kirche zurückzukommen.

---

22 Es ist charakteristisch, dass die Schrifttexte, auf die sich eine Theologie der Erlösung stützt, eben dieselben sind, die die Arbeiter gern betrachten und zitieren: Joh 12,47; 13,34; 15,13 usw.

Andreas Falkner SJ

„Geschichte verspüren"

Eine Hinführung zu drei Texten von Michel de Certeau*

Geschichte im Sinn von Geschehen hat Michel de Certeau SJ (1925–1986) zeitlebens fasziniert. Vielleicht ließ er sich für sein Verständnis von Geschichte auch durch die *Geistlichen Übungen* des hl. Ignatius von Loyola anregen, in denen sich der Titel dieser Hinführung findet (GÜ 2). Gefragt nach seiner beruflichen Identität im Zenit seines Schaffens antwortete Michel de Certeau, dass er Historiker sei, Historiker der Spiritualtät, insbesondere der Mystik.[1]

Im Schaffen Certeaus sind nach seinem Eintritt in den Jesuitenorden (1950) deutlich zwei Phasen zu unterscheiden. In der ersten arbeitete er im Auftrag der Jesuiten für die katholische Welt der Ordensleute, vorwiegend als Mitarbeiter der 1954 gegründeten Zeitschrift *Christus*; diese und auch die Reihe *Collection Christus-Textes*, die das Redaktionsteam von *Christus* herausgab und dem Certeau von Anfang an angehörte, wurde den Jesuiten und anderen Ordensgemeinschaften als Hilfe angeboten, im Sinne des Vaticanum II den Anschluss an das Charisma ihres Ursprungs zu finden. In *Collection Christus-No. 4-Textes* erschien die viel beachtete Dissertation Certeaus (*Bienheureux Pierre Favre, Mémorial.* Paris 1960). Im Zuge dieser Arbeit lernte Michel de Certeau den ersten Gefährten des Ignatius, Peter Faber, und dessen ebenso von den Kartäusern wie von Ignatius von Loyola geprägte Spiritualität kennen.[2] In seinen Forschungen zur Geschichte der Spiritualität der Gesellschaft Jesu in Frankreich erhielt Certeau von den Jesuiten den Auftrag, das vielfach zerpflückte Werk des Mystikers Jean-Joseph Surin (1600–1665) in dessen ursprüngliche Gestalt zurückzuführen. Die Arbeit an dieser Aufgabe weckte in Certeau ein bleibendes Interesse an der Geschichte der Mystik. Dabei ging es ihm nicht um „gesatzte" Mystik,

* Dieser Text erschien erstmals in: Geist & Leben 90 (2017), 208–211.

1 S. L. Giard, in: *Michel de Certeau, Le lieu de l'autre. Histoire religieuse et mystique. Édition établie par Luce Giard.* Paris 2005, 218.

2 Vgl. dazu M. de Certeau, *Die Erfahrung von Heil bei Peter Faber*, in: GuL 87 (2014), 236–251.

auch nicht um den Zustand der Mystik. Mystik war für ihn eine Weise des Vorangehens, ein Unterwegssein, ein Suchen, angeregt und genährt von schon Gefundenem. Der Fokus seiner Beschäftigung mit der Mystik wird in seiner Charakterisierung von Mystikern deutlich: „Mystiker ist, wer im Unterwegssein nicht innehalten kann und wer mit der Gewissheit dessen, was ihm fehlt, von jedem Ort und von jedem Gegenstand weiß, dass es *nicht das da* ist, dass man sich *hier* nicht niederlassen noch sich *damit* zufrieden geben kann." [Herv. MdC][3] In seinen Augen ist alles Erfahren von Wirklichem Ansatz für geistliches Erfahren.[4]

Als der Beitrag der Zeitschrift *Christus* für die Erneuerung der katholischen Orden in der Welt auch für Papst Paul VI. fragwürdig geworden war,[5] schied Certeau 1967 aus dem Team der Zeitschrift aus und wandte sich in verstärktem Maß Fragen und Anliegen der universalen Welt zu. Ein Jahr zuvor deutete er den Jesuiten mit seinem Artikel *Ignatianischer Universalismus – Mystik und Sendung*[6] an, was er damit meinte. Er folgte seiner Wahrnehmung, dass seine Zeitgenossen das, was sie bewegt, nicht in einer kirchlich geeichten, sondern in ihrer eigenen Sprache ausdrückten. Daraus erwuchs für ihn die Forderung, die Sprache der Zeitgenossen zu „erlernen", in sie genau hineinzuhören, um darin die Töne zu vernehmen, in denen sie ihre geistlichen Erfahrungen ausdrücken. Entsprechend seinem Verständnis der Menschwerdung des Gottessohnes hat dessen Orientierung auf den Vater hin in allen Menschen wahrnehmbare Spuren hinterlassen.

Trotz dieser deutlich erklärten Zielsetzung ließ der zweite Abschnitt seines Schaffens viele – zu ihnen gehört auch Certeaus berühmter, von ihm stets verehrter Lehrer Henri de Lubac SJ (1896–1991) – mit dem Eindruck zurück, Certeau habe keinen eigenen Ort. Diese Vorhaltung kam aus universitären, kirchlichen und wissenschaftlich orientierten Kreisen. „Man wusste nie, wo er war, weil er überall war, ohne von einem Ort abhängig zu sein. Ist das so, weil er keinen Ort hatte? Nach meinem Gefühl – so fährt P. Joseph Moingt SJ, der unbeirrbar in unerschütterlicher Treue zu Certeau

3 L. Giard, *Certeau*, 324 [s. Anm. 1]. Sie zitiert aus Certeaus Werk *La fable mystique (XVIe – XVIIe siècle)* (1982). Paris ²1987, 411.

4 Vgl. J. Moingt, *Respecter les zones d'ombre qui décidément résistent*, in: RSR 91 (2003), 577–597, hier: 584. – P. Joseph Moingt SJ, *1915, Schriftleiter von *Recherches de science religieuse* von 1970–1997, hatte Certeau „sein" Organ von Anfang an als Plattform zur Verfügung gestellt.

5 Den Artikel *Le troisième homme* (*Der dritte Mann*), der zum Stein des Anstoßes wurde, hatte Certeaus Gefährte und Freund François Roustang geschrieben; vgl. Christus 13 (1966), 561–567.

6 M. de Certeau, *Ignatianischer Universalismus. Mystik und Sendung*. In: GuL 88 (2015), 208–217.

stand, 25 Jahre nach dessen Tod fort – hatte er immer einen eigenen, einen einzigen Ort, die Tradition, die christliche Tradition."[7]

Drei Beiträge in *Christus*

Unter den Beiträgen und Artikeln, die Michel de Certeau in den Jahren, da er Mitarbeiter von *Christus* war, verfasste, treten drei besonders hervor. In ihnen werden keine allgemeinen Problemfelder oder brennenden Fragen der Erneuerung des Ordenslebens behandelt. Es werden einfach drei Betrachtungen vorwiegend zu Abschnitten aus den Evangelien angeboten, ohne auf einen besonderen Zusammenhang mit anderen Beiträgen der Zeitschrift hinzuweisen.

In der Nr. 13 von *Christus* wandte er sich im Januar 1957 den *Pilgern von Emmaus* zu, deren Geschichte in Lk 24 erzählt wird. Im April 1959 führt Certeau durch das *Geheimnis der Himmelfahrt unseres Herrn*. Die dritte Meditation, deren Titel *Wie ein Dieb* der Offenbarung des Johannes (16,15) entnommen ist, nimmt neben anderen Abschnitten des vierten Evangeliums besonders auf die Heilung des Blindgeborenen Bezug (Joh 9).[8] In diesen drei Fällen führt Michel de Certeau weder als Exeget noch als Theologe an Geheimnisse des Lebens unseres Herrn heran. Er lässt die Leser(innen) einfach an dem teilhaben, was die Geheimnisse in ihm gewirkt, ausgelöst, in Bewegung gesetzt haben. Damit folgt er im Umgang mit den Geheimnissen des Lebens Jesu der Methode, die der hl. Ignatius von Loyola in seinen *Geistlichen Übungen* vorgesehen hat.[9]

Die Betrachtung, die er den *Pilgern von Emmaus* widmete, fand in Certeaus Leben und Schaffen einen deutlichen Widerhall. Sie kehrt nicht nur

---

7 J. Moingt, *Respecter*, 582 [s. Anm. 4]. – „Wohin sollen wir gehen …?": Dieses Wort des Petrus an Jesus (Joh 6,68) gibt Certeau mit seinen Worten, wohl auch für sich wieder: „Jesus ist nicht der, den er besitzt, sondern der, ohne den zu leben kein Leben wäre. Er ist schon der Wesentliche und bleibt verschieden; notwendig und unfassbar." (Ders., *L'étranger ou l'union dans la difference*. Paris 2005, 15).

8 Die drei Artikel erscheinen in deutscher Erstübersetzung von P. Andreas Falkner SJ in diesem und den folgenden Heften von GuL [Anm. d. Red.].

9 Nachdem der Begleiter der *Geistlichen Übungen* die vorwiegend aus den Evangelien entnommene Geschichte der Betrachtung oder Besinnung getreu und sparsam erläuternd erzählt hat, setzt sich der Exerzitant dem Geschehen aus in der Hoffnung, auf etwas zu stoßen, „was ihn die Geschichte mehr erspüren lässt" (GÜ 2), letztlich in ihrer gottmenschlichen Dimension. Der Ignatius der *Geistlichen Übungen* geht davon aus, dass das Leben Christi unseres Herrn in der nüchternen Art, in der es von den Evangelisten vorgelegt wird, den Übenden in Bewegung bringt, „geistliche Regungen in seiner Seele" verursacht (vgl. GÜ 6).

im Titel von einem der ersten Bücher des Autors wieder.[10] Zusammenfassend bezieht sich das Buch *Der Fremde oder die Einheit in der Verschiedenheit* im Unterschied auf den Stoff vorausgehender Artikel, die zwischen 1963 und 1969 in den beiden Zeitschriften der Jesuiten (*Christus*, *Études*) erschienen sind;[11] im ersten Teil des Buches (*Der Fremde*) werden die Pilger der Betrachtung zu alltäglichen Gestalten, begegnen in den Fremden, den anderen, die Certeau in der zweiten Hälfte seines Schaffens in wachsendem Maße auf der Suche nach dem anderen, auf der Suche nach dem Menschen entdeckte und erlebte. Er traf „auf stummes Verlangen, Warten auf den Fremden, Sehnsucht nach greifbarer Nähe, verlassene Verletzte, den Verlust dessen, ohne dem zu leben es kein Leben ist."[12] Jener Jesuit, der als Provinzial Certeau im Auftrag der Kirche wegen des 1973 erschienenen Artikels *Christianisme éclaté* (*Geplatztes Christentum*) maßregeln sollte, wandte sich zwei Tage nach Certeaus Tod mit Zeilen des Beileids an den nun für den verstorbenen Michel zuständigen Oberen: „Seine brüderliche Herzlichkeit, sein Feingefühl, aber auch sein offensichtliches Misstrauen gegenüber der Institution, die ich vertrat, wird mir in Erinnerung bleiben; dieses ist leicht zu verstehen, wenn man das erste Kapitel von *L'étranger ou l'union dans la difference* liest, das ich für eines der bedeutendsten geistlichen Bücher unserer Zeit halte."[13] P. Dominique Salin SJ vermerkte neulich, Papst Franziskus habe neben dem von Certeau edierten Mémorial des hl. Peter Faber auch durch dieses Buch (das in der Betrachtung zu den Pilgern von Emmaus wurzelt) Michel de Certeau schätzen gelernt.[14]

Der Leitartikel jener Nummer von *Christus*, in der die *Betrachtung zum Geheimnis der Himmelfahrt unseres Herrn* enthalten ist, handelt von der Gegenwart Gottes. In diesem Zusammenhang spricht Certeau von der Abwesenheit, aber auch von der Sehnsucht, die durch das Fehlen hervorgerufen wird. Jesus hat seine Jünger auf seine Abwesenheit immer vorbereitet: „auf jede von seinen Offenbarungen ist ein Rückzug in die Verborgenheit gefolgt."[15] Erst die Erfahrung seiner Abwesenheit macht die Umsetzung

10 M. de Certeau, *L'étranger ou l'union dans la difference*. Desclée de Brouwer 1969.

11 Luce Giard empfiehlt die Lektüre dieses ersten Buches als Einführung in jenen Bereich seines Schaffens, den ihm die Jesuiten zunächst zugewiesen hatten; es bezieht sich „auf die christliche Inspiration und die Dynamik individueller Entwürfe im Umfeld des sozialen Gefüges". S. II f. in ihrer Einleitung zu M. de Certeau, *L'étranger ou l'union dans la difference* [s. Anm. 10].

12 J. Moingt, *Respecter*, 584 [s. Anm. 4].

13 F. Dosse, *Michel de Certeau. Le marcheur blessé*. Paris 2002, 19.

14 S. D. Salin, *Michel de Certeau und Ignatius*, in: GuL 89 (2016), 315, dort Anm. 15.

15 M. de Certeau, *L'Ascension*, in: Christus 6 (1959), 212.

seiner Ankunft realisierbar. Seine Gegenwart entwischt immer und treibt die Sehnsucht an. Die Anwesenheit des Abwesenden in der Sehnsucht des Übenden ermöglicht den Vollzug Geistlicher Übungen in der Weise des hl. Ignatius von Loyola als je einzelnes Geschehen.[16]

Den dritten Artikel *Wie ein Dieb* findet François Dosse deswegen besonders bemerkenswert, weil in ihm Certeau seine Art, den Glauben in der modernen Welt zu leben, beschreibt. Es gehe um das Geheimnis eines Heute, das durch das Eintreten von Ereignissen, die den Rahmen sprengen, aufgebrochen wird.[17] Nach geringfügigen Veränderungen nahm Certeau diesen Artikel in das Buch *L'étranger ou l'union dans la difference* als letztes Kapitel auf, in dem er sich der kleinen Welt der Ordenschristen in der Kirche an der Schwelle seines Eintritts in die Moderne erklärt. Je mehr Kirche jeglicher Gestalt es aus den Augen verliert, sich als gesetztes Zeichen zu verstehen, umso mehr gerät sie in die Gefahr der Verhärtung. In der nüchternen Betrachtung des Geschehenen und Gegebenen (Heilung des Blindgeborenen) ist die Chance gegeben, dieser Gefahr zu entkommen.

Die Bewegung, in die diese drei Betrachtungen Certeau versetzt haben, ist bei ihm nachhaltig, will mir scheinen. Auf sie zu blicken, wirkt erhellend, will man seinen schriftlichen Nachlass verstehen.

16 Vgl. ders., *Der Sehnsucht Raum geben*, in: GuL 89 (2016), 92–101.
17 F. Dosse, *Le marcheur*, 83 [s. Anm. 13].

Die Pilger von Emmaus*

Es geschah „eines Tages“, bald nach seinem Tod. Zwei von seinen Freunden verließen Jerusalem, ließen die Heilige Stadt hinter sich, eine tückische Stadt, wo man die Propheten hinrichtet und wo Jesus gekreuzigt wurde. Der Meister ist verschwunden, die Jünger gehen ihre Wege.

Aber, so sagt Lukas, es geschah „am selben Tag“, dem TAG JAHWES, Tag des Endes und des Beginns gleichermaßen, Tag seiner Auferstehung. Nicht einer von den Momenten jener geheiligten Zeit, die sein Leben bedeutete – „in diesen Tagen da“ –, sondern an diesem einzigartigen Tag, auf den jedes Ereignis bezogen ist.

Auch diese Episode eines Tages ist alle Tage wahr. „Während sie über das sich unterhielten, was sich ereignet hatte, näherte sich Jesus selbst.“ Jesus! Einem von denen, die dem nachsinnen, was euch zugestoßen ist, nähert ihr euch. Ohne es zu bemerken, kommt ihr in dessen sinnendem Beten vor, das euch in dieser Geschichte von Anfang an sucht und euch zu mir führt, wo doch ihr aus eurer Sicht schon so lange da seid. Macht meiner Einsamkeit und meiner Ahnungslosigkeit (*ignorance*) das Geschenk der Kirche, die euch kennt und die ihr aufrichtet, da ihr sie verbreitet.

Beim Verlassen von Jerusalem sprachen die Jünger immer noch von Jesus: er ist zum Tode verurteilt worden und wurde von den Mächtigen überwältigt. Einmal mehr hat Gewalt die Hoffnung zunichte gemacht. Nach der Katastrophe sprechen sie heute auf der Flucht von dem, was gestern war – diese großartige Bewegung der Befreiung – und von dem, der nicht mehr ist. Sie selbst sind verstört: der Zerfall der Gruppe und das üble Gefühl kommen offensichtlich zur Last seines Verschwindens hinzu, diese unerklärlichen Wunden, die das innere Unbehagen offen machen. Seine Abwesenheit macht sie krank. „Warum verbirgst du dein Gesicht, vergisst unsere Not und Bedrängnis? Unsere Seele ist in den Staub hinabgebeugt …“ (Ps 44,25 f.)

* Der Artikel erschien unter dem Titel *Les pélerins d'Emmaus* in: Christus 4 (1957), 56–63; übersetzt von P. Andreas Falkner SJ, in: Geist & Leben 90 (2017), 212–218.

Ein Mann schließt sich auf dem Weg den beiden Verletzten an, denen man den Schatz ihrer Seele entrissen hat. Dieser gute Samariter, der „von Mitleid gerührt" ihnen „sich nähert" und „ihre Wunden versorgt", das ist „Jesus selbst". Diesen Schafen ohne Hirte, diesen Kranken ohne Arzt, diesen Menschen, denen alle Hoffnung genommen ist, in denen aber die Erinnerung an ihn noch lebt und die seinen Spuren auch da noch folgen, wo sie ihn – das wissen sie genau – in diesem armseligen Schatz ihrer geplatzten Träume nicht mehr finden werden, nähert sich Jesus. Sie bedauern ihn, und er ist da! Er geht mit ihnen. „Er" und „sie": Der heilige Lukas rahmt seinen Satz mit diesen beiden Worten ein, die diese Geschichte zusammenfassen, jede Geschichte. Er mit uns.

Doch sie kennen ihn nicht. „Sie sind gehalten." Zu sehr sind sie von dem in Beschlag genommen, was sie verloren haben, um das sehen zu können, was ihnen geschenkt ist. Das vertraute Aussehen dessen, den sie geliebt haben, machte sie derart befangen, dass sie in diesem anderen Antlitz ihn nicht zu entdecken vermochten. Sie hängen noch am Schatz, den sie zu besitzen glaubten und der ihnen entrissen wurde; diesen verloren gegangenen Reichtum halten sie in sich selbst fest, sie sind auf den fixiert, der immer verdeckt kommt, weil er immer der ANDERE ist. „Ja, du bist wirklich ein verborgener Gott". Je mehr du dich näherst, umso mehr bringst du durcheinander; je mehr du deine Größe offenbarst, indem du zu uns herabsteigst, umso überragender bist du; du verlangst von uns, dass wir uns selber in einer Weise loslassen, die deinem Kommen zu uns vergleichbar ist. Du bist mein Bruder, deshalb ist es so schwierig, dich wieder zu erkennen. Erst mit der Zeit werden uns die Augen für dich aufgehen.

Er spricht nicht umwerfend zu ihnen. Er stellt Fragen, ganz seiner Art entsprechend. Er will sie zuerst hören. Er steigt in ihr Gespräch ein und teilt ihre Not, wie er in unsere Geschichte eingetreten ist, – mit einer nie da gewesenen Zuverlässigkeit und in 30 Jahren des Schweigens und der Aufmerksamkeit. Er drängt sich nicht auf so wie ein Eindringling oder ein Tyrann. Er kommt zu ihnen, um sie zu verstehen und am Leben jedes einzelnen von ihnen teilzunehmen.

„Wie? Du bist aber in Jerusalem der einzige, der da nicht weiß, was in diesen Tagen passiert ist!" Warum schweigt er? Wer ist besser als er am Laufenden? Kannte er etwa diesen Gott auch nicht, nach dem er die Schriftgelehrten fragte? Kannte er das Elend derer, die er fragte und die er heilte, etwa auch nicht? Er erfährt von ihnen, was er weiß. Während sie ihm erzählen, finden sie selbst zu ihrer Wahrheit in der Begegnung mit ihm, zu dem, was er in ihnen schon gewirkt hat. In seiner Aufmerksamkeit nimmt er sie ernst und richtet sie auf: durch diese Aufmerksamkeit zeugt er sie in „ihre" Existenz, zu diesem Leben, das von ihm kommt und das ein Dialog mit ihm ist.

Dieser Mensch, der ihnen Fragen stellt, bringt Vertrautes ins Wort. Er versetzt sie in Staunen, aber fasziniert sie auch – durch keine andere Attraktion als der, die er selbst ist, und durch das Interesse, das er in ihnen weckt. Sie beginnen dann mit Jesus von Jesus zu sprechen. Das war ein „mächtiger" Prophet, ist aber doch den Mächtigen „ausgeliefert" worden. Ohne es zu wissen, wiederholen sie damit genau die Worte ihres verschwundenen und gegenwärtigen Meisters; seine Worte sind ihre Sprache geworden; ihre Enttäuschung, die aus ihnen hervorbricht, prophezeit den Messias, den „ausgelieferten" Knecht und „allmächtigen" Herrn; und ihre ganze Existenz ist in diesen Worten Jesu enthalten, die nicht vergehen werden. Indem sie ihre Geschichte erzählen, bekennen sie ja schon, aber er muss doch da sein und mit uns sprechen, damit wir ihn wieder erkennen; er wartet ja bloß darauf, dass wir mit unserem Bericht zu Ende und ans Ende unserer Geschichte kommen, um in aller Klarheit es offen zu machen, dass er immer schon da gewesen ist.

„Wir aber hatten gehofft, dass er Israel befreien werde", dieses Israel, das Gott erwählt hat, ein wunderbares Land, für das sie Großes zu vollbringen wünschten. Sie waren bereit, sich mit ihm einzusetzen, zur Verfügung zu sein für den nationalen Traum und die Befreiung ihres Volkes. Geheimnisvoll erfüllt er schon ihre Sehnsüchte und nimmt ihre ratlose Großherzigkeit entgegen: Heute hat sich das Heil ereignet, und er beginnt sie aufzurufen, daran mitzuarbeiten, nicht auf ihre Weise, sondern auf seine Weise, auf die Weise Gottes. Er bereitet für sie ein „Apostolat" vor, das nicht das ihre sein wird.

In ihrer Traurigkeit waren sie durch die Ankunft dieser braven Frauen einen Moment „verwirrt". Diese behaupteten, Jesus sei dem Grab und dem Tod entkommen. Das waren aber bloße Gerüchte; denn „einige von den Unseren" (das ist aber sicher und gewiss!) gingen, um das zu überprüfen, und haben nichts gesehen; unmöglich, dass die Frauen die Wahrheit sagen und dass er unter den Lebenden ist. Allerdings ist die Herrlichkeit Jesu zuerst diesen Frauen ohne Ansehen und ohne „Weisheit", die aber auf die kleinsten Zeichen aufmerksam waren, offenbar geworden. Durch deren für Männer törichtes „Geschwätz" wurde der Herr angekündigt. Jetzt beginnt er sich diesen armen Pilgern ohne Größe in der Welt und ohne Ansehen in der Gemeinschaft zu offenbaren, wie er sich vielen anderen auch zeigte, die ebenso als Schwätzer hingestellt wurden. „Ich preise dich, Vater, Herr des Himmels und der Erde, weil du all das den Weisen und Klugen verborgen, den Unmündigen offenbart hast." Der verherrlichte Jesus achtet gern auf den Geschmack des Vaters; jene, die er erwählt, wie Maria, wissen, dass sie das alles ihrer Armut verdanken. *Cum essem parvula, placui Altissimo*; ich habe dem Allerhöchsten gefallen, weil ich klein war.

Nachdem sie gesprochen haben, äußert er sich. Nachdem unsere Geschichte begonnen hat, mischt er sich in das Gespräch und in die Geschichte ein; er ist ja der Meister von beiden.

„Ihr Unverständigen, wie seid ihr im Herzen doch zögerlich zu glauben ...!" Sie bewegen sich in einer Geschichte, von der sie vergessen, dass sie die seine ist. Sie urteilen darüber, wie wenn es um ihr Leiden und ihr Scheitern ginge, wie wenn der Tod eines Menschen auch dem Plan Gottes ein Ende setzte, sobald Menschen darin keine Macht haben, wie wenn die Ereignisse auf einen zugeschnitten wären, den sie kennen. Das Verständnis von Geschichte ist eine Gabe Gottes ebenso, wie diese Geschichte von ihm gestaltet ist. Bei ihrem Auszug kann sie einzig seine Gegenwart durch die Nacht führen. „Durch dein Licht sehen wir das Licht."

Christus erklärt den Christus. Nur er ist der NOTWENDIGE; einzig er zeigt in den täglichen Wechselfällen diese göttliche Notwendigkeit auf, von der er lebt, diesen Plan des Vaters, dem die freizügige Liebe unverändert eigen ist. „Musste nicht der Messias all das erleiden, um so in seine Herrlichkeit zu gelangen?" Er las in den Schriften von dem Geheimnis, das ihn mit dem Vater verbindet; mit ihnen las er sie von neuem, um sie ihnen offen zu legen und sie darin einzubinden.

„Du öffnest, und niemand kann schließen." Durch dein lebendiges Wort, das du zu uns sprichst und das geschrieben ist, wird mir deine Geschichte nie mehr verschlossen bleiben, selbst wenn sie mir von allen Seiten unzugänglich erscheint und mich draußen lässt; mein Leben wird dir nie mehr verschlossen sein, und du stehst schon mitten drinnen, selbst wenn ich versuche, die Tore zu meiner Nacht geschlossen zu halten. Jeden Tag lässt du mich in deinem Universum und in der Welt der Menschen teilhaben an den Gütern, die du nicht für dich behältst und die aus deiner Liebe hervorgehen.

Um sich später tiefer zu schenken, wird ihnen seine Gegenwart schon jetzt gezeigt. Dafür gibt er ihnen jetzt nur Zeichen. Die Jünger von Emmaus spüren „ihr Herz im Inneren brennen, während er mit ihnen spricht". Das, was sie spüren, lässt schon ahnen, was Jesus in ihnen wirken wird. So spürte Elisabeth in Umrissen die lebendige Antwort auf den Hymnus, in dem Maria, die in ihrer Bestimmung die gesamte Bestimmung Israels zusammenfasst, ihr den Heiland ankündigte. Von dem, was aus ihnen hervorgehen wird, aus ihrer Bestimmung und ihrer Sendung, wissen sie noch nichts, doch schon das Magnifikat Jesu, das das einzigartige Werk des Vaters in seinem gesamten Erblühen in Erinnerung ruft, führt diese Entfaltung des Geistes fort und weckt in ihnen die Begeisterung und die geistliche Erkenntnis, die Anzeichen dessen sind, was da geboren werden soll.

Ein beglückendes und zu kurzes Gespräch mit ihm! Emmaus ist gekommen. Jesus „stellt sich an, als wolle er weitergehen". Ist es orientalische Höflichkeit, die gebietet, dankend abzulehnen, ehe man die angebotene Gastfreundschaft annimmt? Das ist etwas anderes. Christus will „weitergehen". Er gehört nicht ihnen, sondern den anderen, allen; „auch anderen Orten muss ich die gute Nachricht verkünden". Er selbst, er ist von anderswo. „Ich bin von oben"; er ist ein anderer und er deutet schon den Abschied an: „Haltet mich nicht fest". Doch sie sind noch nicht bereit für seinen Abschied. Noch mehr! Sie stimmen dem nicht zu, dass diese Begegnung schlicht eine Episode bleibt, der Zufall eines Tages. Nein, das darf nicht so zu Ende sein: „Bleib bei uns". Sie versuchen, diese Stunden zu verlängern. Sie klammern sich an ihn und bieten ihm das an, was sie haben. Sie waren Jesus gefolgt, und er, er hat sie geliebt! Weder sie noch er haben sich verändert. Sie verlassen sich nicht.

„Bleibe bei uns, denn der Abend bricht an und der Tag geht zur Neige." Sie haben sich dagegen gewehrt, diese beginnende Freundschaft zu früh zu Ende gehen zu sehen, aber der Tag geht zu Ende. Eine weitere Nacht bricht an, und es werden für sie viele andere kommen, Nächte voller Einsamkeit. Aber für Jesus bricht die Nacht nicht mehr an, und sein Tag wird kein Ende haben. „O Aufgang! Herrlicher Glanz des ewigen Lichtes, Sonne der Gerechtigkeit." Am Abend dieses Tages möchten sie die Sonne bei sich anhalten.

So geht er in ihr Haus, wie er eben in ihr Gespräch eingetreten ist. Bei ihnen ist er zu Hause, doch das Zuhause, in das sie ihn aufnehmen, weitet sich in die Dimensionen seines Zuhauses. Hier, im persönlichen

Miteinander und bei diesem gemeinsamen Mahl vollzieht er Gesten des Hausvaters: er nimmt das Brot, segnet es und teilt es mit ihnen. Er ist nicht mehr Gast, den man teilhaben lässt; er ist der, der jedem Anteil und Teilhabe gibt. Er ist nicht mehr der Fremde, der vorübergeht und den man aufnimmt, sondern eher der, der sie aufnimmt, nachdem er sie unterrichtet hat. Er lädt ein und nährt sie. Er nimmt sie als seine Freunde an und lädt sie zu Tisch.

Jetzt verstehen sie alles! Er ist es. Vielleicht verstummen sie, wie die Jünger am Ufer des Sees. Vielleicht sagen sie bei sich: „Rabbuni“, wie Maria Magdalena, oder: „Das ist der Herr“, wie Johannes. Sie sind da und er ist mit ihnen.

Aber sie sorgen sich nicht mehr darum, ihn jetzt, da er mit ihnen ist, zu behalten. Sie, denen die Augen aufgegangen sind, halten ihn nicht mehr zurück. Gott geht vorüber. Er kann sie jetzt in seine Nachfolge hineinziehen. Er ist „auf dem Weg“ und lädt sie zu einem ewigen Exodus in seine Nachfolge ein. Das, was du uns von dir gibst, zieht uns, Herr, zu Dir hin. Das, was du uns von deiner Gegenwart wegnimmst, das macht uns dir gegenwärtiger.

Sie haben ihn gefunden und erkennen im gleichen Augenblick die Zeichen seines Vorübergangs. „Ich wusste nicht, dass Gott da war.“ Die Gegenwart des Menschen ist der Gegenwart Gottes der Art nach nicht vergleichbar; erst der Blick auf den Verlauf unserer Zeit lässt sein Handeln wieder hervortreten und entdecken. In diesem Einsammeln ihrer vergangenen Erfahrungen treten die authentischen Zeichen seiner Gegenwart hervor: dieser Eifer, der ihren Glauben erneuert und sie an ihn bindet; dieses Verständnis einer Geschichte, die immer von seinem Tod und seiner Auferstehung handelt; und diese unverzügliche Rückkehr zur Gemeinschaft, um sie zu festigen und dadurch bestärkt zu werden. Die Entfaltung allen Seins, das sich Gott öffnet, diese schicksalhafte Verbundenheit im gegenwärtigen Handeln, die Verbundenheit von Brüdern, das alles geschieht durch Jesus und deutet auf ihn hin. Der Schöpfer erkennt sich in dem, was er erschafft; der Erlöser offenbart sich in dem, was er heilt. Du bist der lebendige Gott.

Dank der Entschiedenheit, die aus dem neuen Leben in ihnen entspringt, nehmen sie den Weg wieder auf und folgen dem, der schon gegangen ist; wie ehedem Elias, nachdem er Gott begegnet ist, nehmen sie den Weg, der sie weit von ihrem Volk und ihren Brüdern entfernt hatte, in umgekehrter Richtung. „Geh! Finde deine Brüder“, sagte Jesus zu Maria Magdalena. Sie machen sich auf: seine Brüder sind ihre Brüder. „Sagt ihnen ...“ Sie werden die gute Nachricht bringen; sie bauen die Kirche auf durch das schlichte Zeugnis von dem, was sie erlebt haben und was der Herr in ihnen getan hat. „Was wir verstanden haben, was wir mit unseren Augen gesehen haben, was wir vom Wort des Lebens betrachtet haben, das verkünden wir euch, damit auch ihr in Gemeinschaft mit ihm seid und damit unsere Freude vollkommen sei.“ Nie brauchen wir mehr zu sagen als das, was du in uns wirkst. Du selbst vollbringst in uns das, was wir von dir zu sagen haben; du trägst in unser Leben ein, was gemäß deinem Willen über unsere Lippen kommen soll. Dein unaufhörliches Eintreten erfahren und es bezeugen, dafür dich, Herr, loben und davon allen erzählen, das ist ein und dieselbe Sache. „Auf dass deine Werke dir Dank sagen, Jahwe, dass deine Freunde dich überall preisen. Dass mein Mund das Lob des Herrn verkünde, alles Fleisch deinen heiligen Namen preise immer und allezeit!“

In Jerusalem angekommen, finden sie die „Elf und ihre Gefährten“ vereint. Man berichtet ihnen genau das, was zu berichten sie gekommen sind. „Der Herr ist auferstanden!“ Diese Pilger empfangen von der Kirche das, was sie ihr bringen – gerade so wie sie von Jesus das empfangen haben, was sie ihm angeboten haben; mehr noch, ihre Begegnung wird von der Kirche bestätigt: das ist keine Illusion; das ist dieses Mal kein Geschwätz. „Es ist wahr! Der Herr ist auferstanden.“ Der Beweis dafür ist darin gegeben, dass er dem Simon erschienen ist. Die Gemeinschaft bewertet und bestätigt die Zeugen, diese wiederum festigen die Gemeinschaft und „erbauen“ sie mit ihrer eigenen Erfahrung. Der Herr vervielfacht diese persönlichen Begegnungen und diese besonderen Gaben in seiner allein apostolischen Kirche, Zeichen unter den Nationen, versammelt um Petrus, dem „Augenzeuge seiner Majestät“. Alles strömt in dir zusammen, nichts geht darin verloren. Du entleerst uns selber, Herr, um uns mit dir zu füllen. Du begegnest jedem einzelnen von uns, und versammelst uns alle, um uns überall hin zu senden, wo du schon bist.

Durch die persönliche Erfahrung des Herrn geeint, werden die einzelnen Jünger zum Propheten Jesu Christi. „Das ist wahr! Der Herr ist auferstanden.“ Jedes Gesicht ist ein Antlitz, in dem der lebendige Jesus sich verbirgt und zeigt, ein armseliges Antlitz, das man nicht beachtet, und leuchtende Gegenwart für den Glauben. Als sie aber dabei sind, sich selber dasselbe in seinem Namen zu sagen, ist Jesus unter ihnen. Er ist da, neuerdings gegenwärtig, aber schon wieder abwesend. „Das bin ich."

Für jene, die ihn suchen (die Frauen, die zu seinem Grab gehen, die Jünger von Emmaus, die Apostel, denen er genommen ist), bleibt Jesus abwesend. Nie werden wir deine Abwesenheit und Deinen Tod wirklich verstehen, Herr. Nie hört es auf, dass wir angesichts deines Scheiterns versucht werden. Nie werden wir für unseren Tod bereit sein – unfähig, dein Geheimnis auf uns zu nehmen.

Aber du verlässt uns nicht. Unsere Empörungen und Enttäuschungen suchen dich immer noch; du löst sie auf wie diese verschrobenen Wünsche, die sich nicht wahr haben wollen und auf dich warten. Und du bist da. Dein Wort – jenes, das du uns sagst, und jenes, das du mit uns von neuem wieder liest – fesselt und erfüllt uns. Immer bist du mit uns, brüderlicher Gott, so nahe und so großartig; du erhellst uns und lädst uns ein. „Herr, das bist du; dankbar erkenne ich dich."

Wie diese Frauen, die zum Grab gekommen waren, und diese Pilger, die deine Stadt verlassen haben, führst du auch uns zu den Deinen zurück, zu all den Deinen auf der ganzen Welt, um da Zeugen für deinen Tod und deine Auferstehung zu sein. Du legst den Tod und das Leben in uns; du sonderst in uns das aus, was dir gefällt, was du durch uns verteilen möchtest; du gestaltest unser Leben entsprechend den Plänen deiner unvorstellbaren Liebe, die nie aufhört, ihren Reichtum durch ihre Armut zu verbreiten.

„Rede, Herr, dein Diener hört.
Zeige mir Herr Deine Wege,
Lehre mich Deine Pfade!
Führe mich in Deiner Wahrheit.
Entreiße Israel, o Gott, all seinen Ängsten!" (vgl. Ps 25)

Die Himmelfahrt (Meditation)*

„Wo hältst du dich denn verborgen?“[1] Freunde sprechen so, andere tragen diese Sorgen nicht in sich. Unsichtbar für alle zeigt sich Christus nicht mehr an unseren Wegen. Wo ist er dann, in den Fabriken und in den Büros, in unseren Städten, auf unseren Straßen und auf unseren Bahnhöfen? Wo erscheint er denen, die zu ihm beten? Sie suchen ihn, weil sie ihn lieben, doch nichts von dem, was sie machen, oder von dem, was sie sehen, bietet ihnen Gelegenheit, ihm zu begegnen. Alle Dinge sind für sie nur mehr leere Botschaften: „Niemand weiß mir zu sagen, wo ich ihn erwarten kann“[2].

Den Gläubigen erfüllt Heimweh nach der beglückenden Zeit, da die Apostel gemeinsam mit Jesus lebten. Sie sahen ihn; sie hörten ihn; sie gingen hinter ihm her und nahmen mit ihm ihr Mahl ein. Auch sie hatten ihn verloren. Der Herr ist weggegangen. Doch diesen Abschied gestaltete er geheimnisvoll zu einem freudigen Ereignis und zu einer Quelle der Sicherheit, mit der seine Jünger diese Zeit der Trennung bestehen sollten: „Ich bin bei euch alle Tage bis an das Ende der Welt“ (Mt 28,20). Wenn in ihnen das Verlangen erwachte, ihn zu finden, sollte in ihnen auch die Gewissheit aufeben, dass er sie nicht verließ. Ihre Gemeinschaft, in der dieses Verlangen und dieser Glaube lebendig waren, die von der Liebe, die er in ihnen geweckt hatte, beseelt war, sollte von jetzt ab zum Zeichen seiner Gegenwart werden.

Der Abschied Jesu ist das Ende seines Lebens und der Beginn seiner Herrlichkeit. Er definiert von jetzt ab, was geistliches Leben ist: immer schon von dem angekündigt, nach dem es sucht, immer schon auf der Suche nach dem, den es findet. Die Himmelfahrt – Grund des Anstoßes und der Freude, denn sie ist ein Geheimnis Jesu – eröffnet diese Liebe, die seine Gegenwart unter uns ist und die sich ohne Unterlass verbreitet, weil sie auch die tiefste Form dieser Sehnsucht ist.

---

* Der Artikel erschien in französischer Sprache unter dem Titel *L'ascension* in: Christus 6 (1959), 211–220; übersetzt von P. Andreas Falkner SJ, in: Geist & Leben 90 (2017), 312–319.

1 Hl. Johannes vom Kreuz, *Cantique spirituel*, Strophe 1.

2 Ebd., Strophe 6.

Der Abschied Jesu

Jesus hat seinen Abschied immer im Geist gegenwärtig. Als er seinen Dienst im Anschluss an die Taufe antrat, hatte er darauf schon hingewiesen: Er „steigt auf" aus den Wassern, die die sündige Menschheit darstellen, wohin er abgestiegen ist, und er sieht „die Himmel sich auftun" über ihm (Mk 1,10). Danach spricht er immer wieder davon; er hat es nicht wie ein überraschendes Ereignis im Blick, sondern als Vollendung seines Werkes, den Sinn seines Lebens. Das ist auch der Endpunkt seines Denkens, der immer deutlicher werdende Gegenstand seiner Reden und Worte. „Ich bin nur mehr kurze Zeit bei euch; dann gehe ich fort, zu dem, der mich gesandt hat. Ihr werdet mich suchen und ihr werdet mich nicht finden" (Joh 7,33). Wie oft hat er das doch erklärt,[3] ehe er es Maria Magdalena gesagt hatte, die ihn festzuhalten versuchte: „Geh, sag es doch den Brüdern: ich steige auf zu meinem Vater" (Joh 20,17).

Sie sind jedoch jedes Mal überrascht. Sie vermögen sich eine Abwesenheit dessen, der ihnen doch so vertraut ist, nicht vorzustellen. Zwischen ihm und ihnen gibt es ein Rätsel. Etwas Wesentliches entgleitet ihnen, weil sie sich nicht auf die Absichten einlassen, die ihn ohne Unterlass beschäftigen. Zwar tut er alles, um sie auf die Abwesenheit vorzubereiten, die die Vollendung seines Kommens sein wird. Er führt sie durch sein geheimnisvolles Verhalten darin ein, wovon sie den Sinn erst später im Lichte seiner Himmelfahrt erfassen werden. Denn auf jede seiner Offenbarungen ist ein Rückzug in die Verborgenheit gefolgt; nachdem er durch seine Wunder oder seine Worte den deutlichen Erweis seiner göttlichen Sendung gegeben hatte, entzieht er sich so, als müsste diese Sendung auch noch durch diesen Rückzug besiegelt werden. Er zieht sich auf den Berg zu seinem Vater zurück; er schreitet davon, ohne dass jemand Hand an ihn legen konnte; er verlässt den Tempel, wo er gelehrt hat; er zieht sich zurück, und niemand weiß mehr, wo er ist.[4] Übrigens spricht er, wie er handelt: er äußert sich in verwirrenden Gleichnissen, in langen Streitgesprächen, die der hl. Johannes uns überliefert; jene, die er begeistert, lässt er verunsichert zurück; er erklärt sich, allerdings in Paradoxen, die zunehmend die Vorstellungen seiner Hörer übersteigen. Er zieht sich zurück, selbst von der Menge, die zu ihm steht. Der, „der kommt", ist überall auch der, der „sich zurückzieht"[5].

3 Vgl. z. B. im Johannesevangelium: 8,21; 12,35; 13,33; 14,2–4; 14,19; 16,16.

4 Im Johannesevangelium begegnet die Abfolge von Erscheinung und Zurückgezogenheit häufig: 5,6.13; 6,3.15; 7,14.36–44; 8,12.29.59; 9,1.12; 10,22.39–40; 11,7.54; 12,12.26.

5 Joh 12,13 und 12,36.

Bei Jesus kann die Weise seiner Selbstoffenbarung nicht etwas Äußerliches zu dem sein, was er offenbart. Er selbst ist der, der offenbart und der geoffenbart wird, der „Weg" und die „Wahrheit". Ein so konstantes Verhalten ist somit nicht eine Vorgangsweise seinerseits, um die Aufmerksamkeit seiner Brüder auf sich zu ziehen oder ihren Glauben zu stärken; sie gehört zuerst zu dem, was er ist; er ist selbst sein GEHEIMNIS. Sie jedoch erkennen dieses Geheimnis noch nicht, spüren es aber schon. Gewiss, ihr Überwältigtsein folgt auf die Anziehung, die sie verspürt haben und auf das Leuchten, das sie erfasst hat, als sie ihn sahen und hörten. Ihr Unverständnis ist, bezogen auf die Liebe, die seine Gegenwart geweckt hat, zweitrangig. Nun aber verlangt sein Verschwinden von ihnen eine Wahl: Werden sie ihm weiter folgen, obwohl er verschwunden ist, oder werden sie sich davon machen, weil sie ihn nicht mehr anfassen können? Werden sie ihn akzeptieren, so wie er ist, oder werden sie ihm das vorziehen, was sie von ihm erfassen können? Alle sind verwirrt, und diese Überraschung nimmt bei den einen die Form der Annahme an und bei den anderen die der Zurückweisung.

Der Skandal, der die einen scheu macht, wird für die anderen zur Prüfung und zur Realität ihres Glaubens. Wie das Verschwinden Christi wesentlich zu seinem GEHEIMNIS gehört, so gehört diese in ihrem Treueverhältnis vorhandene Frage wesentlich zu ihrem Vertrauen in ihn. Das Verschwinden ist für sie die innere Erfahrung des Geheimnisses. Somit ist in seinen Jüngern, den ersten Gefährten genauso wie in uns, dieses unaufhörliche, für uns schwer verständliche Verschwinden des Herrn keine Schwierigkeit, die unseren Glauben nur äußerlich angeht, als handelte es sich dabei um Vorläufiges. Das Verschwinden vermittelt das Vertrauen in ihn. Die Frage, die die Liebe beunruhigt, ohne ihre Nähe zu gefährden, ist in uns schon Zeichen der GEGENWART, die uns entschwindet. Sie lädt die Liebe zur Suche ein; sie macht aus dem Besitz eine Sehnsucht. Unsere Ungeduld wird so zum Vorgefühl dessen, was ist, und wer seine Abwesenheit nicht erfahren hat, kann nicht verstehen, was sein Kommen ist.

Die Freude Christi

Bei der Himmelfahrt selbst, als dieser so oft angesagte Abschied definitiv Wahrheit wurde, waren die Apostel weniger von Bestürzung als von Freude erfasst. Nachdem Jesus ihren Blicken entschwunden war – in die WOLKE, die ihnen das göttliche Geheimnis offenbart, taucht er ein – kehrten sie nach Jerusalem zurück, um Gott zu loben, „überglücklich“ aus vollem Herzen für die Gnaden Dank zu sagen. Offensichtlich erfüllt sie unsagbare Freude. Doch ihr Vertrauen in ihn, das durch so viele verblüffende Ereignisse geläutert war, hatte sie bislang an seine Person gebunden, gewissermaßen ohne eigene Beteiligung. Zugegeben, sie wussten noch nicht, bis zu welchem Punkt ihre Sehnsucht nach ihm in ihnen seine Gegenwart sei. Es hatte ihnen genügt, dass er da war, und sie folgten ihm. Auch wenn die Wirklichkeit des Abschieds vorab Jesus selbst an sein Ziel brachte und seiner Menschheit das Glück des Gegenübers mit seinem Vater gab, seine eigene Freude breitete sich bis in ihr Innerstes aus. Das Geheimnis, das bereits in der Ratlosigkeit ihres Herzens gegenwärtig war, enthüllt sich schließlich in ihrer Freude. Wird nicht in Kürze Petrus der Menschenmenge in Jerusalem die überraschende Benommenheit erklären, die in ihnen der Geist verbreitet hat, d. h. der Geist des verherrlichten Jesus? Seine erste Predigt ist eine Rede über die Freude des Christen. Er wendet auf Jesus den Psalmvers an, der vor langer Zeit die Freude ankündigte, die der Mensch in seinem Gegenüber zu Gott finden sollte: „Ich habe den Herrn beständig vor Augen. Er steht mir zur Rechten … Darum freut sich mein Herz und frohlockt meine Zunge“ (Apg 2,25–26). Den ganzen Psalm empfindet er als einen Lobgesang, in dem Christus seinem Vater den Grund seiner Freude kündet, wobei er die Sprache menschlicher Sehnsucht verwendet: „Du (Vater), Du erfüllst mich mit Freude vor Deinem Angesicht“ (Apg 2,28). Die ersten Christen sind nicht müde geworden, diese Freude zu meditieren, die in sie eingeströmt ist; der Verfasser des Hebräerbriefes betrachtet so den Vater, der Christus zu seiner Rechten einsetzt in ein Königtum ohne Ende: „Er sagt zu seinem Sohn: Dein Thron, o Gott, steht für immer und ewig … Setz dich zu meiner Rechten … Gott, dein Gott hat dich gesalbt mit dem Öl der Freude“ (Hebr 1,8.9.13).

Die Hoffnung der Menschheit findet also in ihm ihre Vollendung. Das, was uns bisher verheißen wurde, wird in ihm wahr. Von nun ab ist die Schöpfung durch ihn fähig zu diesem Gegenüber, das alle menschliche Erwartung erfüllt; während er sich in die Höhe erhob, getragen von seinem eigenen Sehnen, angezogen durch diesen menschlichen Willen, den die Liebe des Sohnes zum Vater fasziniert und mitreißt. Jesus nimmt in sich alle menschlichen Sehnsüchte auf. Seine Auffahrt vermittelt ihnen die Sicherheit, das zu bekommen, was er ihnen bisher versprochen hat. Jeder Mensch, der ihm verbunden bleibt – und ist das nicht der Fall für die Gruppe, die ihn bis zum Ölberg begleitet? –, besitzt von jetzt an die Erfüllung dessen, was er erhofft. „Wenn ihr meine Gebote haltet, werdet ihr in meiner Liebe bleiben; so wie ich die Gebote meines Vaters gehalten habe und in seiner Liebe bleibe. Dies habe ich euch gesagt, damit meine Freude in euch ist, und damit eure Freude vollkommen wird." (Joh 15,10–11)

Die Jünger sind ihm noch nicht in seine Herrlichkeit gefolgt: „Wohin ich gehe, dorthin könnt ihr noch nicht gelangen" (Joh 13,33); sie werden ihm „später" (Joh 13,36) folgen. Doch wie das Rätsel seiner Gegenwart unter ihnen ihre Ungeduld zu verlängern beginnt, dass er zum Vater zurückkehren sollte, so versetzt sie die Gewissheit seiner Erhöhung schon in seine Freude. Diese Erwartung und diese Freude sind gleichermaßen Zeichen dafür, dass er da ist. „An jenem Tag werdet ihr erkennen: Ich bin in meinem Vater, ihr seid in mir, und ich bin in euch" (Joh 14,20). Seine Aufnahme zu seinem Vater und ihr Eintritt in seine Freude bilden ein einziges Mysterium.

Unter Menschen wird die Gegenwart eines anderen nicht an der physischen Nähe gemessen, sondern an der Veränderung, die er bewirkt und die unser Innerstes erstaunlich lange offen hält. Er „bewohnt" uns buchstäblich, wenngleich das Leben in Gemeinschaft dieses Geschehen im Dunkeln hält. Da aber diese täglichen Begegnungen unterbrochen werden, fällt der Blick plötzlich auf das innere Zusammenwohnen, und man erkennt den wieder, den viele Erinnerungen und Hoffnungen schon andeuten. Ebenso ist es mit Christus, allerdings viel tiefer: bevor sie sich davon Rechenschaft gaben, bewohnte er schon die Seinen mit seiner Gegenwart, als er mit ihnen war, und seine Worte und Handlungen ihnen sein Antlitz einprägten. Sein Abschied offenbart diese Gegenwart. Aber die Erinnerungen, die von nun an von ihm sprechen, schließen jede Nostalgie aus: Jesus lebt ewig, und er wird kommen; mit seinem göttlichen Pulsschlag heiligt er alles, was seine menschliche Gegenwart in ihnen geheimnisvoll wachgerufen hat; er verwandelt diese Vergangenheit in Leben und Erwartung.

Sie sind nun „im Obergemach, wo sie sich gewöhnlich aufhalten" (Apg 1,13), vereint, und da sind sie „alle einmütig eifrig am Beten" (Apg 1,14). Gemeinsam gehen sie das Leben Jesu durch; sie öffnen diesen Schatz, den sie in sich tragen und den die Kirche ohne Unterlass betrachten wird; dabei werden sie mehr und mehr den Reichtum entdecken, der nach dem Fortgang Jesu ihnen geblieben ist. Was soll das heißen: Die Erinnerung an Jesus führt sie zusammen oder ihre geschwisterliche Gemeinschaft ist die lebendige Erinnerung an Jesus? Beide Sichtweisen sind gleich wahr, aber letztendlich verwandelt allein die Liebe das Erinnern an ihn, das sie hüten, und die Sehnsucht nach seiner Rückkehr in einen Quell der Freude.

Die Zeit der Liebe

Tatsächlich wird ihre Gemeinschaft die Zeit ausfüllen, die den Weggang Jesu von seiner Rückkehr trennt. „Ein Mann von vornehmer Herkunft wollte in ein fernes Land ziehen, um die Königswürde zu erlangen und dann zurückkehren" (Lk 19,12). So beginnt das Gleichnis von den Talenten, in dem die Natur des Reiches ausgesagt wird. Der Herr des Hauses geht fort, allerdings nur für eine gewisse Zeit; er kommt wieder (Mt 24,45): „Wenn ich fortgegangen bin ..., werde ich wiederkommen" (Joh 14,3). Zwischen seiner Himmelfahrt und der Parusie läuft eine Geschichte, in deren Verlauf wir ihn nicht im Himmel suchen dürfen, wohin er uns entwischt ist, sondern auf Erden, wo er Wohnstatt hat. „Ihr Männer von Galiläa, was steht ihr da und schaut zum Himmel empor?" (Apg 1,11). Es gibt die Versuchung, aus dieser Welt zu fliehen, doch Christus ist nicht aus ihr geflohen. In sich selbst unendlich, ist das WORT ins Gegenteil abgestiegen, und in der Verherrlichung, die aus seiner Menschheit das Instrument seiner göttlichen Macht formt, wird er unendlich in diesen geistlichen Tiefen, die im Menschen den Aufstieg Jesu in den Himmel erstehen lässt. In der Liebe des Sohnes zum Vater heiligt er die Gemeinschaft, die ihm treu ist. Einzig hier kann er gefunden werden, im Haus, wo er seine Diener angestellt hat, und nicht in den fernen Landen, in die er gegangen ist. „Wohin ich gehe, dahin könnt ihr nicht kommen" (Joh 13,33).

Ich gehe fort, sagt er seinen Freunden, aber „Ich gebe Euch ein neues Gebot: Liebt einander" (Joh 13,34). Das ist es, was er stiftet und was er in ihnen lässt; das ist das Zeichen seiner Gegenwart (Joh 13,35). Die Liebe ist keine Ordnung, die von außen kommt, sondern die Fortführung seiner Liebe, das Leben, das immer in ihnen bleiben wird, weil es auch sein Leben ist. Sie entspringt aus diesen Tiefen, in denen er wohnt und wo die Erinnerung an ihn gegenwärtig bleibt. Sie bezeugt für sie, dass er ihr LEBEN ist. Zugleich wird diese Erinnerung nicht aufhören, aus Jesus den Anführer zu machen und den WEG. Das Gedächtnis erinnert die Jünger fortwährend an das Beispiel, dass er ihnen gegeben hat, ihre gegenseitige Liebe wiederholt in ihnen den Ausdruck dieser seiner Liebe. „Ich habe euch ein Beispiel gegeben, damit ihr tut, wie ich an euch getan habe" (Joh 13,15).

Die Betrachtung seines Lebens und die geschwisterliche Liebe laufen also auf das Zeugnis hinaus, das seine Gemeinschaft ihm ausstellt.

Die Ankunft des Heiligen Geistes lässt die noch geheime Gegenwart am Festtag aufleuchten. Durch den Geist wird von nun ab die Erinnerung an Jesus in alle Zeit eingetragen sein, fortleben im Herzen der Kirche und auf der ganzen Welt verkündet werden: „Ich werde euch an alles erinnern, was ich gesagt habe" (Joh 14,26). Durch ihn wird diese Liebe, die das Erbe Jesu ist und die Kirche an die Liebe des Sohnes zum Vater bindet, überall Verbreitung finden: „Er nimmt von dem, was mein ist, und wird es euch verkünden" (Joh 16,15). In der geschwisterlichen Gemeinschaft ereignet sich auch die „Herrlichkeit", will sagen die Gegenwart dessen, der ihn schickt: „Er wird mich verherrlichen" (Joh 16,14). Die Kirche bleibt im Geist geeint, wenn sie bald in so vielen Ländern in Erinnerung an den Herrn das Sakrament der Gemeinschaft und der Gegenwart feiert, den Quell der „Eucharistie", der Freude und der Danksagung. Wer Christus sucht, findet ihn da, im Geist, in der Betrachtung, die vom Erinnern an ihn geprägt ist, in der Liebe, in der seine Liebe lebt, in diesen Festen, die das Geheimnis Jesu fortführen und die Kirche versammeln. Da gibt er sich geheimnisvoll in der Kontemplation zu erkennen, lässt sich im Sakrament berühren und ist in seinen Brüdern zu treffen. Eine geistliche Verbundenheit, die die menschliche Sprache nicht zu benennen weiß, bringt denen, die ihn suchen, das Licht seiner Gegenwart. „Die Welt wird mich nicht mehr sehen, aber ihr werdet mich sehen, weil ich lebe und weil ihr lebt" (Joh 14,19). Diese lebendige Gemeinschaft bindet viel tiefer aneinander als die erste Begegnung mit Jesus, den die Jünger auf sich zukommen sahen.

Das Warten auf den Herrn

Alles ist in die geschwisterliche Liebe und in die Erinnerung an Jesus einbezogen, die Geschichte der Menschheit ist dazu bestimmt, das deutlich zu machen. Allerdings spricht sie von ihm nur in verdeckter Form und mehrdeutig. So kommt er in dieser Welt, wo er noch nicht „alles in allem" ist, durch unsere Sprache vor. Immer schon gefunden, hört er nicht auf, gesucht zu werden. Jene, die seine Liebe treibt und die Erinnerung an ihn anzieht, fahren damit fort, ihn zu bitten: „Wo hältst du dich denn verborgen?"

Doch sie wissen, dass sie selbst ihn verhüllen. Seine Gegenwart wird den verschlafenen Augen eingeschränkt zugänglich. Das Erinnern an ihn ist schwach und die Eingebungen seiner Liebe sind verdunkelt. Und wenn sie zu seinem GEHEIMNIS Zuflucht nehmen, rufen sie Christus an, der einzig durch seine Himmelfahrt die Macht hat, das Licht seiner Allgegenwart im Leib seiner Menschheit aufeuchten zu lassen. Dafür wenden sie sich an seine Herrlichkeit, die der Beginn ihrer Freiheit ist, weil nur sie den Ursprung ihrer Liebe von ihren eigenen Schranken zu befreien vermag und das Leuchten seines Antlitzes auf ihren Gesichtern erstrahlen lässt.

„Ja, komm, Herr Jesus" (Offb 22,20). Die gesamte Kirche erwartet ihn, und die Sehnsucht, die sie zu ihm in sich trägt, ist das deutlichste Zeichen dieser stets gesuchten Gegenwart. Sie feiert das Sakrament des Erinnerns, „in dem sie erwartet, dass er komme" (1 Kor 11,26). Gemäß der Vorstellung der Apokalypse ist sie „die schwangere Frau, die ob der Schmerzen und Mühen des Gebärens schreit" (Offb 12,2). Sie trägt den schon in ihrem Leib, den sie erhofft und der eines Tages wiederkommen wird. „Wenn die Frau gebären soll, ist sie bekümmert, weil ihre Stunde da ist; aber wenn sie das Kind geboren hat, denkt sie nicht mehr an ihre Not über der Freude, dass ein Mensch zur Welt gekommen ist" (Joh 16,21). Kurz vor seinem Abschied erklärte Jesus so seinen Jüngern das, was „die Stunde" denn sei, – alle Zeit, die seiner Wiederkunft vorausgehen werde. Vor dem Erscheinen des MENSCHEN als der gesamten, in ihm zusammen geführten Menschheit gibt es diese mühsame Periode, die sein Kommen vorbereitet und an der die Sehnsucht seiner Gegenwart von Angesicht zu Angesicht arbeitet.

Die Liebe, die ständig durch die Erinnerung an Jesus wach gerufen wird, und die Erwartung dieses Endes werden von nun an zur ausgeprägtesten Form der Sehnsucht, die ihn sucht. Sie kommt von ihm. Weil sie aus ihm geboren ist, führt sie nach und nach zur Offenbarung des Herrn in dieser Welt, der sie bewohnt.

Sie sucht ihn überall. Sie ahnt ihn in allen Dingen, weil sie weiß, dass er schon da ist. Sie wendet sich an die Brüder, die auch zu seinem Antlitz werden und ihn den anderen zu erkennen geben sollen. Sie leidet an dem, was er erlitten hat, um in ihm die Verklärung zu vollenden, wofür seine Himmelfahrt für ihn schon das Geheimnis ist.

In der Betrachtung über den Sinn der Himmelfahrt spricht Paulus zu uns vom Geheimnis der Kirche, die sich ausbreitet. „Er stieg hinauf zur Höhe, schrieb er den Jüngern, die wie wir noch den Meister suchten, dessen Stimme sie gehört hatten" (Eph 4,8), diese Liebe, die in ihnen durch den Geist ausgegossen ist. „Und er gab den einen das Apostelamt, andere setzte er als Propheten ein, andere als Evangelisten, andere als Hirten und Lehrer, um die Heiligen für die Erfüllung des Dienstes für den Aufbau des Leibes Christi zu rüsten. So sollen wir alle zur Einheit im Glauben und in der Erkenntnis des Sohnes Gottes gelangen, damit wir zum vollkommenen Menschen werden und Christus in seiner vollendeten Gestalt darstellen" (Eph 4,8–13).

Der Herr ist über alle Himmel hinaufgestiegen, um das All zu erfüllen (vgl. Eph 4,10). Seine Gegenwart in der Welt spricht uns also darauf an, an der Zusammenführung seines Leibes, der Hoffnung der Menschen, der Vollendung und, wie man es lesen konnte, der „Hoffnung Christi selbst" zu arbeiten. Alles, was er uns eingibt, drängt auf das universale Erblühen der Liebe hin derart, dass die wieder versöhnte Menschheit in vollem Glanze das Antlitz ihres Gottes erscheinen lasse. Alle Aufgaben, die uns in den Dienst der Gemeinschaft stellen, um sie aufzurichten, zu vervollkommnen und auszuweiten, bereiten diese Wiederkehr vor, die eine Offenbarung sein wird; als Werke der Liebe, in unserem Innersten wachgerufen durch den verherrlichten Christus, sind sie immer Werke aus Sehnsucht.

Wie ein Dieb*

Neuerungen wecken in uns Christen Widerstände, in die sich ohne weiteres die Verpflichtung einmischt, die Beständigkeit des Glaubens zu manifestieren, aber auch die sorgende Bereitschaft, „unsere Positionen" zu verteidigen. In der christlichen Vergangenheit verwurzelt, sind wir durch ein Verständnis der Wahrheit, das von vorneherein alle Aktualisierung verneinen möchte, von Unbeweglichkeit bedroht; wir kämen ja dahin, Gott, den Lebendigen, im Namen der Erkenntnis, die wir ja schon haben, zu verkennen. Umgekehrt, lassen wir uns, sensibel gemacht für Veränderungen, die unser Leben und unsere Welt umstürzen, von den Ereignissen hinreißen, riskieren wir es, mit dem Sinn für die Tradition das Verständnis des Mysteriums zu verlieren, das die Heilsgeschichte zusammenhält; und so ließen wir in Empirismus den Glauben im Schlepptau der Aktualität zerrinnen. Zwischen der Treue zur Offenbarung und der Gefügigkeit gegenüber den Ereignissen wird die Spannung zur Krise, wenn der Unterschied zwischen Vergangenheit und Gegenwart betont wird. Unterscheidung ist nötig. Wird die Gewissheit, die auf dem EWIGEN gründet, jede Neuerung ausschließen? Wird die Durchlässigkeit auf die Zeichen der Zeit hin die Wahrheit gefährden, von der wir Zeugnis zu geben haben?

Der Frage begegnet man schon im Herzen des Evangeliums. Das Ereignis par excellence spaltet das Volk in Vergangenheit und Gegenwart: Jesus bestätigt den BUND genau durch den Akt, der ihn verändert und erneuert. Er greift das Erbe der Väter auf, verwandelt aber das Alte ins Neue Testament. Durch seinen Einbruch offenbart er den Sinn der Tradition, die er aufgreift. So viele Male angekündigt, provoziert der Messias – einmal da – eine „Krise" und eine „Trennung"; auch der Vorhang des Tempels zerreißt von oben nach unten und lässt das Mysterium, das er bezeichnete, offenbar werden. So brachte Christus die Seinen um ihre Sicherheit und

* Der Artikel erschien unter dem Titel *Comme un voleur* in: Christus 12 (1965), 25–41; übersetzt von P. Andreas Falkner SJ, in: Geist & Leben 90 (2017), 428–435, u. 91 (2018), 100–106. – Diesen Artikel hat M. de Certeau in veränderter Form in *L'étranger ou l'union dans la différence*, DDB Paris 1969 veröffentlicht. Das Buch wurde neu herausgegeben und eingeleitet von L. Giard 1991 (22005) – Dt.: M. de Certeau, *Der Fremde oder Einheit in Verschiedenheit.* Übersetzt von A. Falkner. Stuttgart 2018.

ihre Privilegien, jedoch um ihnen darin die Gabe zu enthüllen, die allen gewährt wird und von den Propheten verheißen ist. Zugleich wiederholt und vertieft er die Antwort, die Gottes Treue sich seit Beginn der Zeiten vorbereitete.

Wir müssen dieses Ereignis so meditieren, wie das Evangelium es unserem Glauben anbietet, nämlich als die Form aller christlichen Erfahrung. Vielleicht erkennen wir darin wieder, was wir selbst zu leben haben, und vielleicht lassen uns die unvorhergesehenen oder umwerfenden Ereignisse, die schon wieder die Wahrheit infrage zu stellen scheinen, oder unsere Vergangenheit verwässern, von sich aus das begreifen, was gewesen ist und was nicht aufhört, das Kommen des Herrn zu sein: „Siehe, ich komme wie ein Dieb“ (Offb 16,15). Die Evangelien bestätigen, dass jede Begegnung mit Jesus so verlaufen ist; jede Szene beschreibt uns, auf welche Weise der Dieb kommt. Unter vielen anderen können zwei von diesen Berichten es uns lehren, wie das Ereignis unser „innerer Lehrmeister“ bleibt, wie aus Überraschung Beziehung wird, wie Unvorhergesehenes unseren Glauben an diesen Gott erneuern kann, der in Leidenschaft für uns aus unserem Leben die Geschichte seiner Überraschungen hat machen wollen. Somit wird jeder Umstand „in der Tiefe“ zu uns sagen wie Martha zu Maria: „Der Meister ist da und lässt dich rufen“ (Joh 11,28).

Das Ereignis: Krise und „Gericht“

Oft hat man bemerkt, das Evangelium des hl. Johannes lasse sich als Drama verstehen. Seit Jesus da ist, zerfällt die Homogenität der Welt, „die Menschheit teilt sich auf, die Parteien scheiden sich“,[1] die gewohnte Ordnung ist umgestürzt. Je mehr er spricht und handelt, umso tiefer wird der Bruch. Angesichts des Wahrhaftigen werden die Menschen in ihrem Unbewussten erfasst: in die Nacht ihres Herzens „kommt der Tag wie ein Dieb“ (1 Thess 5,2). Indem er sich offenbart, offenbart dieser Mensch sie selbst als Schläfer; er reißt die Masken herunter, er nimmt Sicherheiten fort, er weckt persönliche und entscheidende Optionen auf. Das Ereignis macht es offenkundig: die Zeugen richten sich selbst, indem sie ihn richten.

Wie der hl. Johannes hervorhebt, taucht mit der Erscheinung Jesu sofort das „Für“ und „Wider“, das „Ja“ und das „Nein“ auf. Jeder seiner

1 D. Mollat, Art. *Jugement*, in: *Supplément du Dictionnaire de la Bible*, t. 4 (1949) col. 1380.

Auftritte ruft in der Menge „Scheidungen“[2] und Proteste[3] wider ihn hervor. Man diskutiert und stellt sich gegen ihn. „Die einen sagen, er ist ein Wohltäter. – Nein, sagen die anderen, er täuscht das Volk“; „viele sagen, er ist von einem Dämon besessen, er ist verrückt“, „andere wiederum sagen, so redet kein Besessener“; die einen ziehen sich zurück, die anderen glauben. In der religiösen Gesellschaft, die ihr Gleichgewicht hat, führt eine innere Spannung zu sichtbaren Rissen. Ohne die Einrichtungen zu ändern und ohne die Gesetze zurückzuweisen, verändert Jesus von innen das Kräftespiel. Durch die innere Krise, die er auslöst, macht er neuerdings Geschichte. Weder als Utopist noch als Revolutionär, sondern als Sohn dieses Volkes und in Treue zu seiner Tradition schichtet er deren Werte um. Er kommt hinzu, und das genügt, dass er unter den Seinen eine Krise hervorruft. Der Spalt, der das Volk teilt, deutet auf eine Kluft und auf viel tiefere Umwälzungen hin. Er legt frei, was in der Öffentlichkeit eine Aktion nach sich zieht, die viel einschneidender ist. Es ist das, was der hl. Johannes das „Gericht“ nennt: Unterscheidung der Geister, Offenbarung der Herzen beginnen von jetzt ab mit der Aufnahme oder der Zurückweisung, für die Jesus überall da der Grund ist, wo er hinzukommt. Es handelt sich nicht, wie es die apokalyptische Literatur beschrieb, um eine entfernte und aufsehenerregende Katastrophe, durch die der EWIGE brutal in den Lauf der Geschichte einbrechen und die Seinen heraus holen werde. Auch wenn man das anders sieht, hier verinnerlicht der Evangelist diese Vorstellung, die das Ereignis in die Zukunft versetzt, wo „etwas“ von außen passiert. Der plötzliche Charakter des Gerichtes passiert in einer Begegnung mit diesem Menschen; die endgültige Auslese geschieht schon „jetzt“.

Unvermittelt lässt Jesus auf seine Weise die menschliche und die göttliche Wahrheit hervortreten, die eine Gegenüberstellung mit ihm offenbaren soll; die Neugierigen und die Sympathisanten, die nichtssagende Worte vorbrachten oder bisher keine religiösen Träume, politische Ambitionen, Schuldgefühle oder oberflächliche Rechtfertigungen zuließen, drängt er zur Entscheidung. Bei seinen Gesprächspartnern bleibt er dem auf der Spur, was sie von seinem Vater halten, dem, was sie wirklich sind, und dem, was sie zu sein gerufen sind. Er kommt, um in ihnen ein bisher verlorenes Leben zu „retten“, weil es noch nie gefunden hatte, wem zu antworten sei.

---

2 Vgl. Joh 6,43; 7,12.

3 Joh 7,12; 10,20 und 6,68–69. Das „Für“ und „Wider“ treffen in vielen Szenen aufeinander: vgl. Joh 6,41 und 52; 7,31–32; 7,40–41; 8,30 und 59; 9,9; 9,16; 10,39–42; 11,45 und 46; 12,10–11; 12,29 usw.

Doch diese Provokation lässt auch Widerstände aufsteigen, die sie von sich nicht kannten. „Wenn ich nicht gekommen wäre, wenn ich nicht zu ihnen gesprochen hätte, wären sie ohne Sünde" (Joh 15,22). Seine unbestechliche Einflussnahme befreit das freie Geheimnis, das am Grund von den Leben schlummert, die es schon ausdrücken, wie seine Gegenwart die Wahrheit aufleuchten lässt, die das Alte Testament ankündigte.

Über den Gast, der die Ordnung des Festmahles stört, hat man sich oft unterhalten, in jedem Fall überrascht sein Kommen. Weshalb denn, wenn nicht deswegen, weil es verborgen ist? Er öffnet nicht die Türe, wo man es erwartete. Von Anfang an erscheint er als ein fremdes Ereignis, eines Nachts, in Bethlehem. Vom Anfang bis zum Ende, bis in den Raum hinein, wo die Apostel sich „hinter verschlossenen Türen" aufhalten (Joh 20,19), ist er da, plötzlich. In unserer Geschichte kommt er nur in den Gestalten eines Ereignisses der Geschichte selbst an. Man dachte, er würde den verschlossenen Raum weit öffnen, in dem sich unsere Debatten und Diskussionen fortsetzten. Doch siehe, er ist drinnen, nicht als einer, der bloß beobachtet und ihre Distanz zu den Ereignissen achtet, um sich mit dem bloßen Sehen zufrieden zu geben; er wird nur erkannt, wenn die Zeugen selbst von den Ereignissen und Gesten ihrer Zeitgenossen betroffen sind, d.h. in dem Maße, da der Unvorhergesehene sie in dem Moment trifft, da er ihnen den Weg der Erneuerung und des Verständnisses dessen, was passiert, eröffnet. Das Ereignis ist nur erfasst, wenn es in eine persönliche Geschichte eingeht; seinen Sinn gibt es nur insofern her, als es eine Antwort findet, die das Leben verändert; weit davon entfernt, als Spektakel angeboten zu sein, „spricht" es nur, wenn es in den Dienst nimmt.

Die Erfahrung mit dem Evangelium stellt somit die Vorstellung des Ereignisses wie die des „Nächsten" auf den Kopf. „Wer ist mein Nächster?" fragte man Jesus (Lk 10,29) in der Absicht, unter den Menschen jene zu identifizieren, die man lieben müsse. Jesus antwortet: Wen macht ihr zu euren Nächsten? Man kann also nicht von vornherein ein Repertoire von solchen anlegen, welche „Zeichen" sind, noch sofort bestimmen, was ein Ereignis sagen will, als wäre der Schlüssel dazu schon mit dem Ereignis gegeben. Im Evangelium ist die Frage eine andere; sie gilt uns: Was macht ihr zum Zeichen? Was ist für euch ein Ereignis? Der Neuling verlangt eine Bekehrung, die allein nach und nach aus dem Neuen unsere Geschichte und aus dem Beiläufigen ein Zeichen machen wird. Wie der Elende am Rande der Straße für den Samariter ein Nächster wird, der sich ihm nähert, so wird die Initiative Jesu ein Ereignis für die Zuschauer, wenn sie darauf antworten und sich verwandeln lassen. Dieses gewisse Etwas, das passiert, wird zur Offenbarung für den, der sich einbeziehen lässt und der die Wahrheit schätzt, die er entdeckt.

Ob Jesus mit seinem Volk oder den Heiden zu tun hat, seine religiöse Tradition oder menschliche Werte zu vertreten hat und beispielsweise vor den geistlichen Autoritäten oder vor den Repräsentanten Roms steht, er verlangt von jedem, einen Schritt in Richtung Wahrheit zu tun, und entsprechend dieser neuen Route werden die reellen Optionen eines Menschen beurteilt. „Wer die Wahrheit tut, kommt zum Licht" (Joh 3,21).

Ereignis und religiöse Tradition

Die Heilung des Blindgeborenen (Joh 9)

Klammert man Jesus aus (nur zu Beginn und am Ende der Geschichte mischt er sich direkt ein), gibt sich der Prozess, der im Bericht dieser Heilung beschrieben wird, mit zwei Sorten von Persönlichkeiten ab. Auf der einen Seite der Blindgeborene, ein Elender von Geburt an. Er gehört nicht nur zum Abschaum der Gesellschaft; seine Krankheit macht ihn zu einem Menschen, der das Ansehen der Öffentlichkeit belastet, weil er selbst in den Augen „der Jünger" von Sünde gezeichnet ist: „Wer hat gesündigt? Er selbst? Oder haben seine Eltern gesündigt, dass er blind geboren wurde?" (Joh 9,2). Er ist aus der Gemeinschaft der Gerechten ausgeschlossen: Von Geburt an sagte man ihm „Du bist ganz und gar in Sünde geboren" (Joh 9,34). Wie hätte er sich selbst anders, als man ihn beurteilte, sehen können? Er bettelte nur um irgendein Almosen. Er wartet mit verschämter Geduld, die das Unglück ihm gebietet. Die anderen sind die geistlichen Autoritäten, die Pharisäer: Diese Juden strenger Observanz vertraten herausragende Treue zum alten Gesetz. Zu dieser Zeit, da die römische Besatzung und der kulturelle Austausch Synkretismen begünstigten, sehen sie sich als Hüter der Orthodoxie, als Zeugen des Bundes; sie halten sich an die gekannte Tradition und lehren sie, „denn, so sagten sie, ein Unwissender weiß sich nicht vor Sünde zu schützen". Sie bilden eine religiöse Elite, notwendigerweise „abgesondert"[4], weil sie sich darum bemühen, vom Volk den

4 „Pharisäer" bedeutet „abgesondert", aber es handelt sich „um eine Absonderung geistlicher Ordnung in dem Sinne, dass die Reinheit der Religion gewahrt werde". Das Wort hat schon in Neh 10,29 diesen Sinn. Siehe das etwas oberflächliche Buch von C. Gruber-Magitot, *Jésus et les pharisiens*. Paris 1964, 123–134; und v. a. J. Le Moyne / A. Michel, Art. *Pharisiens*, in: *Supplément du Dictionnaire de la Bible*, t. 7, 1966, col. 1055–1056; 1060–1067; 1095–1096.

Kompromiss und den „Ehebruch“ fernzuhalten. Ihnen geht es darum, die heiligen Privilegien der Erwählung zu retten. Sie verdienen also sehr wohl Achtung wegen ihre Festigkeit.

Dazu äußert sich Jesus durch sein spontanes Handeln: er heilt den Bettler, der ihn lediglich um etwas Geld bat. Er heilte ihn am Sabbat, an dem Tag der Gott geweiht ist, der immer die Erwartungen der Seinen zufrieden stellt: Die Tiefe seines Erbarmens reicht an den Abgrund menschlichen Leids heran. Genau gesagt, das Wunder ist ihm durch die Umstände entrissen worden. Jesus sieht auf einmal diesen Unglücklichen und antwortet ihm mit all dem, was er ist. Er will kein anderes Zeichen geben als das von seinem Tod und seiner Auferstehung (Mt 12,38–39); doch angerührt durch die Begegnung, die in diesem Moment ihm seine eigene Mission vor Augen führt, widersteht er dem Anruf dieses unvorhergesehenen Elends nicht ...

Gleich ergeben sich „Parteiungen“ in der Menge (Joh 9,9) und unter den Pharisäern (Joh 9,16), ein erstes Symptom der Auslese, die sich im Lauf des Vorgangs ereignen wird, bei dem Jesus nicht zugegen ist. Die Pharisäer nehmen nur Gott und Mose in den Mund, nicht im Mindesten haben sie die Neigung oder gar den Willen, den Herrn zu verleugnen. Im Gegenteil, ihrem Treueverhältnis entsprechend beurteilen sie diesen besonderen Fall. Sie denken nicht daran, vor dem Messias zu stehen, dessen bevorstehende Ankunft sie behaupten, sie stehen vor einer Tatsache, die mit ihrem religiösen Verständnis nicht vereinbar ist. Nicht Gott weisen sie zurück, sondern das Ereignis, das ein Sünder bezeugt. Der Bericht des Evangeliums jedoch zeigt uns nur einen Elenden, der „verjagt“ wird (Joh 9,34), doch genau genommen weisen sie Jesus ab und verneinen ihr eigenes Wort. Ihre Weise, einen Menschen zu behandeln, trifft in Wirklichkeit den Messias; das, was sie mit diesen Armen machen, geschieht auf Christus hin, dem sie das zufügen (Mt 25,45).

„Sie wollten nicht glauben.“ Was glauben? Nicht Gott oder Christus, sondern einfach ein Ereignis: „die Juden aber wollten nicht glauben, dass er blind gewesen und sehend geworden war ...“ (Joh 9,18). Wie wir heute es ablehnen, das „anstößige“ Ereignis zuzulassen, das unsere Ideen oder unser Leben infrage stellt, so können diese Gerechten den nicht annehmen, der nicht in ihre Ansichten passt. Gewiss, sie fragen, aber in der Erwartung, die Antwort zu erhalten, die sie wünschen. „Ihr habt nicht gehört“ (Joh 9,27), sagt ihnen der Angeklagte auf ihre dritte Frage hin. Die Diagnose ist sonnenklar, denn sie sind sich ihrer Wahrheit so sicher, dass sie nicht mehr danach suchen, „die Wahrheit zu tun“: „wir, wir wissen“, das Wort kehrt als Leitmotiv wieder (Joh 9,24.29). Und weil ein hartnäckiger Zeuge sie bedrängt, ihre Überzeugungen losgelöst von ihm zu sehen, verjagen sie ihn und weisen mit ihm den DIEB zurück, der gekommen war, ihre Sicherheiten zu rauben, um sie an eine neue Erfahrung der Treue zu Gott heranzuführen.

Weil sie nicht fähig sind, ihren Horizont durch das Ereignis weiten zu lassen, verniedlichen sie genau diese Lehre, für die sie eintreten. Sind sie nicht die Zeugen der Offenbarung, die die aufeinander folgenden Interventionen Jahwes seinem Volk Tag für Tag ausbuchstabieren? Diese Spezialisten der heiligen Geschichte gewinnen daraus nur ein Wissen, das sie als Maßstab nehmen, das zu messen, was vor sich geht. Was sehen sie heute in diesem Vorfall, der möglicherweise ein Zeichen enthält? Es passiert an einem Sabbat; somit, denken sie, ist es gegen das GESETZ. Jesus ist von unbekannter Herkunft; also, sagen sie, ist er kein „Prophet“ … Unverständliche Engführung einer Tradition, die in diesen beiden Punkten eine andere Tiefe hatte! Da sie aber alles auf ihr Wissen zurückführen, können sie heute und folglich auch im Text der Schriften vergangener Zeit nicht mehr verstehen, dass die LIEBE nicht aufhört, erfinderisch zu sein. Während sie die Tradition aufgreifen, deren „Schüler“ sie mit Recht sein wollen (Joh 19,28), verfehlen sie deren Sinn. Sie nehmen die Treue, die sie immer ankündigen, nicht mehr als etwas Gegenwärtiges wahr. Sie verstehen es nicht mehr, den BEKANNTEN im Unbekannten anzunehmen.

Als Jesus am Ende wieder auftaucht, richtet er sie nicht. Er begnügt sich damit aufzuzeigen, wie sie sich selbst gerichtet haben; und das ist eines der härtesten Worte, die er ausgesprochen hat: „wenn ihr blind wäret“, wenn ihr zugeben wolltet, dass ihr nicht seht, dass ihr nicht alles wisst, dass auch ihr Arme seid, „würdet ihr ohne Sünde sein“, würdet ihr nicht den Gott abweisen, der in einer heilenden Geste verborgen ist. „Jetzt aber sagt ihr“, das ist euer Wort zu euch selbst, mit dem ihr euch des Wortes Gottes bemächtigt; „Jetzt aber sagt ihr: Wir sehen. Darum bleibt eure Sünde“ (Joh 9,40); denn nichts in euch öffnet sich dem UNVORHERGESEHENEN, dass er euch das offenbarte, was ihr von ihm ja schon sagt.

Der Blinde, er streckte die Hand aus, nicht mehr. Doch geheilt steht er zu dem, was ihm widerfahren ist. Der Blinde ist nicht direkt Jesus verbunden, von dem „er nichts weiß“ (Joh 9,12): „der, den man Jesus nennt“, erklärt er (Joh 9,11). In den Augen derer, die wissen, ist er lediglich ein Ignorant (Joh 9,12; 9,25; 9,34). „Ob er ein Sünder ist“, verdeutlicht er,

„weiß ich nicht. Nur das eine weiß ich, dass ich blind war und jetzt sehen kann“ (Joh 9,25). Er traut einfach einer Tatsache. Von dieser Wahrheit lässt er sich nicht abbringen; standfest beharrt er auf ihr. Er streitet dieses gewisse Etwas, das passiert ist, nicht ab, selbst wenn er sich damit der Hierarchie seines Volkes widersetzen oder diplomatisch von seinen Eltern aufgegeben werden sollte.

Die Anstrengungen, die seine Richter machen, um ihn vom Betrug zu überzeugen, sind gerade das, was ihn nachdenklich macht. Nach und nach erkennt er in einer unbedeutenden Geste und in dem Geschehen deren Urheber. Darin erahnt er irgendeinen Geheimnisvollen: „wenn dieser Mensch nicht von Gott wäre, dann hätte er gewiss nichts ausrichten können“ (Joh 9,33). Dieser langsame Übergang von einer Feststellung („das ist geschehen“) zu einem geistlichen Anerkennen („Es passiert“) ist nur möglich, wenn man persönlich durch das Ereignis angerührt wird. Im Anschluss an das Wunder, das er nicht erbeten hatte, geht der Blinde ein immer größeres Risiko ein: für verrückt erklärt, ausgeschlossen und misshandelt zu werden. Dieser Ignorant, dieser Sünder, lässt sich auf ein Abenteuer der Wahrheit ein. Indem sein Geist sich erneuert, erholt sich sein Leben. Denn das ist für ihn wie für uns ein und dasselbe, sich auf diesen unbekannten Weg einzulassen und die Ansprüche, die da und dort angedeutet werden, besser zu erkennen. Doch da aus der überraschenden Heilung schon die Bekehrung geworden ist, erfordert der neue Einbruch Jesu (der in einer simplen Geste sich zeigt) vom Bettler eine andere Gangart, in der noch mehr die in den vorausgehenden Etappen verborgene Gegenwart erkennbar wird: „Du siehst ihn vor dir; er, der mit dir redet, ist es. – Darauf der Bettler: Ich glaube, Herr!“ (Joh 9,36–38)

Aber, wie sollte er, dieser Blinde, der zu „sehen“ beginnt, in die Knie gehen, wenn die allgemein bekannten religiösen Wahrheiten, an die er seine Richter erinnerte (Joh 9,31), nicht auch ihm seinen ganz eigenen Weg zugestanden hätten, einen Augenblick lang den Menschen zu erkennen, der ein persönliches Wissen und eine kollektive Tradition erhellt? Indem er im Verlauf seines Prozesses die alte Erfahrung der Juden auf seine Weise erneut macht, hat er besser verstanden, was sie davon vermittelt hatten. Diese Einsicht hatte ihn vorbereitet, die Gegenwart, die plötzlich diese vorausgehende Arbeit erhellt, als entscheidend wahrzunehmen. Wenn er findet, dann geschieht es deshalb, weil er sich wie sie auf den Weg gemacht hat, zu suchen, weil er durch diese erhaltenen Kenntnisse, die ihm Anhaltspunkte boten, geführt wurde. Wenn die Begegnung zum Ereignis seines Lebens wird, dann deshalb, weil er bereit ist, sie dank anderer Zeichen zu lesen – gerade dank der Überlieferung, die man ihm in den Weg stellte, aber auch dank einer Überlieferung, die die Gefügigkeit gegenüber dem Unvorhergesehenen verinnerlicht und erneuert. Insgesamt hätten seine Lehrmeister ihm das Wunder erklären können, wenn sie darin eines der Zeichen erkannt hätten, die durch die Wissenschaft, aus der sie ihre Profession machten (vgl. Dtn 29,3), angekündigt wurden. Immerhin, dieses Ereignis vermoche das Neue beizubringen, das die so oft zu eng verstandene, aber doch vorausgesetzte Treue weitet und immer wieder bricht.

Das Ereignis und das Gesetz

Jesus vor Pilatus (Joh 18,28–19,16)

Mit der Verurteilung Jesu vor Pilatus beginnt die letzte Etappe des alten Prozesses, den Jahwe gegen sein Volk führt. Doch die Auseinandersetzung weitet sich zu einer offiziellen Begegnung mit der heidnischen Welt. Es kommt dazu, dass Jesus von den Juden und den Heiden verurteilt wird. Eine hoch offizielle Gegenüberstellung: er ist von seinem Volk vor der Öffentlichkeit eines fremden Volkes angeklagt. Das ist der Augenblick, da die geistliche Macht und die zeitliche Macht sich zu ihren Inhalten erklären müssen, da die Repräsentanten der geoffenbarten Tradition und jene der politischen Macht sich aussprechen. Zugleich ist das für sie die Stunde des Gerichts: Sie verraten sich selbst durch die Stellungnahme, zu der dieses Gegenüber mit Jesus sie verpflichtet, sich nicht nur für oder gegen ihn zu entscheiden, sondern auch hinsichtlich der Beziehung zu den Anforderungen, die beide Parteien zu verteidigen vorgeben. Der Prozess erfordert eine neue Treue gegenüber dem GESETZ, auf das die Juden sich berufen, und gegenüber der Gerechtigkeit, die Pilatus repräsentiert. Infolge des Anspruches, den ihr eigenes Gesetz an sie stellt, richtet sie das Ereignis.

Der aufmerksam gelesene Text zeigt einen Pilatus, der zunehmend deutlich erkennt, dass die vom Sanhedrin vorgebrachte Anklage nur ein Vorwand ist und dass es den Hierarchen klar ist, dass der Römer nicht den Mut hat, seine Überzeugung zu verteidigen. Die Szene beginnt mit einer wechselseitigen Verdächtigung. Pilatus rechnet vonseiten der Juden nicht mit der Wahrheit, sondern lediglich mit einem juristischen Kniff (Joh 18,29); von Pilatus erwarten die Juden nicht Gerechtigkeit, sondern nur eine unter Umständen erpresste Zustimmung (Joh 18,30). Sie respektieren sich nicht. Sie benutzen und messen sich. Schon beginnen sie, einander zu verachten. Was folgt, wird nur eine Konsequenz sein und wird ihnen Recht geben, ohne dass etwas ihre schon eingenommenen Positionen und ihre schon gefällten Urteile erschütterte.[5]

Doch dieser, der sich einerseits als Sohn „ihres“ Volkes und andererseits als ein Unschuldiger gibt, ermöglicht ihnen eine Erneuerung entsprechend ihren verschiedenen Situationen. Er wendet sich an das, was sie sind. Wenngleich er sich nicht an die Seinen wendet, weil er nichts mehr hat, womit er ihnen antworten könnte, ist er ihnen treu ergeben, denn der GOTT des BUNDES bleibt ihnen verbunden angesichts der Missachtung durch den Römer; mit seinem Schweigen nimmt er teil an der Erniedrigung seines Volkes. Und er spricht zu Pilatus wie ehedem zu Nikodemus oder zur Samariterin, indem er Worte gebraucht, die der Römer verstehen kann und in denen er eine Art Geheimnis erahnt („Reich“, „Wahrheit“, „Macht“).

Weil ein neuer Tatbestand gegeben und weil eine Entscheidung erfordert ist, resultiert die endgültige Verurteilung aus einem doppelten „Verrat“ (Joh 18,30 und 19,16): die Juden verraten ihren Glauben, indem sie sich auf den Kaiser berufen (Joh 19,15), und Pilatus verrät sein Gewissen. Indem sie die Einladung, die aus den Umständen kommt, zurückweisen, verleugnet ein jeder von ihnen seine eigene Wahrheit: Pilatus die der Gerechtigkeit, der Rechtfertigung seiner Macht; die Juden den Erweis ihrer religiösen Treue, den Grund ihrer Privilegien. Sie verlieren das, was sie als ihren Teil „von oben empfangen“ haben, als sie eine Neuaufnahme des Verfahrens zurückwiesen, was der plötzlich vor ihnen erschienene Angeklagte erfordert hätte. Sie befinden über ihre Wahrheit, indem sie gegen ihn Position beziehen.

Anders als die Juden, die die Macht des Pilatus ausnützten, auch wenn sie diese verachteten, respektierte Jesus die Autorität des Landpflegers. Er antwortet ihm als einem Richter, der es gewohnt ist, Fragen zu stellen (Joh 18,35–36). Er steht nicht vor ihm, um ihn zu beschimpfen, noch ihn auf seine Seite zu ziehen. Vielmehr bestätigt er feierlich, dass diese Macht ihm „von oben gegeben“ ist (Joh 19,11) und dass sie im Rahmen ihrer Ordnung eine göttliche Legitimation hat. Pilatus wird also durch diesen Narren nicht bedroht. Er hat nicht zusätzlich ein christliches Glaubensbekenntnis abzulegen. Es wird von ihm nicht verlangt, in Jesus einen Propheten an-

5 Über den Charakter und die Haltung von Pontius Pilatus gegenüber den Juden siehe J. Blinzler, *Le procès de Jésus*. Paris 1961, 279-287.

zuerkennen. In der anschließenden privaten Unterredung benimmt er sich nicht ungehörig, wenn er sagt: „Bin ich denn ein Jude, ich?" (Joh 18,35). Es ist nicht erforderlich, „ihr" Gesetz zu befolgen (Joh 18,31), sondern das seine; er hat nicht das Verhalten eines Juden, sondern das eines Gouverneurs zu zeigen. Er ist vor „diesen Menschen" (Joh 19,5) gestellt, der sich an das Gewissen des Richters wendet. „Was ist Wahrheit?" sagt Pilatus (Joh 18,6 und 38). Für ihn ist in diesem Moment Wahrheit nichts anderes als das, was heute einer von diesen Juden, die er verachtet oder fürchtet, von ihm fordert – ein Jude, der „keinen Anhaltspunkt für eine Verurteilung" (Joh 18,38 und 19,6) bietet. Jetzt wird ihm die Wahrheit durch den Anspruch eines entwaffneten Menschen verdeutlicht; es geht ganz einfach um das Recht eines Unschuldigen.

Die Gerechtigkeit ist infrage gestellt, durch ihn und für einen Vorgang, der den Richter dazu veranlassen könnte, eben in der Ordnung, für die er dem Gesetz entsprechend sich einsetzt, ein Risiko auf sich zu nehmen. Der Fortschritt in Richtung Wahrheit kann keinen anderen Weg nehmen. Durch ein einzelnes Ereignis extrem gefordert, ist ein gewagter Schritt möglich; allerdings führt dieser auch zu Verantwortlichkeiten, wo er Erfordernisse und neue Tiefen offenbaren wird. Sicherheiten werden erschüttert, doch in Abhängigkeit von einem Wert, der dem Gesetz schon zuerkannt ist und den ein Schock von innen her freisetzen muss. Und die Neuerung, die das Ereignis erstehen lässt, wird selbst dem Verlauf angepasst sein, den es hervorrief. So geht es mit den Liebschaften der Samariterin, mit dem Beruf des Zachäus, mit der Treue der Pharisäer zu ihrer Tradition oder mit der Gerechtigkeit des Pilatus.

Da ist der „Spott"-König selbst, den Pilatus in seiner Entstellung zeigt, nicht bloß das Bild dessen, was die Gerechtigkeit des Richters geworden ist. Hingesetzt auf einen Platz des Prätoriums[6] ganz allein der Gewalt ausgesetzt, ist der Unschuldige auch der einzige, der schließlich die Macht rechtfertigen oder sie zum Motiv seiner Verurteilung werden lassen kann. Noch mehr. Wie in einem jeden seiner Gesprächspartner sieht Christus in diesem Mächtigen das ursprüngliche Geheimnis, das sich in der feigen Entscheidung verhüllt: diese Macht ist dir von oben gegeben. Da er selbst ihre Quelle ist, kann er sie weder verachten noch daran verzweifeln. Wenn er das ist, was wir aus dem Menschen machen, ist er gleichermaßen das, wozu Gott uns ruft – unsere Zukunft.

6 Siehe I. de La Potterie, *Jésus, roi et juge d'après Jean 19,13,* in: Biblica, 41 (1960), 217–247.

Auf diese Weise kommt er, um aus dem Alten das hervorzuholen, was er darin vorbereitet hat; er weckt das Bewusstsein für Aufrufe, die es verkannte und wo die Freiheit, die ihnen antwortet, es von Neuem enthüllt. Er bricht auf, um bei ihm eintreten zu können. Auch der erschreckte oder abgesetzte Verwalter wird seinen MEISTER im „Dieb" bald erkennen. Das Ereignis wird dann für die Juden nicht ein Phantom sein (Mk 6,49) oder für Pilatus die Fremdheit eines Albtraumes[7] –, eine abartige Heilungsgeschichte oder ein Geschäftsfall im Palast, eine Situation, von der man sich befreien muss und die schließlich ohne Konsequenzen bleibt. Es handelt sich um ein tatsächliches Ereignis: da, vor euch, ist ein Elender, ein Unschuldiger, der ruft: der DIEB kommt, aber er kommt, um in euch ein göttliches Geheimnis zu erschließen. „Ich bin es, habt keine Furcht" (Mk 6,50).

Noch einen Schritt weiter, wie das Ereignis es verlangt, und das Licht wird voll leuchten, das von Anfang an aufsteigt und das die Umstände selbst in der Bewegung, die sie anstoßen, entdecken lassen. Die Bekehrung vom Alten in das Neue Testament setzt sich im Laufe einer unvorhersehbaren Geschichte fort, aus der Gott ein für alle Male das Sakrament seiner Offenbarung gemacht hat.

Ereignisse oder verschiedene Fakten?

Für die Evangelisten sind die Erscheinungen Jesu Christi christliche Ereignisse, will sagen, jedes Mal eine Bekehrung, die zur Erleuchtung geworden ist, eine innere Offenbarung, die zu einer Veränderung der Existenz geführt hat. Wird diese Geschichte uns in „Geschichten" zerfallen, die man erzählt? Wird sie zu dem, was man darin *zu lesen hat*, nämlich eine Legende? Oder bleibt davon doch nicht mehr als offenbarte Wahrheiten und Zitate aus den Evangelien, geeignet, auf Ereignisse von heute ohne Bezug zu ihnen angewandt zu werden? Dieser Bruch zwischen dem Bericht, der die Ankunft Christi ankündigt, und unserer eigenen Geschichte, ist vielleicht eines von den schwerwiegendsten Zeichen einer Entchristlichung.

Heute trifft man immer wieder auf den Zwiespalt zwischen der Norm und der Tatsache. Zum Beispiel werden Systeme, die die Gegenwart rationalisieren, um die Ereignisse zu beherrschen, und andererseits „die Umstände", die sich den Gesetzen entziehen und die für sie vorgesehene Bahn verlassen, zu Meteoren der Fremde oder des Schicksals. Je mehr die

7 Siehe Mt. 27,19 zum Traum der Frau des Pilatus.

Zukunftsforschung an Rechten und Möglichkeiten gewinnt, umso mehr verschwindet das davon verschiedene Ereignis aus dem persönlichen Leben. Weil es „ohne Grund", einfach so ist, strebt es danach, das zeitlose Objekt eines Schauspiels und ein Exorzismus des Unergründlichen zu werden. Das Unvorhergesehene verändert sich „neuerdings zur Sensation": „Ein Mensch ermordet einen Hund", „Gregor zielt auf einen Fleuristen und tötet einen Lagerarbeiter von Les Halles [ehedem Großmarkt von Paris, Anm. AF.]", „Fünfzehnhundert Bischöfe im Zorn"… Aus fatalem Zusammentreffen oder aus lustigen Gegensätzen wird das Heterogene in die Welt des Mythischen vertrieben[8]. Das Ereignis ist nicht mehr als eine Gelegenheit und die Unterstützung solcher wiederholter Formen. Die Gegenwart wird also aufgeteilt in Schöpfungen der Vernunft und in Objekte der Imagination; sie wird zerlegt in Begreifbares und Mysteriöses.

Es scheint, dass ein ähnlicher Zerfall das christliche Leben bedroht, das von nun an ausgespannt ist zwischen Fakten, die dem Glauben fremd bleiben, und der Lehre, die sich durch ihre Vergangenheit und in Dogmen ausdrückt. Gewiss, es darf uns nicht erstaunen, unserer so gearteten Zeit anzugehören. Eine Tatsache ist übrigens nur das, dem als erstem eine soziale Sprache und die Qualität einer persönlichen Überzeugung zugestanden wird. Auch für uns ist es heutzutage denkbar, sei es als Indiz eines Gesetzes (sozial, ökonomisch, psychologisch, usw.), dem eine Lehre von völlig verschiedener Art gegenüber steht, sei es als ein abwegiges Phänomen, das zu den unterschiedlichsten Alibis oder zu den tollsten Erscheinungen der Furcht anregt und das unseren Glauben aus der Bahn wirft, ohne ihn selbst in Frage zu stellen.

Erklärt diese „Krise" den Platz, den das Ereignis in der aktuellen christlichen Reflexion einnimmt? Auf keinen Fall sollte die Lösung auf der Seite einer leicht herbeizuführenden Übereinstimmung, in einem Parallelismus gesucht werden, in dem die Fakten hastig nebeneinandergestellt werden, von denen wir notwendig eine kollektive Erfahrung und Elemente der Sprache haben, die uns Jesus Christus ankündigt – wie wenn ein Fall sich auf dieses Wort des Evangeliums bezöge oder eine Situation eher zum Traktat der Erlösung als zu dem der Schöpfung Bezug hätte! Die Furcht wäre auch eine schlechte Beraterin, wenn sie eine „legitime, aber doch blin-

8 Die paar zitierten Titel sind Abendzeitungen entnommen. Zu den verschiedenen Ereignissen siehe J. P. Seguin, *Nouvelles à sensation, canards du XIXe siècle*. Paris 1959 ; M. Merleau-Ponty, *Signe*. Paris 1960, 388–391 ; und v. a. G. Auclair, *Faits divers et "pensée naive"*, in Critique, 19 (1963), 893–906.

de Verteidigung" gegen ein „Phantom" einsetzte, das noch des Sinns für den Glauben entbehrt.

Wenn wir keine aktuellen Fakten als Ereignisse unserer Existenz setzen, dann blieben die christliche Lehre und sogar die biblischen Berichte „Allgemeingut" – ein Wissen, das langsam vergilbt – und später sähen wir darin nicht mehr als tote Buchstaben oder verschiedene Ereignisse alter Zeit. Wenn wir also nicht danach trachten, die Kenntnis, die zu uns kommt und uns das Kommen des Herrn offenbart, als eine zu verstehen, die von Wirklichem spricht, haben die gegenwärtigen Ereignisse selbst nichts mehr von einem spirituellen Gehalt an sich.

Diese Bekehrung veranlasste ehedem den Blindgeborenen, in einem Ereignis die Geste einer GEGENWART und in seinen wenigen Ahnungen von der religiösen Geschichte seines Volkes die Ankündigung des „Menschensohnes", der plötzlich zu ihm spricht, wahrzunehmen. Sie wurde für die Pharisäer erbeten, damit sie in einem Zeugnis etwas anderes als einen Skandal und in ihrer eigenen Tradition eine Wahrheit sehen, die sie selbst gar nicht entdeckten. Sie hätte Pilatus dazu führen können, im Gegenstand seiner Wissbegierde (einen Augenblick neugierig, schließlich aber doch geringschätzig) das Recht des Unschuldigen und in seiner richterlichen Autorität ein Erfordernis der Gerechtigkeit zu entdecken. Diese Erfahrungen können nicht auf die unseren übertragen werden, aber sie sind von derselben Art wie die unseren; sie verdeutlichen uns die unsere und sie bringen uns dadurch bei, was unsere Beziehung zu diesen evangelischen Ereignissen selbst und zu den fremden Ereignissen heute für unseren Glauben sein können. Eine Krankheit, ein Missverständnis, ein Erfolg, eine Begegnung, Dinge wie die Geburtenkontrolle oder die Drohung mit der Atombombe: all diese Fakten haben für uns eine unmittelbare Bedeutung, die unserem Glauben widersprechen kann. In diesem Fall kommt es zu einer „Krise", weil es Trennung gibt. Doch für eine Bekehrung des Geistes, die zugleich eine antwortende Geste ist, muss diese Krise zur Glaubensbewegung werden. Dann bedeutet sie einen neuen Anruf Gottes, den zu erkennen wir die Gnade haben, ohne aber dahin zu gelangen, ihn als den „Größeren" zu preisen. Die GEGENWART, die das überschreitet, was wir davon wissen, stellt selbst die Interpretation infrage, die wir von diesen Dingen geben, sowie die Kenntnis, die wir von der Wahrheit schon haben. Derart, dass diese Umstände ihrerseits zu einem Ereignis unseres christlichen Lebens werden, dank der Arbeit, die besser dem Realen entspricht (das jedoch als Zeichen verstanden wird) und dass unser Glaube zu erklären beginnt (indem er näher die geistlichen Dringlichkeiten, die mit unseren Erkenntnissen einhergehen, unterscheidet).

Anders gesagt, weit davon entfernt, zwei einander gegenüberstehende Bereiche zu definieren: Vertrautes und Verblüffendes (oder Begreifbares und Mysteriöses) kommen jedes Mal zusammen, sobald es für uns ein wirkliches Ereignis gibt. Gott teilt sich mit als einer, der uns „will". Er offenbart sich, indem er uns vom Weg abbringt. Er tut das auf unseren eigenen Wegen, gerade da, wo wie ehedem bei den Pilgern von Emmaus „unsere Augen gehalten sind zu sehen" (Lk 24,16) aufgrund der zu engen Sichtweisen von ihm und dem, was passiert.

Die christliche Geschichte ist nichts anderes als diese unaufhörliche, innere Gegenüberstellung von den Zeichen der Zeit und den Sakramenten des Glaubens. Die Tradition bringt die Erneuerungen und besonderen Entwicklungen zum Ausdruck, die in jeder Epoche einen Glauben angestoßen hat, der dazu bestimmt, Gott da anzuerkennen, wo er ihn noch nicht entdeckte, und eine Antwort zu finden, die vom GEIST des in der Geschichte Fleisch gewordenen WORTES inspiriert ist. Ob man diese Bekehrung nun „Reform" oder *aggiornamento* nennt, für die Kirche ist sie immer auch eine Erfahrung. Indem das Konzil eine „Toleranz" einräumt, die zunächst das sichere Gefüge der Offenbarung erschüttert hat, tendiert es doch dahin, eine Freiheit anzuerkennen, die auf dem Respekt beruht, den Gott im Sinne dieser Offenbarung für alle seine Söhne und Töchter einfordert. Oder angeregt durch die Begegnung der Religionen und durch den Synkretismus oder die Indifferenz, die den Glauben erschüttert haben, hat die Kirche den Zwischenruf erkannt, den ihr der universale „Herr" gibt; darauf sucht sie in Gesten zu antworten, die recht deutlich die Einzigartigkeit des GEISTES in der Vielzahl der Völker manifestiert. Sie selbst ist durch neue Tatsachen eingebunden, sie lebt schon die Krise der aktuellen Welt als ein Ereignis ihres eigenen Glaubens an Jesus Christus.

Um „ein Ereignis zu leben", muss jeder Christ gleichermaßen auf seine Weise dessen Akteur und Prophet sein. Akteur, weil Tatsachen, die mit seinen religiösen Ideen zunächst unvereinbar schienen, auf der Ebene der Gerechtigkeit seine Antwort und seinen Einsatz fordern in seinem Beruf, in seinem Zuhause, gerade da wo er sich zu Hause weiß „hinter verschlossenen Türen". Doch wenn er Gott in der Erscheinung und dem Hindernis, die eines Nachts sich zeigen, sucht, wird er auch zum Propheten des Geschehens. Gelehrig gegenüber dieser dunklen Einladung entdeckt er darin den Herrn, den die christlichen Institutionen und Traditionen für ihn als gegenwärtigen bewahren, wenn sie die Ereignisse (die Mysterien) Christi wiederholen. Gewiss wird er verantwortlich auf das hinweisen, was definitiv jedes Ereignis ist: die Begegnung mit der Freiheit eines anderen, der seine Freiheit in Anspruch nimmt. Zugleich kündet er die unvorhersehbare Zukunft an, die ein ähnlicher BUND und GOTT eröffnen, der immer die Mitarbeiter seiner Treue findet.

In einer Art Spannung, die auf die GEGENWART zurückzuführen ist, die das heute Erlebte in alle Richtungen übersteigt, greift das Ereignis die Verweise auf die Vergangenheit auf und kündet die Zukunft an. Unter dieser Rücksicht ist die apokalyptische Literatur sehr aufschlussreich: entsprechend einem ersten Eindruck scheint sie auf eine imaginäre Repräsentation der Zukunft ausgerichtet zu sein; in Wirklichkeit beabsichtigt sie von Ezechiel bis zum Heiligen Johannes jedes Mal eine zeitgenössische Krise zu erhellen; sie macht das, indem sie durch ein neues Verständnis die exemplarische Geschichte des Exodus vertieft. So begegnet man, wenn man es von Gott aus sieht, der die Seinen in ein glückbringendes Land führt, dem DIEB, der Freunden, die sich zu gut eingerichtet haben, ihre Schätze raubt. Doch das Ereignis von gestern, das von heute wie das des Todes und das des ENDES, ist immer die Erfahrung des verheißenen Landes, das den Verbannten verheißen ist, oder der Seligkeit, die den Armen angekündigt wird.

Angefangen von heute kann das Neue wie am „Tag" des Gerichtes uns nur beunruhigen. In unseren Sicherheiten bedroht, verteidigen wir uns schon gegen das, was von jetzt ab ein unaufschiebbarer Tod ist. Doch während der LANDSTREICHER[9] unsere Vorbehalte gegen ihn wegnimmt, öffnet er uns seinem LEBEN, das BEFREIER–GEIST und Gütergemeinschaft ist. Wie es der Heilige Johannes gesagt hat, beginnt das Gericht von jetzt an, im Unvorhersehbaren, in den Krisen und den Offenbarungen im Verlauf dieses Tages. Am letzten Tag werden wir noch überrascht sein durch die Begegnung mit den Armen oder den Gefangenen, wie es damals die Pharisäer oder Pilatus waren; lernen wir also das, was wir schon wissen: dieses Zusammentreffen mit dem Meister, der da ist und uns ruft, verborgen in den Überraschungen und den gegenwärtigen Antworten.

---

9 Certeau verwendet für Christus die Metapher *rôdeur* (Landstreicher, Streuner), „der jene plündert, die er hinter dem erspäht, was sie als Barriere gegen jedes Risiko erbaut haben, und leistet somit einen Beitrag, den anderen aus seinen falschen Sicherheiten herauszulocken, um ihn in Bewegung zu setzen" (F. Dosse, *Michel de Certeau. Le marcheur blessé.* Paris 2002, 84). – [Anm. AF].

Der Sehnsucht Raum geben

Oder das „Fundament" der Geistlichen Übungen*

Das Libretto der *Geistlichen Übungen* ist ein Text, geschrieben für eine Musik und Dialoge, die in ihm nicht enthalten sind. Er (der Text der *Geistlichen Übungen*) ist einem „Text außerhalb" zugeordnet, der doch ganz wesentlich ist, aber nicht den Platz des Wesentlichen einnimmt. Er tritt nicht an die Stelle der (klingenden) Stimmen. Er geht ihnen nicht voraus; er gibt nicht vor, die klingenden Stimmen in Schriftform zu bieten. Er ist weder Bericht eines Weges noch einer spirituellen Abhandlung. Die Exerzitien bieten lediglich eine Anzahl von Regeln und Praktiken, die auf Erfahrungen bezogen sind; diese werden weder beschrieben noch gerechtfertigt und haben in den Text keinen Eingang gefunden; dieser stellt sie in keiner Weise dar, weil sie außerhalb von ihm in der Weise des gesprochenen Dialogs zwischen Begleiter und Begleitetem oder der im Schweigen sich ereignenden Geschichte der Beziehungen zwischen Gott und den beiden Antwortenden passiert.

Eine Weise des Vorangehens

Die beste Definition der *Geistlichen Übungen* verdanken wir Pierre Favre, weitaus der bedeutendste Interpret, Verbreiter und Mit-Verfasser des Textes in den Anfängen seiner Geschichte.[1] Sie sind vor allem eine „Weise des Vorangehens"[2]. Manchmal spricht Ignatius von der *Ordnung des Vorangehens*, von der *Form des Vorangehens* oder von der *Weise*, die ein Vorangehen kennzeich-

---

* *L'espace du désir ou Le «fondement» des Exercices Spirituels*, in: Christus 20 (1973), 118–128. Mit freundlicher Genehmigung der Zeitschrift. Übersetzung: P. Andreas Falkner SJ, in: Geist & Leben 89 (2016), 92–110.

1 Die neue wissenschaftliche Edition der Textfassungen *Sancti Ignatii de Loyola Exercitia spiritualia* (J. Calveras / C. de Dalmases [Hrsg.], MHSJ, Rom 1969) unterstreicht die Bedeutung Fabers in der Endbearbeitung und Verbreitung der *Geistlichen Übungen*. Die Entdeckung bzw. die bessere Kenntnis der ersten Texte zeigt mehr und mehr die Rolle, die dieser Mensch innehatte, dessen Leben vierzig Jahre dauerte und der sehr bald in die Fundamente des Gebäudes begraben wurde.

2 Vgl. P. Favre, *Mémorial*, édité par M. de Certeau, DDB, 1960. Introduction, 7–101, bes. 73–76.

net.[3] Abgesehen von den Worten, setzt die Methode voraus, was sie nicht gegenwärtig setzt – eben die Stimme des Sehnens: Sie zu artikulieren ist Ziel der Methode. So dachte man auch, die Konsonanten hätten die Funktion, die Laute zu formen und so Worte zu bilden. Ebenso sollen hier Sätze – eine Sprache – die Stimme des Verlangens gliedern. Die Summe der Sätze wird einer Flugbahn gleichen, die von der Ausgangsposition des Exerzitanten zu einem Zielpunkt reicht – was es eben möglich macht, eine Reihe von Orten zu durchschreiten, das Verhalten, den Stand oder die Lebensweise zu ändern.

Die ignatianische „Prozedur" erfordert einen „Sehnenden" – den Exerzitanten, der von Sehnsucht getrieben auf der Suche nach einer zu fällenden Entscheidung ist – und sie zielt darauf ab, ihm die Mittel an die Hand zu geben, hier und jetzt sein Sehnen vorläufig zu benennen. Diese Prozedur führt ihn dahin, von dem Ort, an dem er sich befindet, aufzubrechen zu einem Ort größerer Wahrheit, dank einer Erhellung, die in Gestalt wirksamer Erfahrungen sich ereignet. Sie organisiert Orte, die dem Weg des Exerzitanten angemessen sind. Sie vermittelt ihm Anhaltspunkte, keine Beschreibung des Geschehens. Sie entfaltet Möglichkeiten, Alternativen und Bedingungen einer Veränderung, die der Exerzitant selbst sich vorgenommen hat.

Dieser Text (der *Geistlichen Übungen*) ist also ein Durchlaufen von Orten, eine gegliederte Serie von *topoi*. Er umfasst eine Reihe von „Zusammenstellungen von Orten" jeglicher Art, gegliedert in vier „Wochen" (gleich einem Schauspiel in vier Akten): herkömmliche Orte des Betens (zum Beispiel im Anschluss an Abschnitte aus den Evangelien); Verwendung von Vergleichen und imaginären Vorgängen (so etwa die ignatianischen Betrachtungen vom „Reich Christi", von den „Zwei Bannern" usw.); Hinweise auf die Gestik (Umfeld und Haltung des Betenden); Bemerkungen zur Regelung der Lichtverhältnisse, die einem Ort ein besonderes Gepräge zu geben vermag (Dunkel in der dritten Woche oder Licht in der vierten); Rückschau und Wiederholung (die „Wiederholungen" von Betrachtungen); Fiktionen, die vom Exerzitanten erwarten, so zu tun, als wäre er in anderen (inneren) Verfassungen oder in einer anderen Situation (Tod) als den eben gegebenen. Aber diese topologische Organisation erfordert ein komplementäres und scheinbar kontradiktorisches „Prinzip", das ihr Gelingen bedingt: einen Nicht-Ort, der als „das Fundament" hingestellt wird.

3 GÜ 119; 204; 350, usw. – zit. n. Ignatius v. Loyola, *Geistliche Übungen*. Nach dem span. Urtext übers. von P. Knauer. Würzburg [4]2006; die Zahlen beziehen sich auf die Gliederung in Abschnitte [Anm. AF].

Ein Raum für das Sehnen

Der Vorgang, der die Veränderung eines Subjektes dank eines (fiktiven oder operativen)[4] Einsatzes von Orten, die untereinander in Beziehung stehen, in Gang setzt, beginnt mit einem „Prinzip und Fundament". Dessen Funktion besteht im Wesentlichen darin, dem Sehnen einen Raum zu eröffnen, dem Subjekt die Möglichkeit zu geben, von seinem Sehnen zu sprechen an einer Stelle, die nicht ein Ort ist und keinen Namen hat. Dieser Anfang ragt nicht hinein in die Serie der Tage und Stunden: Das „Prinzip" entgeht der Zerstückelung der Zeit.[5] Es gehört nicht zur Abfolge der Orte, die mit der Ersten Woche beginnt. Es ist dafür als dauerhafter Zustand gefordert, und es kann je nach Bedarf mehr oder weniger entfaltet werden. Im Verlauf der *Geistlichen Übungen* wird übrigens mehr oder weniger deutlich daran erinnert, wie wir sehen werden.

Der Sinn des „Fundaments" ist darin gelegen, einen anfänglichen Bruch herbeizuführen, auf den sich die ganze folgende Entwicklung stützt: Es geht um ein Zurück zum Sehnen und um eine Gelegenheit, es auszusagen. In den *Geistlichen Übungen* verschafft sich diese Bewegung einen Ausdruck, der dem kosmologischen und ideologischen Klima einer Epoche entspricht. Die Bewegung, die zu Gott als „dem Ziel, auf das hin wir geschaffen sind", zurückführt, ist das Mittel, von der Vereinzelung der Erkenntnisse oder religiösen Aktivitäten zurückzukehren auf deren unfassbares Woher und Wohin. Es wird beschrieben und gezeichnet als streng geordnetes Universum – weitgehend das der Epoche und gewiss auch das des Ignatius. Eine „philosophische" Problemstellung des „Zieles" und der „Mittel" zielt wie bei Erasmus[6] darauf ab, die „Mittel" durch ihren Bezug auf das „Ziel" zu relativieren und in die rechte Ordnung zu bringen: Diese moralische Taktik soll die „Indifferenz" begünstigen im Blick auf eine Revision der „Mittel", die man ergreift, um das „Ziel" zu erreichen.

Diese Taktik nimmt hier in Bezug auf tatsächliche Praktiken und die lehrmäßigen Positionen des Exerzitanten die Rolle einer Art Ebbe ein.

4 Eine Schablone, vergleichbar einem Modell, das einen Ablauf organisieren soll.

5 In den ersten Direktorien der *Geistlichen Übungen* ist (im Unterschied zum gesamten Rest der Exerzitien) keine bestimmte Dauer der Meditation angegeben, in der das Fundament zu betrachten sei (vgl. MHSJ, Direct., Rom 1955, 102; 434 usw.). Es handelt sich um ein Stück, das dazu bestimmt ist, einen Raum zur Verfügung zu stellen.

6 Insbesondere die Parallele des „Fundaments" und des *Enchiridion* des Erasmus ist auffallend. Das wurde oft hervorgehoben. Vgl. *Exercitia spiritualia*, 56–58 [s. Anm. 1].

Diese Problemstellung, die keineswegs spezifisch christlich und überhaupt losgelöst von jeder theologischen Besonderheit ist, soll die Möglichkeit schaffen, die *fundamentale Sehnsucht zu Wort kommen zu lassen*, etwas zu befreien, das nicht der Ordnung objektiver Wahlen oder Formulierungen entspricht. Der Christ ist verunsichert durch Sorgen um eine Verbesserung des Handelns oder des Sagens. Das „Fundament" erzeugt einen Fluchtpunkt für die Dinge, die einer Prüfung unterzogen und verbessert werden können. Es verweist auf ein „Ziel", dem kein Name zugeordnet werden kann, oder auf einen „Ursprung", der dem Sehnen „fundamentaler" eingraviert ist als alle seine Zeichen oder Objekte.

Hierin wird also eine Weise angeboten, das Sehnen, das mit diesem oder jenem Ort der Arbeit oder des Verhaltens verbunden ist, vom Ort zu lösen. Wer mit der Idee in die Stille kommt, Gott wolle ihn eher hier als dort haben, oder dass dies besser sei als jenes, dem wird ein Vorgang der Enthauptung, der Entblößung angeboten: Dein Verlangen ist ohne Namen, unmöglich zu beschreiben, ungewöhnlich im Verhältnis zu den Orten, die man ihm zuschreiben möchte, außerhalb jeder Bestimmung. Wer da behauptet: „Gott will von mir dies oder das", dem wird zunächst zu antworten sein: Nein, Gott ist indifferent, „größer"[7] als deine wahren oder vorgestellten *rendez-vous* mit ihm. Ebenso muss man damit beginnen, diesen Anfangszustand anzuerkennen, der nicht rückführbar ist auf das, was man sagt oder tut, ungestüm in Bezug auf Sprache, durchaus angewiesen auf Formeln und Handlungen. Nur so wird es möglich, das Sehnen in Ausdrücken einer begrenzten und vorläufigen Wahl zu artikulieren. Auf den „Ursprung" zurückzugreifen bedeutet immer eine Sehnsucht fernab von dem Ideal oder den Projekten, die man sich zurecht gezimmert hat, anzuerkennen in Vergleichen, die manchmal von einem Absturz, dann wieder von einem Fest sprechen.

Der „Wille"

In der Anthropologie und Theologie, die in den ignatianischen Texten enthalten sind, gibt es einen Fluchtpunkt für die Ordnung der Welt: den „Willen". Für die Theologen von damals ist das hierarchisch geordnete Universum nur eine eben gegebene Ordnung, wenn man die vorhandenen

---

7 Vgl. zur Tragweite dieses unbestimmten Komparativs M. de Certeau, *L'expérience spirituelle*, in: Christus 17 (1970), 488–498.

Möglichkeiten Gottes in Betracht zieht, es hätte auch eine ganz andere sein können, wenn sie Gott gewollt hätte.

Dieser Bezug auf ein unergründliches Wollen macht die Frucht der Erkenntnis wurmstichig. Die Vernünftigkeit der Welt enthält das Rätsel des unerkennbaren göttlichen Willens. Die „absolute Macht“ entzieht sich selbst dem, was die Ordnung, die sie stiftet, von ihr offenbart. Sie ist „ausgenommen“, der Kohärenz seines Werkes entzogen, losgelöst von der Ordnung, in der sie etwas von sich offenbart.[8] Der Wille ist befremdlich, etwas Verfremdetes (*une altérité*), wenn man ihn von seinem Ursprung her sieht.

Das theologische Verständnis jener Zeit verweist auf den „Willen“ wie auf ein unter allem, was erkannt werden kann, unergründbares „Prinzip und Fundament“. Im Menschen passiert das ebenso. Die *mociones* (Bewegungen), von denen Ignatius von Loyola spricht, sind genau genommen die Einbrüche dieses Willens, die gemessen an der offen liegenden Ordnung fremd bleiben. Im Menschen will etwas Unerwartetes zur Sprache kommen, das aus dem Unergründbaren hervortritt, die Oberfläche des Bekannten in Bewegung bringt und aufwühlt. Das ist der Ursprung einer neuen „Lebensordnung“.[9] Jede Errichtung einer Ordnung nimmt ihren Ausgang vom „Willen“.

Im Vorgang, der alle Eigentümlichkeiten des christlichen Lebens auslöscht und auf sein Eigentliches zurückführt, eben auf Gott, den Schöpfer, auf den Anderen über der Ordnung, stellt das „Fundament“ das wirksame Prinzip dessen dar, was der Exerzitant sucht, der in der Absicht gekommen ist, sein Leben zu ordnen. Das Sehnen ausgraben, das ist die Bedingung der Ordnung.

Das Unkraut aus dem „Willen“ herausjäten, das ist der Anfang. Im 16. Jh. war das, so scheint es, völlig neu. Die ersten Gesprächspartner und Exerzitanten des Ignatius von Loyola, des Pierre Favre oder des Franz Xaver waren überrascht von dem, was sie *theologia affectus*, eine „Theologie des Herzens“ nannten. Weit davon entfernt, diese Theologie sei eine Reihe von Überlegungen, die man im Verlauf eines Lebens „anstellen müsse“, sodass affektives Empfinden und Lebenspraxis daraus folgten und von gesicherten Erkenntnissen abhingen – diese Theologie hat als „Prinzip“ den „affectus“:

---

8 Vgl. P. Favre, *Mémorial. Introduction,* 21 f. [s. Anm. 2].

9 „Um das eigene Leben und den eigenen Stand zu bessern und zu reformieren“, sagt der Text (GÜ 189).

Der „logos“ (ein diskursives Ordnen) sollte aufbauen auf einem grundlegendem Wollen, aus dem der Aufgabe, das Leben zu ordnen, Kraft und Mittel zufließen.[10] Die Regeln und „Zusammenstellungen des Ortes“, die dafür vorgesehen sind, die Revision im Bereich des Lebensstandes und der praktischen Möglichkeiten zu präzisieren, kommen in Abhängigkeit von einem von ihnen verschiedenen „Fundament“ ins Spiel, der Unbekannten des „Willens“. Die Methoden oder die „Exerzitien“ sind nur „spirituell“, wenn sie von einem völlig verschiedenen Prinzip ausgehen.

Der Aufbruch als Eingeständnis des Sehnens

Das „Fundament“ trägt in die Abfolge der Gedanken oder praktischen Lösungen einen Bruch ein. Es wirkt abschreckend. Es lässt den Weg enden, der den Exerzitanten bereits aus einer unbefriedigenden Lebensweise zu einer Forderung nach einer anderen, besseren oder aus seiner zerflatternden Existenz in die religiöse Utopie eines einenden Ortes geführt hat. Es unterbricht zuerst jenen Diskurs, der in ein und derselben Logik verläuft. Ein Innehalten ist angezeigt, das den Weg untersagt, der direkt von einer Situation zur anderen führt. Für beide Situationen – jene, die der Exerzitant aufgibt, und die andere, für die die Exerzitien eine Entscheidung heranreifen lassen – gibt es einen Fluchtpunkt. Dieser Freiraum, der dem Sehnen angeboten wird, ist einem Fest vergleichbar: ein Gang zur Grenze, ein Gang ins Leere. Zwischen dem einen und dem nächsten Schritt gibt es einen Moment des unsicheren Standortes.

Es ist nicht überraschend, dass dieser Moment eine Schwelle ist. Vom Text her gesehen ist das Fundament eine Grenzzone, bereits fremd jenem Ort, den man verlässt, um zu den Exerzitien zu kommen, und doch unabhängig von dem Gesetz, das über vier Wochen hin Ort und Zeit der Exerzitien organisiert. Es ist eine Randzone, etwas Zwischen-Drinnen.

Ohne Zweifel ist das der Grund, warum etwas da zu sein behauptet, was sich in der geregelten Abfolge von organisierten Orten nicht meldet und nur im Vorübergang, im Voranschreiten auf die Grenze zu, sich melden kann. Man weiß, dass in alltäglichen Gesprächen (ganz wie in psychoanalytischen Sitzungen) sehr häufig bedeutsame Worte an der Tür, am Ende

10 Vgl. P. Favre, *Mémorial*, 26: „Magistri in affectus" nannte man die ersten Gefährten. Der „umgekehrte Baum“, ein Bild platonischer Herkunft (der Mensch, eine „himmlische Pflanze") ist für Faber das archetypische Symbol dieser Theologie; vgl. ebd., 89–90 [s. Anm. 2].

oder im Übergang vom einen zum anderen Ort gesagt werden. Aufbrüche sind vielsagend. Das gilt auch im gesellschaftlichen Leben. Übergänge eröffnen unterschiedlichen Sehnsüchten einen Ort, wo sie zur Sprache kommen können: Parolen und revolutionäre Feste. Das ganze Problem besteht darin zu wissen, ob dieses Wort, das im Übergang gefallen ist, vollkommen von der Ordnung, die kommt oder danach wieder kommt und dann „vergessen" sein wird, losgelöst (*ab-solue*) sein wird – wie ein Fest ohne Morgen; oder auch, ob und wie es möglich ist, an einem anderen Ort oder in einer neuen Ordnung zu artikulieren, was zwischen drinnen, im Übergang gesprochen wurde.

Ignatius lässt sich darauf ein, dieses Problem, das den Exerzitanten angeht, zu behandeln, wenn er den Aufbruch zur äußersten Grenze mit einer strikten Ordnung von Regeln, vereinbarten Orten, ergänzenden Vorstellungen und „Schikanen" durchlaufen lässt.[11] Das eine ermöglicht die Rede von der Sehnsucht, das andere führt an eine Weise, sein Leben zu ordnen, heran. Der Text der Exerzitien hat übrigens Gestalt angenommen, als Ignatius seine Zeit des „Erleuchteten" (*alumbrado*) hinter sich gelassen und sich eingetragen hat für ein Leben der Studien, des kirchlichen Dienstes und bald auch der Verwaltung, eben in der Zeit, da er selbst dieser Gliederung sich fügte.

Das „Fundament" (auf das ich mich beschränke) hat bleibend den Aufbruch im Auge. Es funktioniert wie die Rückkehr oder der Aufbruch zum Punkt Null, was die Einrichtung einer Serie möglich macht. In Wirklichkeit hat es den Anschein, da an die größte „Wahrheit" des Wortes heranzukommen, an jene, die am meisten das Sagen in seiner Beziehung zum Tun spezifiziert, wo sie am stärksten der Sache enteignet ist, da, wo sie losgelöst ist von Beheimatung und Zugehörigkeit, im Risiko und im Spalt zwischen beiden, im Moment des Sagens, d. h. genau keinen Ort zu haben, oder keinen anderen Ort zu haben als das Wort selbst. Dann fließt das in die Sprache zurück, um sich ins Wort zu bringen, halblaut vielleicht, was in der Gegenwart, in der Wiederholung, in den versteckten Aneignungen, die jede Praxis einschließt, nicht mehr besessen werden kann. Das „Wort" ist an Trennung gebunden. Es taucht in allen Zwischenräumen auf, wo die Beziehung des Sehnens zum Tod hin, nach der Grenze sich abzeichnet. Die Abwesenheit oder die Enteignung ist es, die zum Sprechen bringt.

---

11 Das ist die „Szenographie", der „Urheber von Sprache" oder *logothète*, der Organisator des Textes, den R. Barthes in „Exercices" analysiert in *Sade, Fourier, Loyola*. Le Seuil 1971, 43–80.

Diese Erfahrung mag auf verschiedene Weisen zustande kommen. Sie ist als Prinzip an den zeitlichen Beginn der Exerzitien gestellt. Erinnerungen daran oder Erwähnungen wird es im Verlauf der gesamten Exerzitien geben. Am Ende der großen Inszenierungen der „Meditationen" (der „Ruf des zeitlichen Königs", die „Menschwerdung", die „Zwei Banner" usw.) scheinen die Zwiegespräche (Gebete) von neuem einen Fluchtpunkt in den Blick zu nehmen, nun aber bezogen auf einen festgesetzten Ort, es handelt sich um einen Auszug, während das „Fundament" beim Empfang des Exerzitanten seinen Platz hat, also am *Eingang* steht, vor den Wochen der Meditation.

Das Fundament eines Weges

Wie immer, das Fundament ist kein Exposé einer universellen Wahrheit, keine allgemeine Erörterung, aus der man am Ende einzelne Schlüsse ziehen könnte. Vielmehr ist es das Schema einer Bewegung oder, wenn man will, einer Loslösung. Bezogen auf Anhänglichkeiten, die die Sehnsucht an ein Objekt binden, an ein Ideal, an einen Lebensstand oder an eine religiöse Sprache, bewirkt es eine Abtrennung. Es schafft, gemessen an all diesen Sichtweisen oder an all diesen „Orten" eine Entfremdung, die die Form eines schlichten und grundlegenden Wortes annimmt. Die *Verflüchtigung des Bestimmten* bringt das Äquivalent von dem hervor, was Rilke „Sprache der Abwesenheit" nennt. „Die Öffnung ist das Gedicht." Das Verschwinden der Dinge und die Rückkehr zum Schweigen öffnen den Raum, wo das Gedicht erscheint – „der Raum des Todes und der Raum des Wortes".[12]

Während aber Rilke das Gedicht in diesen Raum bannt und eins durchs andere definiert, ist hier die Rede vom Sehnen, keinem Gedicht, sondern vom Anfangspunkt einer Wurfbahn. Es bringt ein Durchdringen nach rückwärts und eine Neuorganisation effizienten Verhaltens auf den Weg. Es bringt genau das Prinzip zur Sprache, nach dem eine neue Artikulation von Praktiken erfolgen kann oder sich auswirken muss im Verlauf der Exerzitien. An dem, was das „Fundament" *möglich macht*, kann man in einer Reihe von Fällen das Funktionieren der Exerzitien erkennen. Zwei mir wichtig erscheinende Beispiele (die bei Ignatius von Loyola auch an

12 M. Blanchot, *L'oeuvre et l'espace de la mort*, in: *L'espace litteraire*, in coll. *Idées*. Paris 1968, 182–190.

der Praxis der Hl. Schrift zu messen wären[13]) sollen angeführt werden: die Konstruktion des Objektes ausgehend des Sehnens, und die Praxis des Scheiterns. Der erste Vorgang verweist auf den „Willen", wie ihn das 16. Jh. verstand. Er begegnet in den Exerzitien in dem *id quod volo* (*lo que quiero* – das, was ich will), das man so oft in den Hinführungen der ignatianischen Meditationen herausgestrichen hat. Er beruht auf dem Postulat eines christlichen Glaubens: das, was es an Tiefstem und am wenigsten Bekanntem in Gott hat (die beunruhigende Fremde seines Willens), ist das, was es an Tiefstem und am wenigsten Bekanntem im Menschen hat (die beunruhigende Vertrautheit unseres eigenen Willens). Auch die ignatianische Taktik führt den Exerzitanten zu dem Unbestimmten dieses Wollens mit dem Ziele einer neuen Determination seiner Objekte. Man geht von dem „ich will" zu seinem Objekt, ein Weg, der möglich geworden ist dank der Bewegung, die zuerst darin bestand, sich von ersten Vorstellungen frei zu machen, in die das Sehnen des Exerzitanten eingebunden und vermengt war. So gesehen trägt sich die *Konstruktion des Objektes ausgehend von einem Wollen* in die Ordnung des „Fundaments" ein.

Dasselbe gilt für die *Praxis des Scheiterns*, ein noch bezeichnenderer Zug, und komplementär zum Vorigen. Die Szenen und die Zeiten, die für das aufeinander folgende Innehalten des Exerzitanten an jedem dieser Orte vorgesehen sind, ergeben nicht das Exposé einer Lehre, sondern eher eine Serie des Scheiterns, jedes Mal bezogen auf die vorausgehende Position. Das Bedeutsame ist nicht die „Wahrheit" jeden Ortes, als hätte man die Glaubensartikel des *Credo* oder des Katechismus abzuleisten. Was zählt, ist die Beziehung, die von dem Ort aus gesehen, an dem man ist, die „Zusammenstellung" eines neuen Ortes wirkt. Die Vorgaben (die Betrachtungen) oder die Anzeichen der Bewegung (zum Beispiel die Bitten, die dem Exerzitanten nahe gelegt werden) wiederholen die Mühe einer Differenz und spielen die Rolle eines „Kannst nicht mehr machen". Diese Reihe organisiert keine Wahrheiten, wohl aber Handlungen. Sie formuliert keine Ideen,

13 Letztlich entfaltet sich dieser Umgang mit der Hl. Schrift – oder das Geschehen der Lektüre – in zwei sich ergänzenden Schritten. Es gibt die Hl. Schrift, sofern sie mich zum Sprechen bringt: Sie erweckt in mir, was ich bisher von mir ohne sie nicht hätte sagen können. Sie lockt aus uns ein Wort hervor, allerdings ein Wort des Glaubens, weil es von jener Andersartigkeit nicht abzulösen ist, die es möglich macht. Es gibt auch die Hl. Schrift, insofern sie ein Objekt u. dazu bestimmt ist, Wirkungen hervorzubringen: Unter dieser Rücksicht erscheint sie nicht als Abfolge von Wahrheiten, sondern als ein Mittel, Wahrheit zu stiften; da wird sie behandelt (wie man Bauxit behandelt), abgetrennt u. eingesetzt im Blick auf Regeln, die nicht von ihr abhängen und die alle auf eine Produktion bezogen sind.

sondern Praktiken (oder Übungen), die jedes Mal darauf abzielen, einen Effekt der Distanz im Verhältnis zur vorausgehenden Praxis zu stiften.

Das ist die Art Diskurs, den das „Fundament" auf den Weg gebracht hat, indem es dem Sehnen einen Freiraum eröffnet hat und die Visionen und unmittelbaren Vorstellungen des Exerzitanten auf Abstand gerückt hat.

Ein „Diskurs" – vom anderen gesteuert

Es gibt sehr wohl einen „Diskurs", jedoch in dem Sinn, wie der Text ihn versteht: den praxisbezogenen Diskurs. Der Ausdruck (*discurso* – Überlegung) begegnet vor allem am Ende der Exerzitien, in den „Regeln zu einem besseren Unterscheiden der Geister"[14]. Darin wird eine Reihe und ein Ablauf ins Auge gefasst: einerseits ein Zusammenhang der einzelnen Erfahrungen („Tröstungen", „Trostlosigkeiten") oder der einzelnen Stellen, die zu behandeln sind (die Punkte der Meditation), andererseits der Sinn oder die Ausrichtung der Reihe. So gesehen sollen „Trost" oder „Trostlosigkeit" nicht in sich selbst betrachtet werden. Es ist gar nicht möglich, sich vom einen oder anderen, für sich genommen, ein Bild zu machen, als würde das eine „Zustimmung" Gottes besagen, und das andere sein „Missfallen". Der Sinn ergibt sich aus ihrer *Bezogenheit* und aus der *Richtung*, die sie anzeigen. Allein der Verlauf ist Zeichen.[15]

In seiner Einmaligkeit hat kein Moment einen Wert. Kein Ort ist wahr oder falsch; keine Gegebenheit ist geheiligt; keine Sprache ist unverwundbar. Sie machen nur Sinn, wenn sie in eine dynamische Relation eingetragen sind, abhängig von den *Vorgängen* im Exerzitanten.

Diese Analyse der Weise, in der sich der Sinn manifestiert, hat eine technische Produktion als Gegenstück: Der Text vervielfältigt künstlich die Protokolle, die dazu bestimmt sind, Reihen sichtbar zu machen aufgrund eines Spiels von Wiederholungen, von Varianten, willkürlichen Hypothesen und Gegenmaßnahmen[16]. Es ist nicht Ziel, eine Wahrheit völlig zu

---

14 GÜ 333; 334; 336. In seinen anderen Verwendungen (GÜ 19; 234) bezeichnet der Ausdruck *discurso* eine Abfolge, die einzuhalten ist, die Ordnung eines Verlaufes.

15 GÜ 331; 333.

16 Z.B.: wenn du dich zu diesem hingezogen fühlst, versuche das Gegenteil, usw. Vgl. in R. Barthes, *Sade, Fourier, Loyola*, 76–79 („*la balance et la marque*") die Analyse dieses Systems: „Ein Beispiel von zwei Ausdrücken ist gegeben; der eine Ausdruck besagt das Gegenteil des anderen." [s. Anm. 12].

ergründen, sondern einen Diskurs zu konstruieren, der trotz der Fehlschläge das Manifest der Sehnsucht in der Tatsächlichkeit einer Situation organisiert: Das wird die „Erwählung" oder die Wahl sein. Kurzum, Kalkulieren macht Sinn.

Jedenfalls bietet das System, das ein sauber abgetrennter Ort bereitstellt, ein Mittel an, *einem anderen Platz zu machen*, und so weiter. Diese Orte sind voneinander getrennt, was durch keine Erklärung oder Ideologie überbrückt werden kann und schließlich in dieses Unterwegssein verweist, das der Exerzitant auf sich genommen hat: Der Aufbruch von Ort zu Ort ist im Text die Spur des anderen, für den der Exerzitant bestimmt ist. Schon auf diese Weise gestattet die Zusammenstellung des Ortes die Entfaltung von unterschiedlich gestalteten Aufbrüchen, ohne sich ihnen unterzuordnen. Vielmehr macht sie Platz für die Erfahrung, deren Erläuterung sie organisiert. Doch beschreibt sie die Erfahrung nicht. Der Bericht ist untersagt, wird nur durch diese Zwischenräume markiert, die den *Platz des anderen* außerhalb des Textes signalisieren.

Im Verlauf der Exerzitien, die für vier Wochen vorgesehen sind, setzt alles als ihr Prinzip und Fundament das Sehnen (oder den „Willen") voraus, das von woanders kommt, kreist, sich versucht, und in einer Reihe von Bezugnahmen zu Objekten, die vom Büchlein vorgestellt werden, sich zeigt. Der Text selbst wird zum *Warten auf den anderen*, zu einem Raum, der durch das Sehnen geordnet ist. Es ist der Garten, der von einem Wanderer von anderswo angelegt ist. Was die Teile, die im Blick auf eine Unterscheidung geordnet sind, verbindet, ist die Abwesenheit des anderen – des Exerzitanten – für den es gedacht ist, der aber allein die Reise tut. Eine Reise, zu der es keine Beschreibung oder Theorie gibt.

Auf diese Struktur, für die die Zusammenstellungen des Ortes die ersten Anzeichen sind, müssen die Exerzitien insgesamt zurückgeführt werden. Das Buch kennt große Blöcke. Die Anordnung von vier Wochen ist einer von ihnen. Voraus geht ein Block von Anmerkungen. Nach dem Block der vier Wochen kommt einer, in dem die *Weisen des Betens*[17] zusammengefasst sind; weiter folgt eine Zusammenstellung von Punkten (*Geheimnisse des Lebens unseres Herrn*), schließlich eine Reihe von *Regeln*. Diese Sammlungen gehören zu verschiedenen Funktionen: Kein Gesetz, das in den Text eingetragen wäre, ordnet weder die Blöcke einander zu noch bezieht es sie auf eine Aussage, die die zentrale „Wahrheit" der Exerzitien wäre. Aller-

17 Ein Block, der zur „Betrachtung um Liebe zu erlangen" gehört (GÜ 230–237).

dings gehorchen sie einem gemeinsamen Gesetz, das außerhalb von ihnen und außerhalb des Textes zu stehen kommt. Ihre Bezüge zueinander definieren sich durch die Beziehung, die jeder mit einer Extra-textualität, mit einem Unaussprechbaren unterhält. Diese geordnete Gliederung „hält sich aufrecht" durch sein Außen. Das will auch sagen, dass diese Vielfalt als andere ihren globalen Sinn stiftet. Der Text wird strukturiert durch dieses andere, das er nicht benennt – durch die Erfahrung des Exerzitanten, – die durch kein Wissen ersetzt werden kann und dem bei allen vorgesehenen Dispositionen der Platz frei gehalten wird.

Diese „Weise des Vorangehens" besteht in einem gewissen Sinn darin, dem anderen Platz zu machen. Sie selbst trägt sich in den Prozess ein, von dem sie von „Anfang" an spricht und der in seiner vollen Entfaltung für den Text darin besteht, dem „Begleiter" Platz zu machen, für den Begleiter wiederum dem Exerzitanten Platz zu machen, für diesen dem Sehnen Platz zu machen, das ihm vom ANDEREN zukommt. Unter dieser Rücksicht leistet der Text, was er sagt. Er ist das Produkt des Sehnens nach dem anderen. Das ist ein Raum, der durch das Sehnen gebildet wird.

Der Text, der so das Sehnen artikuliert, ohne dessen Platz einzunehmen, wird nur lebendig, wenn ihn der andere in die Praxis umsetzt und es einen ANDEREN gibt. Er hängt an dem, für den er bestimmt ist und der auch sein Ursprung ist. Was wird aus diesem Text, wenn der ANDERE ihm fehlt? Der Diskurs wird zu einem leblosen Gegenstand, wenn der Besucher, den er erwartet, nicht kommt und wenn der ANDERE lediglich ein leiser Schatten ist. Er wird zu einem Werkzeug, das noch die Spuren verschwundener Präsenz trägt, wenn es außerhalb seiner keinen Platz für das Sehnen mehr hat, das er organisiert. Er vermag nicht zu bieten, was er voraussetzt. Er ist nichts als ein literarischer Raum, der einzig aus dem Verlangen nach dem anderen seinen Sinn bezieht.

Die Tage nach der Entscheidung

Die „Bestätigung“ im geistlichen Leben*

Durch seine Entscheidung gibt der Christ eine Zustimmung zu dem, was er vom Willen Gottes erfahren hat. Sie bestätigt ein Zusammentreffen von dem, was ist, und dem, was Gott vom Christen will. Mit seinem Ja buchstabiert er diese innere Übereinstimmung, die ihm durch das Gefühl des Friedens, das seinen Entschluss begleitet, angezeigt wird. Alles ist getan, weil entschieden ist. Doch alles bleibt zu tun, weil noch nichts ausgeführt ist. Die heute getroffene Entscheidung bezieht sich auf das Morgen; sie nimmt eine Zukunft in den Blick, die noch nicht existiert. Nach dem Gebet, in dem die Wahl herangereift ist, nach der Zustimmung auf den inneren Anruf, muss man die Schwelle des Schweigens überschreiten und ins tägliche Leben eintreten, um darin das angenommene Wort umzusetzen. Nachdem das verheißene Land angezeigt worden ist, geht es darum, es in Besitz zu nehmen. Da werden die Zuverlässigkeit der Verheißung und die Ernsthaftigkeit der Entscheidung in Erscheinung treten.

Mit dem Eintritt in das erhoffte Land tut sich ein langer Weg bis zur Erfüllung der Sendung auf. Die Entscheidung wird sich an Hindernissen und Zweifeln stoßen, in denen sie „erprobt“ wird: Das ist die Versuchung. Doch wird der Entscheidung auch ihre Übereinstimmung mit der Welt, die Gott ihr bereitet, hundertfach vor Augen treten: Das sind die Zeichen. Sie wird integriert werden – eine weitere Geste der einzigartigen Arbeit, durch die Gott jeden von uns liebevoll gestaltet: Das ist erinnerlich, kommt in den „Sinn“, geistlicher Sinn für Geschichte. Die Entscheidung wird durch Versuchungen geläutert, die fortschreitend den göttlichen Willen in unserer menschlichen Großherzigkeit freilegen; sie wird angereichert durch alles, was ihr von der Welt her gegeben wird, sie findet sich bestätigt durch die Fortführung ein und desselben Gnadenplanes; aufgrund dieser Entwicklung offenbart sich ihre Wahrheit und findet sie Bestätigung in ihrer Umsetzung; schon der hl. Ignatius lehrt, dass „die Folge unserer Gedan-

---

* M. de Certeau, *Les lendemains de la décision. La ‚confirmation‘ dans la vie spirituelle*, in: Christus 14 (1957), 187–205; aus dem Französischen übersetzt von P. Andreas Falkner SJ, in: Geist & Leben 89 (2016), 317–327 u. 428–432.

ken“ (GÜ Nr. 333) es uns gestattet, die Natur unserer ersten Eingebungen zu erkennen. Die Tage nach der Entscheidung geben dem im Leben stehenden Menschen das Mittel an die Hand, den Willen Gottes besser zu erkennen und so die Kraft zu finden, ein Leben lang in Treue dazu zu stehen.

Die Versuchung

Nachdem Jesus den GEIST empfangen hatte, wurde er von ihm in die Wüste getrieben; durch den Willen des VATERS war er für die Sendung bestimmt und aufgrund der Zustimmung, die er gegeben hatte, „musste“ Jesus in die Wüste aufbrechen, an den Ort der kriegerischen Auseinandersetzung Israels, „um dort versucht zu werden“; nichts anderes ist das Los jedes Christen, dem Gott seinen Willen kund gemacht hat; dieser, zu dem der Vater gesagt hat: „Du bist mein geliebter Sohn“, eben dieser, „der erfüllt ward mit Heiligem Geist“, wurde durch diesen Geist auch in die Wüste geführt, „um vom Teufel versucht zu werden“ (Mt 4,1; Lk 4,1 f.), und im Zuge dieser Versuchung bestätigt.

Der Erwählte wird versucht, nicht wegen seiner Erwählung, sondern aufgrund der anvertrauten Sendung und des empfangenen Lichtes. Handelnd tritt er in das Reich ein; er nimmt den Widerspruch an: gerade das ist das Zeichen der Gnade. Wenn jemand im Kampf des Christen davon nichts spürte und keinen Widerständen begegnete, müsste es ihn beunruhigen; das ist normal. So begegnet man zu Beginn von Exerzitien, in die man mit Entschlossenheit eingetreten ist, mitunter plötzlich auftauchenden, heftigen Widerständen, die der Suche nach Gott in die Quere kommen. „Die Versuchung ist ein Privileg des auserwählten Volkes“[1], und jede Berufung eröffnet einen Kampf. Das lehren die Erfahrung und die Heiligen Schriften gleichermaßen.

Dieser Kampf wiederum findet immer statt. Nach der Entscheidung ereignet er sich immer im selben Bereich der Entscheidung. Was entschlossen in Angriff genommen wurde, beginnt sich an Hindernissen zu stoßen, die in dessen Bereich gelegen sind: Es geht nicht mehr um etwas wie Gefühle der Abwehr oder der Traurigkeit, die einen Augenblick das sehnsüchtige Gebet, den Willen Gottes zu finden und sich seiner GEGENWART zu überlassen, stocken ließen. Schwierigkeiten treten auf, die zur Wirk-

1 J. Guillet, *Thèmes bibliques*. Aubier 1951, 17.

lichkeit, in der man das Werk Gottes zu vollbringen sucht, dazu gehören. Widerstand kommt weniger von mir als von den Dingen selbst. Es fehlt nicht an gutem Willen! Im Gegenteil, ich möchte ja, aber die Umstände scheinen auf eine Illusion in der Entscheidung hinzuweisen. Die Welt, die nach den Exerzitien oder den Tagen der Stille vorgefunden wird – die persönliche Situation, die Nachbarn, die Familie, die alles verschluckende Arbeit, die sozialen Anforderungen, schwierige Menschen, charakterliche Gegebenheiten, diese Unbeständigkeit oder diese Trägheit, die durch feste Entschlüsse nicht anders geworden sind – alles setzt der Entscheidung einen hartnäckigen und lähmenden Widerstand entgegen. Die Dinge sind anders, als ich sie im Schweigen fernab von dieser Welt und voll von mir selbst in naiver Großherzigkeit gesehen habe. So einer Berufung widersetzen sich Verpflichtungen in der Familie oder gesundheitliche Rücksichten. Berufliche Erfordernisse oder der Charakter vereiteln eine entsprechende Organisation des Lebens. So ein apostolisches Engagement, so eine Ehe oder so ein Leben im Orden scheinen nach mehr oder minder langen Erfahrungen utopisch zu sein. Die Entscheidung ist zu ehrgeizig gewesen! In ihr wurden die eigenen Kräfte überschätzt und die Realität unterschätzt. Sie hatte nicht die Festigkeit dessen, was sie verändern wollte, sie ist an diesem Hindernis gescheitert. Das, was in der Entscheidung für den Willen Gottes gehalten wurde, ist nichts als Einbildung. Als wäre sie nichts gewesen als ein „Augenblick“, eine Eintagsfliege, weit entfernt von dem, was ich wahrhaft bin und wozu Gott mich haben will, ohne Kopf und Fuß. Da sie auf einem Augenblick aufsetzte, muss sie mit ihm vergehen: Wenn sich die Situation ändert, kann die Entscheidung nicht unverändert bleiben.

Die Versuchung, dieser Seelenbiss, hat zunächst einen negativen Aspekt: Sie greift unsere Sicherheit an und legt die Schwachstellen unserer Entscheidungen bloß. Doch die Vergeblichkeit, auf die sie in einem Punkt verweist, macht sich schnell in der Gegenwart breit. Denn was mit Recht an der Vergangenheit zweifeln lässt, führt unweigerlich auch dazu, die gegenwärtigen Eindrücke anzuzweifeln. Wie sollte dieses aktuelle Urteil über die Vergangenheit zutreffender sein als das, was eben jetzt bemängelt wird? Ja, es stellt sich selbst in Frage, weil es voraussetzt, dass wir uns heute an die Versprechungen zu halten hätten, die von Gott gekommen sind, und dass wir in Besitz nehmen könnten, wovon er gesagt hat, es uns geben zu wollen. Wir urteilen heute, wie wenn wir uns selbst in Besitz nehmen hätten sollen und folglich auch das, was Er uns für später gibt. Da liegen ein

Vergessen und eine „Zerstreuung", eine Ungeduld und eine Aufschneiderei vor, worin die Kirchenväter entsprechend der Heiligen Schrift den harten Kern jeder Sünde der Untreue gesehen haben. Der Irrtum, dass man glaubt, im Übernehmen einer Verpflichtung einen Fehlgriff getan zu haben, zeigt einen tiefer liegenden Irrtum an, eben einen, dem man verfällt, indem man sich für den einzig Verantwortlichen und für den einzigen Urheber hält. „Ihr werdet sein wie Götter" (Gen 3,5) – von dieser Art ist die Versuchung; sie halten sich in der Tat für Götter, die sich dessen anklagen, nicht jene Macht gehabt zu haben, die in Wirklichkeit uns nicht zukommt.

„Herr, ich bin bereit, mit dir sogar ins Gefängnis und in den Tod zu gehen" (Lk 22,33). Dafür hat sich Petrus entschieden. Doch die Versuchung beginnt offen zu legen, wieviel Anmaßung in dieser Großherzigkeit liegt und wie sehr alles schwach ist, was sich nicht auf Gott stützt, was „ihn nicht kennt" (Lk 23,57). Das, was in dieser Entscheidung nicht auf der Seite Gottes steht, entwickelt sich bald dahin, Gott zu verneinen und auf die Seite des Versuchers zu treten. „Simon, Simon ich sage dir, Satan hat darauf bestanden, euch zu sieben wie Weizen" (Lk 22,31): Die Versuchung führt in ein Gericht, nicht in das unsere, sondern in das Gericht Gottes, das in uns das scheidet und trennt, was von ihm ist, von dem, was nicht von ihm stammt.

Die Versuchung ist nicht nur negativ; sie vermag die Treue zu Höchstform zu führen; aus dem Vergangenen schält sie den Schatz, der darin verborgen ist, heraus; verstärkt zeigt sie den Gott, der sich schenkt; sie lässt die Absicht klar hervortreten, der man schon zugestimmt hat. Gewiss, in dem Maße, als der Glaubende in seinen Entscheidungen und in den Ereignissen Interventionen Gottes und Austausch mit ihm entdeckt, erhalten seine Zweifel und seine Unsicherheiten für ihn eine seinem Glauben angemessene und ernst zu nehmende Bedeutung. Er stellt nicht mehr das, was war, dem gegenüber, was jetzt ist, seine einst getroffenen Entscheidungen seinen gegenwärtigen Möglichkeiten, sich selbst seinem Selbst, sondern jene Gnade, die er empfangen hat, der offensichtlich entgegengesetzten Gnade, die für ihn die gegenwärtigen Umstände sind, Gott gegen Gott. In den Wechselfällen seiner Geschichte sucht er das, was sie ihn vom einzigartigen göttlichen Willen lehren, und er findet es nicht. Er versteht nicht mehr. Im Ereignis begegnet er einem Gott, den er nicht kennt und der den bisher so himmlisch erscheinenden Weg verstellt. Gott ist es, an dem er sich stößt: Von Gott her ist er daran gehindert, den Weg weiter zu gehen, auf den Gott ihn führte. Wie einst Jakob bringt er die Nacht zu, mit diesem „Gott“ ohne Gesicht und Namen am Fluss, dessen Wasser seinen Weg kreuzen, zu kämpfen. Irgendwer „kämpfte mit Jakob, bis die Morgenröte aufstieg. Als jener sah, dass er ihm nicht beikommen konnte, schlug er ihm aufs Hüftgelenk. Jakobs Hüftgelenk renkte sich aus, als er mit ihm rang.“ (Gen 32,25 f.) Damals erhielt Jakob den Namen Israel, „Dieser, der mit Gott gekämpft hat“ (V. 29): Diesen Namen gibt Gott dem Gläubigen und dem ganzen auserwählten Volk. Das Geheimnis dieses Kampfes taucht nochmals auf im letzten Von-Angesicht-zu-Angesicht Christi mit seinem Vater in der „Agonie“, während der Jesus, auf die Erde hin gestreckt, ausgepeitscht, blutüberströmt und in extremer Angst nicht mehr die „Stunde“ als die „Stunde“ zu erkennen vermag, für die er vom Vater geschickt ist und die er als die Seine erwählt hat. In dieser nächtlichen Leibhaftigkeit entäußert sich Jesus in eine Hingabe, in der er nicht mehr wissen will als den, der ihn liebt, – „du“ – gemäß dem Wort, das nach Matthäus und Markus das von ihm an den Vater gerichtete Gebet abschließt (Mt 26,39; Mk 14,36). Nicht mehr mein Wille, der ganz gewiss der deine ist, nicht mehr das, was ich weiß und ersehne von deinem Willen, sondern der, der er für dich ist: „Auf dass alles geschehe, wie du es willst, du.“ Dem entsprechend gibt es kein Christenleben, in dem eines Tages nicht auch eine „Agonie“, ein Kampf mit Gott, auszutragen wäre. Es gibt da keine Entscheidung, die für Gott getroffen wurde und die eines Tages nicht an Gott selbst Anstoß nehmen würde. Das kann ein Trauerfall, eine Krankheit, ein Ereignis, eine lähmende Schwäche, ein schwer wiegender Absturz usw. sein – und schon ist die Sicherheit infrage gestellt, die wir meinten, bei Gott und in seinem Willen gefunden zu haben. Dabei ist es Gott selbst, der dieses stets wünschenswerte Gleichgewicht umgeworfen hat: brutal, unvermutet, gleich einem Feind, wie ein Dieb kommt er, der unser Gut raubt. In unsere bisherigen Entscheidungen ist er eingedrungen als einer, der unter dem, was zu ihm hindrängt, und dem, was uns von ihm her zufällt, zu einer neuen Wahl auffordert. Letzten Endes ist Glaube eine Offenlegung des Herzens: Dem, was wir für es haben möchten, ist das vorzuziehen, was er in sich ist. Der Gegenstand der Wahl zeigt sich unverwechselbar: Gott. Das gesuchte ZIEL kleidet sich in das Mittel der Suche. Der Gott, dem wir folgen möchten, nähert sich, plötzlich.

Der Schock gelegentlich dieses Tatbestandes lässt alle Rede von dem, dass Gott sich bisher an uns gewandt habe, nicht verstummen. Vielleicht hindert dieses anfangs bezaubernde Aug‘ in Aug‘, es als fortdauernde Gnade zu verstehen; leise Gewissensbisse stellen sich ein, wenn wir feststellen, dass solche Sehnsucht nach erfüllter Berufung in geheimnisvoller Weise einen verfrühten Tod oder ein apostolisches Leben in größerer Dichte auf einem anderen Weg vorbereitete, dass diese sterile eheliche Verbindung sich einem viel engeren Zusammenspiel in reichhaltigerer Liebe usw. öffnet. Die Entscheidungen werden gebrochen, damit sie, ohne verneint zu sein, wieder aufgenommen werden. Nach einigen Jahren der Ehe oder des priesterlichen Lebens ist es nötig – eben aufgrund dieser Krisen und dieser Versuchungen – sich wieder zu verheiraten oder von neuem sich zu weihen, nicht auf eine andere Weise, wohl aber viel tiefer. Diese Neuanfänge bestätigen die ersten Entscheidungen, deren wahre Natur in der „Versuchung" offenkundig werden; eben deshalb sieht der hl. Ignatius in der ersten der beiden Wochen, die dazu gedacht sind, die Wahl zu „bestätigen", eine Betrachtung der Agonie und des Todes Jesu vor: Die brutale Begegnung mit Gott endet in Bestätigung und einem Übermaß von Licht. In Getsemani hat Jesus die Bestätigung erfahren: „Da erschien ihm ein Engel vom Himmel und gab ihm Kraft" (Lk 22,43), wie Jakob am Ende seines Kampfes mit Gott gesegnet wurde (Gen 32,30). Versuchung zielt nicht darauf ab, Petrus von seinem Plan, Jesus zu folgen, abzubringen, sondern sie führt dahin, in Wahrheit dem zu folgen, der allein ihn treu machen kann – so sehr und so weit, dass der Gefestigte schließlich selbst „seine Brüder festigen" (Lk 22,32) kann.

Die Versuchung ist ein Geheimnis der Entscheidung und der Offenlegung.[2] Etwas muss untergehen: Das Vertrauen und die Sicherheit, die wir aus uns selbst schöpfen. Und etwas drängt sich auf: Genau das, was wir möchten, aber ohne uns schon ganz klar geworden zu sein, dass wir Nahrung brauchen, die nicht von uns ist, wenngleich sie für uns ist.

Die Zeichen

Schon die Versuchung ist ein Zeichen Gottes: Er ist es, der unsere Sichtweisen hinterfragt, er ist es, der die seinen offenbart. Aber jedes Zeichen bleibt eine Versuchung: Weil es Wort Gottes ist, weicht es von unseren Worten ab; weil es von oben kommt, deckt es sich nicht mit unserem Ver-

2 Als Beispiel seien angeführt die „Erprobungen" oder „Experimente", die man die Novizen aller religiösen Orden machen lässt im Zuge der Überlegungen, wie sicher die Berufung denn sei, die sie an die Schwelle des Ordenslebens geführt hat. Die Absichten Gottes offenbaren sich für jeden in diesen Versuchungen. So rät der hl. Ignatius, die Novizen auf dieselbe Weise zu prüfen, wie Gott Abraham geprüft hat (MHSJ, Const. II, 367; P. III, c. 1, n. 31).

ständnis von Welt und ist diesem verdächtig. Man stößt sich also an dem, was man wider Erwarten findet. Die dem Glauben gegebene Zusicherung wird nicht zu menschlichem Besitztum, sie ist Antwort auf die Fragen des Glaubenden, aber auf einer anderen Ebene, in der Weise Gottes.

Eine Frage bleibt: Diese Ordnung, die sich sehr bestimmend aufdrängt, kommt wohl von Gott, aber „Wie geschieht denn das?" So etwas ist unmöglich, sagt Moses; das Volk glaubt mir nicht; ich habe keine Autorität; ich bin ungeeignet, „Ich bin keiner, der gut reden kann, (...) mein Mund und meine Zunge sind schwerfällig". (Ex 4,10) Die Wirklichkeit, die die Welt ist und die ich bin, bildet ein Hindernis, dessentwegen meine Treue nicht zum Ziel kommt. Es genügt nicht, seinen Willen klar zu sehen, man muss ihn erfüllen können. Sollte somit eine Unmöglichkeit auf der einen Seite nicht beweisen, wie sehr eine solche Klarheit trotz allem illusorisch war?

Doch die Entscheidung ist getroffen; das steht fest. Auf beiden Seiten ist interessierte Beteiligung vorhanden. Jede neue Beziehung – ähnlich wie nach der Taufe oder nach der Hochzeit – ruht auf diesem wechselseitigen Engagement – „Du hast es gesagt" und „Ich habe es geglaubt". Das Versprechen, empfangenes und gegebenes Wort, ist von jetzt ab die Grundlage der Beziehungen zwischen dem Gläubigen und Gott; der besondere und persönliche Bund, den beide Seiten in der Entscheidung eingegangen sind, gibt von nun an die Regel der Existenz und des Handelns vor. Davon ausgehend ist die Bestätigung zu suchen. Anderswo suchen zu wollen, entspräche dem Wunsch, getäuscht werden zu wollen: Die Begleitumstände der Entscheidung werden immer Ausflüchte sein; sie vertiefen Zweifel und verschärfen offene Fragen eher, als dass sie zu Lösungen führen; indem sie ablenken, führen sie in die Irre. Die Bestätigung der Sendung kann nur aus der Sendung selbst kommen; sie ist exakt Gegenstand der Entscheidung, nicht andere Werke oder andere Möglichkeiten; sie verlangt nach Festigung und Bestärkung. Die neuen Gaben kommen von den ersten Gaben, einzig dieser Verlauf versichert es uns, den Willen Gottes zu tun und mit der Treue des Allmächtigen in Verbindung zu stehen. Das, was der Christ erwartet, ist das, was er zu empfangen begonnen hat; er sucht noch, was er schon gefunden hat und weil er es gefunden hat.[3]

---

3 „Du, oh du! Schenke mir die Kraft, dich zu suchen; du, der du mich geschaffen hast, dich zu finden, und der mir die Hoffnung geschenkt hat, dich zu finden mehr und mehr (...) Da, wo du mir aufgeschlossen hast, empfange mich, wenn ich eintreten will", sagt der hl. Augustinus im Schlusswort von *De Trinitate* XV, 28, 51.

„Du hast es gesagt: Ich kenne dich bei deinem Namen und habe dir meine Gnade geschenkt. Wenn ich aber wirklich deine Gnade gefunden habe, so lass mich doch deinen Weg wissen! Dann werde ich dich erkennen, und es wird sich bestätigen, dass ich deine Gnade gefunden habe" (Ex 33,12 f.). Das Versprechen garantierte Mose eine Zukunft, die das Verheißene möglich machte. Das ist es, woran der Prophet, der bei der Durchführung in Schwierigkeiten gerät, seinen Gott erinnert. Ebenso ist jede Entscheidung ein Akt solchen Glaubens, der „die Garantie der Güter ist, die man erhofft" (Hebr 11,1): Jemand, der treu sein will und der den angezeigten Weg geht, sucht nach dem, was ihm gegeben werden muss, damit er weiter gehen kann; gerade dieser wird empfangen, was er erhofft und wird bestätigt werden in seinen Entschlüssen, wenn Gott wirklich will, dass er dazu in Treue stehe. Die Bestätigung muss also eine objektive Gestalt haben: Es geht ja um die Verwirklichung und nicht um neue Sehnsüchte oder Erleuchtungen. Es braucht Zeichen. „Woran, fährt Mose fort, soll man erkennen, dass ich zusammen mit deinem Volk Gnade gefunden habe? Doch wohl daran, dass du mit uns ziehst." (Ex 33,16) Gott muss uns die Mittel geben, das Versprochene wirklich umzusetzen. Er macht sich auch daran, schon durch unsere Geschichte auf die Bewegungen, die er eingegeben hat, zu antworten. Er passt die Welt Aufrufen im Innern an; aus unseren Schritten lässt er den Weg erstehen, den er uns gezeigt hat. Sein universelles Werk bringt er mit dem Werk, das er durch uns vollbringen will, in Einklang. Das Wort, das im Herzen gehört wurde, wird in die Tatsachen eingetragen: das sind die Zeichen.

Diese Erfahrung machen die Jünger, die ausgesandt wurden und sich ganz auf das Wort Jesu verlassen, als sie sich auf den festen Grund ihres Glaubens und auf die Wirklichkeit der Macht, an die sie geglaubt haben, stützen. Sie stellen fest: In der Tat, die Kranken sind geheilt, die Herzen öffnen sich dem Reich, und die Dämonen sind vertrieben. Das, was ihnen aufgetragen und angekündigt wurde, hat sich erfüllt. Jesus ist mit ihnen in geheimnisvoller Weise unterwegs, und die Ereignisse erweisen die Wahrheit seines Wortes. „Die Zweiundsiebzig kehrten zurück und berichteten voll Freude: Herr, sogar die Dämonen gehorchen uns, wenn wir deinen Namen aussprechen!" (Lk 10,17) Das Wort, durch das er sie ausgesandt hat, erwies sich machtvoll. Seine Wirkmacht wie auch „der Trost", der damit einhergeht, bestätigen die Entscheidung und ihren Aufbruch im Glauben.

Doch worin bestehen heute die Zeichen? Wie wirklich sind sie und wie können wir sie finden? Denn im täglichen Leben bin doch ich es, der in den Ereignissen ihren Sinn liest und sagt, worin nach meiner Einschätzung „ein unverhoffter Hinweis“ zu sehen sei. Und wenn ich „alle Verantwortung der Entzifferung übernehme“, wenn diese Ereignisse nicht mehr denselben Sinn haben, sobald sie von anderen gedeutet werden, wieviel Glauben soll man der Bestätigung aus dieser Lektüre schenken? Worin könnte denn dieses Zusammentreffen, Geglücktes und Missglücktes, mich den Willen Gottes erkennen lassen und mir es versichern, im Genuss Seiner Macht zu stehen?

Ein erster Aspekt des Zeichens: Die innere Bewegung nimmt Gestalt an, die Eingebung wird ein Ereignis, das gehörte Wort verwirklicht sich gegenständlich und beweist dadurch seine Realität. Der innere Akt der Entscheidung wird ein äußerer Akt, ein sichtbares Ereignis des Reiches. Das „innere Licht“ konstituiert und gestaltet seine objektive Entsprechung. Im Maße des Fortschreitens und in dem Maße, als der Christ die Gabe empfängt, das zu erfüllen, was ihm eingegeben wurde, erkennt er fragmentarisch, aber mit Sicherheit Übereinstimmungen von seiner Entscheidung und den Fakten. Er entdeckt das Universum seines Herzens. Etwa die Entschlossenheit, sich nicht zu sehr zu sorgen um seine eigenen Ängste und einfach zu handeln entsprechend dem, was man ist, oder in einer anderen Perspektive sein Leben der Sorge um die Kranken zu widmen oder für soziale Gerechtigkeit einzutreten, muss, wenn es der Wille des Herrn ist, auf Umstände treffen, wo exakt diese Entschlossenheit zur Geltung kommt und ihre geistliche Erfüllung finden kann. So lassen uns also die Ereignisse selbst sagen: „Das ist in der Tat das, was ich tun soll“, „Das ist das, was Gott will“.

Die Zeichen wiederum machen das Geistliche in der Welt deutlich; das ist der andere Aspekt, unter den man sie anschauen kann. Dinge und Ereignisse sprechen zu uns von Gott und kommen von ihm her auf uns zu; nach und nach werden sie für uns in sein WORT verwandelt, und diese voranschreitende, noch unvollkommene Veränderung des Universums erscheint uns in der Form dieser vielfältigen und andeutenden Zeichen; wahrnehmbar sind sie für den Glauben, der in der Welt das sieht, was sie wird. Der Christ, der an dieser Verwandlung durch die Sendung teilhat, die ihm anvertraut ist, spürt Einverständnis mit dieser insgeheim sich vollziehenden Umwandlung. In diesem WERK der Umwandlung ist der Christ zuhause, hat ihr schon in seiner eigenen Entscheidung zugestimmt. Er beginnt die unzähligen Übereinstimmungen dieses einzigartigen Handelns Gottes zu begreifen; wiederum dank seines Glaubens begreift er eine vielfache, durchaus erhellende Stimmigkeit der einen göttlichen Sprache, was für andere einfach bedeutungslos ist.

Der Geist gestaltet die Welt, und die Welt wird zur Offenbarung des Geistes. Das bezeugen Tag für Tag die Zeichen; dadurch wird der Glaube bestätigt. Es ist das Handeln Gottes im Universum; es sind seine „Werke", eben „Zeichen" für die Jünger und für Jesus gemäß der Sicht des vierten Evangeliums. Das Werk Gottes erweist sich ohne weiteres in der Erfahrung, die wir damit machen. Da das Werk Gottes das Reich des Geistes konstituiert, ist es genau genommen die Kirche, die geistliche Welt, die durch die Macht der Auferstehung ins Dasein gerufen wird.[4] Die Struktur des Zeichens verweist in sich auf dieses Reich, dessen Kommen es anzeigt und dessen Besitz es uns zusichert. Es versichert uns durch die Erfahrung, die wir damit machen, dass unser Werk Platz hat in diesem WERK des Vaters und wir dank der uns gewährten Umsetzung der Entscheidungen im gelobten Land eingetroffen sind.

Die Zeichen werden in dem Maße immer weniger vieldeutig sein, als sie verbunden sind mit dem sichtbaren ZEICHEN, das die Kirche ist. Die Bestätigung, die sie uns bringen, gewinnt dadurch ohne weiteres an Sicherheit. Je enger das Zeichen mit der sakramentalen Ordnung, durch die Gott seine Absichten und Pläne dem Glauben evident macht, verbunden ist, umso mehr bekräftigt es diesen Glauben im Hinblick auf das, was er erhofft. Einige Beispiele, genommen aus den Reihen dieser Menschen der Aktion, die die ersten Jesuiten waren, gestatten uns, das festzustellen, was man davon bei allen Aposteln sehen kann.

Es ist nutzlos auf die apostolische Aktivität selbst zurückzukommen, in der bei der Umsetzung der Entscheidung viele Hinweise den Glaubenden versichern, dass zur Welt Gott ihnen „die Türe öffnen werde". Die Bestätigung kann aber von der Gemeinschaft selbst kommen oder von ihrem Diener, dem Priester, Beichtvater oder Oberen. Die Wahl des hl. Ignatius zum Oberen der Gesellschaft Jesu ist in dieser Hinsicht eine aufschlussreiche Geschichte. Jeder von den ersten Gefährten hat ihn als Oberen gewählt, doch Ignatius verlangt nach „einer größeren Bestätigung". Er empfiehlt ihnen zunächst, gemeinsam zu beten und länger zu bedenken, was „der größere Nutzen für alle sei"[5]. Den Eingebungen und den

4 Die Bestätigung ist auch in der Vierten Woche der Geistlichen Übungen verbunden mit der Betrachtung von der Auferstehung und den Anfängen der Kirche.

5 Vergleiche den Bericht zu dieser Wahl in MHSJ, Font. Narr. I, p. 17 sq., oder die Details und Überlegungen, die Nadal hinzufügt, Font. Narr. II, p. 102.

persönlichen Erfahrungen sollen Betrachtung und Gebet in Gemeinschaft zum gemeinsamen Wohl nachfolgen; die Gemeinschaft soll die „größere“ Bestätigung bringen. Damit ist aber Ignatius nicht zufrieden. Auch diese zweite Entscheidung zweifelt er an und beruft sich auf den öffentlichen Repräsentanten der Kirche, seinen Beichtvater Pater Theodosius. Das wiederholte Geheiß des Priesters (diese Wiederholung beweist ja auch den göttlichen Charakter dieses Hinweises) ist schließlich das sichere Zeichen des göttlichen Willens. Bei anderen Gelegenheiten ist es die Weisung des Oberen, der beim Untergebenen die inneren Bewegungen des Geistes bestätigt; in verstärktem Maß gilt das von einer Weisung, die von einer höheren Autorität in der Kirche kommt oder die „in heiligem Gehorsam“ gegeben wird. Die Rangordnung der Bestätigung folgt jener der sichtbaren Repräsentanten Christi.

Die Bestätigung höchsten Grades kommt also von der gesamten Kirche oder von dem, der in ihr die Autorität besitzt. Auf diese Weise sind die wichtigsten Entscheidungen, die bedeutendsten geistlichen Orientierungen sichtbar bestätigt; so etwa die religiösen Orden. Die ersten Väter der Gesellschaft Jesu – um nur ein Beispiel zu nennen – wurden in ihrem Vorhaben von neuem bestätigt durch die Zustimmung, die der Papst dazu gab; das ist von jetzt an für sie das, was „unser Herr uns eingegeben hat, und das, was der apostolische Stuhl bestätigt und gebilligt hat“[6]; mit gutem Grund können sie in dieser Bestätigung, die vom Repräsentanten des Gnadenuniversums[7] ausgesprochen und in der ihr treues Handeln gekrönt wurde, als endgültige Bestätigung ihrer „Lebensweise“ und einer Entscheidung, die vor mehreren Jahren getroffen wurde, anerkennen. Sie sind sich dessen gewiss, dass Gott ihnen den Gegenstand seines Versprechens anvertraut und ihr Angebot als das Seine annimmt: Er gibt ihnen somit das, was er in ihnen angeregt hat. Die Erklärung Pauls III. besiegelt und vollendet Gottes Werk; für sie ist diese gleichermaßen Zeichen und Gabe. „Durch die Stimme seines Stellvertreters auf Erden“ bestätigt der Herr die Stimme, die sie schon in ihrem Herzen gehört hatten.

---

6 *Deliberatio Primorum Patrum*, 3, in: MHSJ, Const. I, p. 4.

7 Die privilegierte Rolle des Papstes in der von der Gesellschaft Jesu gesuchten Bestätigung ist immer in Beziehung zu setzen mit seinem universalen Charakter: Der Papst verfügt über die authentische Stimme, weil er Zeuge der Gesamtheit ist, er repräsentiert die universale Präsenz Gottes, die nicht trügerisch sein kann. Diese Erfahrung hat mit dem theologischen Prinzip der päpstlichen Unfehlbarkeit zu tun – die nach Bischof Gasser – nichts anderes ist als die Universalität (vgl. Mansi, t. 52, 1212 f.).

Schließlich rückt das Zeichen ganz in die Nähe des Sakramentes, das dem Glauben den Zutritt zum REICH gewährt, der Hoffnung die Kraft gibt zu erwarten und der Liebe ihre Wirksamkeit verleiht. Die Beziehung, die zwischen dem inneren Anruf, der vom Herrn ausgeht, der Entscheidung, die darauf eingeht, und der Bestätigung, die diese ratifiziert, führt in Wirklichkeit das fort, was der heilige Paulus hervorhebt, wenn er in drei Worten den gesamten Weg des Glaubens zusammenfasst. Er spricht von der Erscheinung des Herrn, dem Glauben, der darauf antwortet, und der Taufe, die diesen Bund in der Kirche Christi besiegelt: „ein Herr, ein Glaube, eine Taufe" (Eph 4,5). Jedes Sakrament ist eine göttliche Antwort auf eine innere Bewegung, die schon von Gott kommt, und die ihre geistliche und apostolische Fülle in der objektiven Welt Gottes erhält. Es bestätigt das, was Gott im Innern begonnen hat, und wartet darauf, dass Gott kröne, was er auch tut. Es offenbart im einzigartigen WERK des Heils seinen einzigen URHEBER, den Gott des Herzens und den Gott der Welt; der heilige Paulus fügte diesen drei zusammenfassenden Worten die Erwähnung dessen hinzu, der die Grundlage dieser wachsenden Bestätigung des lebendigen Glaubens abgibt: „Ein Gott und Vater aller, der über allen ist, durch alle und in allen" (Eph 4,6). Das Zeichen bietet uns Bestätigung, weil es uns in Wirklichkeit am REICH teilnehmen lässt, in dem wir gerufen sind zu dienen und das für uns eine Gabe Gottes durch die Kirche[8] ist. War das nicht schon eine Erfahrung der ersten Jünger Jesu?

Das „Gedächtnis"

Die Versuchung, die den wahren Gehalt der ersten Entscheidungen offenlegt, gestattet eine fortschreitende Vertiefung der Vergangenheit: Sie schließt nach und nach den Tresor auf, den Tresor des göttlichen Willens, der sich in ihr schon andeutete. Auch das Zeichen deutet eine Kontinuität zwischen Vergangenheit und Gegenwart an: „Ich werde mit dir sein, sagt Gott zu Mose, und das ist das Zeichen, an dem du erkennen wirst, dass deine Sendung von mir kommt" (Ex 3,12). Das Zeichen wird ihm gegeben: Die Gegenwart wird bestätigt durch die Vergangenheit. So ist

8 Von da ausgehend wird man die enge Verbindung, die zwischen den Regeln der Unterscheidung der Geister und den Regeln des Fühlens mit der Kirche (s. GÜ 313–336 bzw. 352–370) gegeben ist, verstehen: Die subjektive und die objektive Norm des Geistes verweisen aufeinander. Letztlich ist es die Realität der Kirche, die die inneren Eingebungen für echt erklärt und bestätigt.

auch die Ankunft des Geistes für die Apostel das erwartete Zeichen, Bestätigung der Sendung, die sie erhalten haben. Ein Werk der Einigung ist zu beobachten, vielleicht ohne dass wir es ahnen, – ein Werk sammelnder Zusammenführung.

Die Arbeit, die in uns geschieht, wahrnehmen und das unaufhörliche Handeln Gottes anerkennen, das ist die Eigenheit dieser geistlichen Fähigkeit, die man das „Gedächtnis" nennt. Die Brüche, die die brutalen Offenbarungen des Herrn kennzeichnen, und die Handlungen, die weitere Anzeichen sind, deren Netz die Großartigkeit des REICHES ahnen lässt, in dem wir angenommen sind, erlangen nach und nach eine Einheit, die den einzigen URHEBER dieser aufeinander folgenden Gaben offenbart. Das Gedächtnis meint Vertrautheit mit dem Wirken Gottes in uns; deshalb wendet es sich gern an den Vater, den Quell allen Handelns.

„Die empfangenen Wohltaten von Schöpfung, Erlösung und besonderen Gaben ins Gedächtnis bringen, indem ich mit vielem Verlangen wäge, wieviel Gott, unser Herr, für mich getan hat und wieviel er mir von dem gegeben hat, was er hat" (GÜ Nr. 234). Gott teilt sich mit durch seine eigene Geschichte. Das biblische Gebet verbindet den „Gott Abrahams, Isaaks und Jakobs" durch die Erinnerung an die Großtaten, die die Zeugen und Garanten seiner unaufhörlichen und beständigen Treue sind. Die Liturgie wiederholt vertiefend diese Gesten Gottes, indem sie „vergegenwärtigt" werden, ohne dass sie neu gesetzt werden müssen: Sie verlängern ihre Wirkungen, und wir erinnern uns an sie, ohne dass sie neuerdings geschehen müssten. So entdeckt das Erinnern unter all den Gaben, die uns gewährt sind, die eine Gabe.

Die Gläubigen nehmen Bezug auf diese biblischen „Vorbilder", auf Moses, das Volk in der Wüste, auf die Berufung des Jesaja, den Knecht Jahwes usw., weil es da tatsächlich lebendige Verbindungen mit Gott gegeben hat. Zudem hören diese Verbindungen nicht auf zu existieren. In der Messe, dem einzigartigen Geheimnis von Tod, Auferstehung und Pfingsten und dem den Gläubigen eigenen Geheimnis werden diese Verbindungen neu gesetzt. Auf diese Weise werden sie auf die „typischen" Gnaden ihrer eigenen Geschichte verwiesen. Dabei kommen sie darauf zurück, als würden sie dem Sakrament ihres eigenen Bundes mit Gott begegnen: Jeder neue Schritt findet die alten Tritte. Es ist immer derselbe Gott, der kommt.

Der stets Getreue kommt, um dieses Band des Bundes neu zu knüpfen, gegen das wir untreu geworden sind; immer wieder verzeiht er uns und beginnt von neuem mit uns. Die Erinnerung an Sünden wird zur Erinnerung an seine Barmherzigkeit; wenn wir dieselben Fehler begehen und diese als solche in einer Monotonie gestehen, die an die Fortdauer dessen, was wir sind, erinnert, dann bekennen und anerkennen wir darin die wiederholten und unaufhörlichen Gesten dessen, der uns in der Liebe wieder herstellt, die zu seinem Werk zurückkehrt und fortfährt, aus uns das zu machen, was wir noch nicht sind. Selbst die Wiederholung der Fehler verweist auf seine Absichten und sein Handeln an uns aufgrund der besonderen Wiederholung seines Erbarmens; ob es nun abgewiesen oder anerkannt wird, es wird auf vielfache Weise in der Kirche gewährt und bezeichnet. Die Versuchungen und die Zeichen stellen sich nach und nach im Gedächtnis ein, das gleichsam das Bewusstsein der geistlichen Erfahrung ist, unsere zu Kontemplation gewordene Geschichte. Ein und dieselbe Gnade findet sich überall – diese, die unser ganzes Leben definiert und uns aus der Höhe zukommt. Die Einheit unseres Lebens ist eng verknüpft mit der Beständigkeit seiner Gaben, und jedes Ereignis bekommt so seinen Sinn und seine Bestätigung. Die Zeit ist ja die Fortdauer der Gnade.

Confirmata est misericordia Domini super nos – „aufgerichtet ist das Erbarmen des Herrn über uns". Dieser Vers ist tausende Male meditiert worden! Das Gedächtnis führt uns zu Gott selbst zurück. Es ist ein „Zurück" zu Gott, ein Aufstieg zu ihm, jenseits von allem Objektiven und jedem Zeichen. Es bildet sogar die Bewegung des Sohnes ab, der, sein Leben zusammenfassend, „zum Vater aufsteigt" (Joh 20,17). Es vollendet das Werk der Versuchung, weil es auf das verzichtet, was wir von Gott besitzen, um nichts zu suchen als ihn. Das Gedächtnis ist die Wahrheit des Zeichens, weil es Gott in seinen Werken findet. Es anerkennt im Herrn den, der sich unseren Unternehmungen entzieht: „Halt mich nicht fest" (Joh 20,17). Und den, der in uns gegenwärtig wird, indem er uns an seiner Sendung teilhaben lässt: „Wie mein Vater mich gesandt hat, so sende ich euch" (Joh 20,21). Bis in die kleinsten Momente täglichen Handelns wird Gott empfangen und erkannt: Er ist GNADE, und unsere ganze Sicherheit besteht darin, dass wir stets um ihre Unentgeltlichkeit wissen. Nicht das, was wir von ihm sehen, stärkt uns, sondern das, was uns seine Barmherzigkeit in ihrer Treue zu unseren Wegen zeigt.

Das Gedächtnis nimmt den Platz von Zeichen ein, es ist die Quelle aller Zeichen. „Selig jene, die glauben, ohne gesehen zu haben" (Joh 20,29). Nicht als müsste man ohne Zeugnisse glauben, doch das Werk Gottes ist ein viel größeres und dichteres Zeichen als alle anderen. Das vierte Evangelium macht es uns verständlich, weil es zeigt, wie Johannes, am leeren Grab angekommen, „sieht und glaubt"; nachher ebenso Petrus; „sie hatten nämlich noch nicht verstanden, dass nach der SCHRIFT – d.h. nach der ganzen Heilsgeschichte und gemäß den Plänen, die sich darin zeigen – er von den Toten auferstehen sollte" (Joh 20,8 f.). Sie brauchten kein weiteres ergänzendes Zeichen, sie hatten die Erinnerung an die Wege Gottes. Der geistlichen Sinn der Geschichte lässt diese Weise Gottes erahnen und annehmen, das anerkennen, was ihr konform ist, und auf dem Weg andauernden Erfahrens seine Weise des Handelns mit uns erspüren.

Wer auf die Bestätigung verzichtet, findet sie. Wer so zu Gott allein aufsteigt, wird von Gott an das Werk herangeführt, was dieser in ihm vollbringen möchte. Damit der Glaubende Einsicht in dieses Mysterium bekomme, muss er die Himmelfahrt meditieren, die in der Überlieferung einer von den Theologischen Orten der Reflexion auf die Kirche ist und dem Charisma christlichen Handelns in dieser Welt.[9] Die Himmelfahrt ist kein Abschied: Sie vollendet die Menschwerdung, weil Christus, der alle Zonen des Universums durchschreitet, sein Erbe in Besitz nimmt, um daraus das Instrument seines heilbringenden Handelns zu machen. Von jetzt ab vereint er in sich den Himmel und die Erde. Zum Vater zurückkehrend versichert er den Seinen, bis ans Ende der Zeiten bei ihnen zu sein, und dass ihm „alle Macht gegeben ist im Himmel und auf Erden" (Mt 28,18); er segnet sie, indem er sie mit den Gaben seiner Gegenwart überhäuft, und wird in den Himmel aufgenommen (Lk 24,51). „Er stieg hinauf zur Höhe (...) Er gab den Menschen Geschenke" (Eph 4,8); „er ist hinaufgestiegen bis zum höchsten Himmel, um alles zu erfüllen" (Eph 4,10).

Der Apostel, der an der Sendung Christi teilzunehmen sucht, muss auch zum Vater hinaufsteigen und wird in dem Teil des Universums, der ihm zugedacht ist, die Gegenwart dessen finden, den er sucht. Er muss zu Gott selbst zurückkehren, um in der Welt bei Gott zu sein. Wenn er bloß darauf sinnt, Gott „anzuerkennen, ihn zu loben und zu dienen", einzig besorgt um das Ziel, das er sucht, wird er zusammen mit dem Sohn, der zum Vater aufsteigt, eingegliedert sein in das Geheimnis des Werkes des Vaters in der Welt. Er wird auf die „Herablassung" des Allerhöchsten treffen.

Im Moment, da die Bestätigung uns zu Gott zurückführt, bringt sie uns auch unserem eigenen Handeln näher; das lässt uns schließlich auf die

9 Vgl. schon den ganzen Abschnitt in Eph 4,7–16. Das gibt auch dem *Suscipe* seinen Sinn und der *Betrachtung zur Erlangung der Liebe*, die in den GÜ den Abschluss der Bestätigung bilden.

Natur der Entscheidung, die sich bestätigt findet, und die für die Bestätigung notwendige Dauer zurückkommen.

Ungeachtet aller Vorsichtmaßnahmen und trotz geistlicher Hinweise bleibt jede Entscheidung ein Risiko; und sie muss es sein. Der Christ setzt dabei mehr ein, als er ist; er „hat“ es nicht in sich, woraus er seine Treue zu dem, was er entschieden hat, schöpfen könnte: Die Hindernisse und sein eigener Widerstand bleiben für ihn unvorhersehbar. In jedem Akt „übersteigt der Mensch den Menschen“; er setzt mehr ein, als er sieht, und mehr, als er ist, ohne von sich und von der Welt das Ganze zu sehen. Wenn er größer ist als das, was er tut, stammt das von einer Größe, die er nicht besitzt. In jeder Entscheidung, für die er die Hand ins Feuer legt, verspricht er sich als ein Wesen der Hoffnung und vertraut auf eine Kraft, von der er zunächst Anteile erhalten hat, die ihm als hinreichend sichere Zeichen gelten. Wartend auf Gottes Treue erstarkt er in seiner Passivität; er hat den Mut, zu glauben an das, was Gott will. Sein Akt ist ein Akt des Glaubens. Das Leben, das er beginnt, ist ihm verheißen, bleibt aber „verborgen mit Christus in Gott“ (Kol 3,4). Es ist ihm selbst genau in dem Moment geheimnisvoll, da er sich einsetzt.

Das Leben erfüllt die Hoffnung des Menschen erst bei der Erfüllung der Verheißung, „wenn Christus, unser Leben, offenbar wird“ (Kol 3,4).

Auch die Wahrheit des Christen zeigt sich in geschichtlicher Weise: Er findet eine wachsende Bestätigung im Nacheinander eines Verlaufes, in dem mehr und mehr das Ungeschuldete und das Unvorhersehbare der göttlichen Treue hervortreten. Die Zuversicht erwächst aus einem Voranschreiten, nicht aus einem Besitz, sondern in der Abhängigkeit; die Zuversicht ist nicht eine langsame Wahrnehmung einer Notwendigkeit, sondern die Erfahrung einer GROSSHERZIGKEIT, die uns in ihr wohnen und von ihr leben lässt. „Meine Macht, sagt Gott, entfaltet sich in der Schwäche“ (2 Kor 12,9). Nach langem Tasten und einem minutiösen Aufzählen seiner nach und nach empfangenen Gnaden verfasst der heilige Ignatius für die Geistlichen Übungen jene Seite, die die Struktur beschreibt und die „Grundlage“ seiner Erfahrung offenbart: Das ZIEL ist es, dass die Mittel hervorbringt.

Jeder Christ erkennt in der Verworrenheit seines Lebens und unter den vielen Zufällen oder Gnaden den einzigartigen Plan für sich, nach dem er erschaffen ist und der ihn „vom Mutterschoß“ an anzieht. Er ist geliebt, und diese Liebe gestaltet ihn. Vom ersten Tag an ist er von Christus „erreicht“, der zu ihm niedergestiegen ist und der ihn zum „Ziel“ seines Erdenlebens gemacht hat. Er soll nun in seinem eigenen Leben auf das zugehen, was sein Herr aus ihm macht und ihm schenken will. Die Erfahrung dessen, was er in diesem Leben empfängt, ist die Bestätigung seines Glaubens: Er weiß, an wen er glaubt.

Die Erfahrung, die die Gegenwart des ZIELES, Gott, im Nacheinander aller Gnaden anerkennt, die uns zu ihm führen und seine Annäherungen signalisieren, kommt erst zu ihrer „Vollendung" im Moment des Todes, – wenn der Einbruch des ZIELES so total ist, dass er jeglicher Entwicklung ein Ende setzt. Ein Neubeginn wird gestiftet, in dem sich die Gnade, die uns langsam gebildet hat, für immer erweist. Zuvor bleibt ihr Erweis unveröffentlicht und partiell; immer unvorhersehbar, weil Gott uns übersteigt und weil wir in den einzelnen Ereignissen nie das erfassen, was Gott uns darin offenbart und wie sehr er seinem Handeln in uns treu ist; immer unvollkommen, weil unser eingeschränktes Fassungsvermögen dieser Offenbarung und dieser Macht Gottes derart Grenzen setzt, dass auf die größte geistliche „Zuversicht" oft Krisen und Nächte folgen, an deren Ende dieselbe Berufung, allerdings vertieft, wieder sich zeigt.

Dieses Risiko und diese Glaubensgewissheit erreichen ihre stärkste Intensität im Tod; alles wird infrage gestellt in dem Augenblick, da das Werk Gottes in uns für immer bestätigt wird. In dieser letzten Stunde der Versuchung, des Zeichens und der Vereinfachung offenbart die Bestätigung den Wert, den sie hat: keinen – wenn wir uns darin auf uns stützen, wir sterben ja; einen absoluten – wenn wir uns darin auf Gott verlassen, der uns in sein Leben ruft.

„Ein anderer wird dich gürten" (Joh 21,18). Einzig und allein Gott, der uns durch einen Tod und eine Auferstehung erschafft; beides dauert ein Leben lang, das durch Gottes Willen begonnen hat. Jede Entscheidung bedeutet eine neue, im Gebet den Geheimnissen Christi folgende Zustimmung zu diesem Plan. Die Bestätigung, die die Gnade der Erwählung erneuert und stärkt, lässt diesen Weg wieder gehen und diese Geheimnisse neu entdecken, jedoch in einer Geschichte, deren geistliche Erfahrung wir im Nacheinander der Tage machen. Das innere Leben wird gegenständlich; in der Existenz jedes Christen wiederholt sich das von neuem in den Phasen des Gebetes und der Zurückgezogenheit, weil diese ja zur Existenz Christi gehören, wie sie von den Evangelien erzählt werden. Die Entscheidung erlangt somit in dem Maße ihre Reife, in dem sie sich auch an Gott stößt, aber an einen Gott, der immer mehr durch die Welt sich schenkt, um jede und jeden entsprechend dem wirkmächtigen Wort zu führen und ihn seiner einzigartigen Berufung anzupassen.

Das, was sich durch die Versuchung als göttlich offenbart, zeigt sich uns durch die Zeichen als die Wahrheit der Welt und durch das „Gedächtnis“ als unsere eigene. Auf diese Weise nehmen wir teil am Leben Christi in der Kirche, die durch Prüfungen ohne Unterlass gereinigt wird, deren Sakramente die heilbringende Wirksamkeit offenbaren und deren unfehlbares „Gedächtnis“ der HEILIGE GEIST selbst ist. Das wachsende Reich bestätigt den Gott, der es nach und nach durch die Handlungen jedes einzelnen aufrichtet.

Ignatianischer Universalismus*

Mystik und Sendung

„Gott finden in allen Dingen": Die Formel des hl. Ignatius ist auf dem Hintergrund der Vision zu sehen, die seinem ganzen Leben Richtung gegeben hat. Wie immer die Erleuchtungen in Manresa auf seine persönliche Entwicklung Einfluss genommen haben mögen, seit jener Zeit hat sich bei ihm bleibend eine Gewissheit eingestellt, dass die Einigung mit Gott auf der Tatsache seiner Allgegenwart gründet. „Alle Güter und Gaben steigen von oben herab" [237][1]. Doch um den Sinn dieser Erfahrung zu erfassen, muss man sie als eine Bewegung verstehen: Gott in der Gegenwart zu „finden" bedeutet, will man es allgemeiner ausdrücken, ihn schon längst „gesucht" zu haben.[2] Somit ist das Vermögen, den GEIST zu spüren, an den Verlauf der Sendung geknüpft; die Fortdauer der Beschauung an eine geistliche Lektüre der Welt[3]; die Echtheit der Treue unter Ordensleuten an die Tatsache apostolischen Austausches. Mystik und Sendung fallen in jener Spiritualität zusammen, die es lehrt, einen immer größeren Gott im Verlauf der „Dinge" zu erkennen, und die auf die Hintergründigkeit jedes Zeichens aufmerksam macht, weil es mit den anderen verbunden ist, mit jedem Zeugen des GEISTES in der Gemeinschaft von Brüdern und Schwestern.

Das Universum der Kommunikation

Wenn der hl. Ignatius von den „Gütern" und den „Gaben" spricht, die von oben herabsteigen, bezeichnet er damit nicht nur die Erleuchtungen

* Die Originalversion dieses Artikels erschien 1966 unter dem Titel „L'universalisme ignatienne: mystique et mission" in der französischsprachigen Zeitschrift Christus 13 (1966), 173–183. Deutsche Übersetzung von Andreas Falkner SJ in: Geist & Leben 88 (2015), 208–217.

1 Bloße Zahlen in eckigen Klammern [...] verweisen auf *Geistliche Übungen*, in: Ignatius von Loyola, *Gründungstexte der Gesellschaft Jesu*. Übers. von P. Knauer (Deutsche Werkausgabe; 2). Würzburg 1998. Zahlreiche Angaben von Belegstellen beziehen sich auf Bände der Reihe *Monumenta Historica Societatis Jesu*, z. B. Epist. Ign., Direct., Const., Fabri Mon.

2 E. Przywara unterschied die augustinische Kontemplation, die sucht, um zu finden, vom ignatianischen Dienst, der findet, um zu suchen (ders., *Deus semper maior*, Freiburg 1940, t. 3, 404. 427).

3 Der hl. Ignatius vergleicht die sichtbare Welt mit einem „Brief", der zu einer geistlichen Lesung aufruft. Vgl. H. Rahner, *Ignatius von Loyola als Mensch und Theologe*. Freiburg i. Br. 1964, 226–233.

und die Bewegungen des Gebetes. Die Beispiele, die er bringt, sind viel reichhaltiger: „Gott arbeitet und müht sich für mich in allen geschaffenen Dingen auf dem Angesicht der Erde (…) Er verhält sich in der Weise eines Arbeitenden, zum Beispiel in den Himmeln, in den Elementen, in den Pflanzen, den Früchten, den Herzen usw., indem er ihnen Sein gibt, erhält, belebt und wahrnehmen macht usw.“ [236][4] Alle Dinge in der Welt und im Menschen sind für Ignatius Werke Gottes, den er zu erkennen und dem er zu folgen sucht. Angefangen von seiner Bekehrung, dem Einsiedlerleben, beobachtete er die Wechselfälle seines Seelenzustandes; als Pilger betrachtete er des nachts den Himmel; als Apostel suchte er geistliche Gespräche (…) Das alles zeigt, dass in Gott zuerst die Liebe besteht, „mehr in den Werken als in den Worten“ [230] oder dass nach dem Wort Polancos die „Mitteilung“ seiner Güter sich nicht auf sein Wesen bezieht, sondern auf sein Wirken.[5] Der Mensch ist hineingenommen, drinnen und draußen, in eine Welt, wo alle Dinge Akt einer universell „wirkenden“ Liebe sind. Alle Realitäten unserer Erfahrung sind eine Mitteilung von göttlichen Gütern und rufen uns auf, von innen und von außen uns der Arbeit Gottes zu öffnen. Inmitten der Welt ist der Apostel in liebevollen Händen, die ihn gestalten, wenn er mit Christus sagt: *In manus tuas commendo spiritum meum* „Nimm, Herr, und empfange meine Freiheit (…)“ [234] Durch die Ereignisse und Begegnungen ist er eingeladen, angesprochen und ermutigt zu Initiativen, an den Vorhaben Gottes mitzuarbeiten und teilzuhaben. Seit der Menschwerdung ist die ganze Geschichte unter Menschen eine wirkliche und aktive „Kommunikation“ mit Gott geworden; in allen Dingen offenbart sich der unnahbare Vater „den Menschen seines Verlangens“ (Dan 9,23); und die Gläubigen, denen seine Gaben es nahe legen, ihn zu suchen, werden ohne Unterlass zu ihm gerufen durch das, was plötzlich auftaucht als etwas, was jenseits der Erfahrung liegt oder einer Erneuerung der eben erwähnten Kommunikation gleich kommt.

Diese Sichtweisen können bei einem Menschen überraschen, der in vieler Hinsicht den *alumbrados* seiner Zeit nahe zu stehen scheint. Sie gehen auf die Anfänge in Manresa zurück, auf die „Einsichten“ in das Geheimnis der Trinität und der Schöpfung: Der Schöpfer der Welt ist die LIEBE; jegliches Sein definiert sich also durch die Bewegung, die eint. Eben dadurch kommt jede dem Illuminismus nahestehende Absicht, Gott jenseits der

4 Vgl. auch als Beispiel den Brief des hl. Ignatius an Franz Borgia in Epist. Ign. I, p. 339.
5 Directorium P. J. A. Polanco, in: Direct., p. 322.

Realität zu suchen, ins Wanken: Die Wirkmächtigkeit von Werken und die Wahrheit der Beziehung gehören zusammen, sind eins. Durch diese Wirklichkeit – die unsere und die des Universums – sind wir untereinander verbunden, aber auch dem Leben Gottes angegliedert. Es besteht Identität zwischen dem Geheimnis des Seins und dem Geheimnis der Liebe: in abstrakten Ausdrücken formuliert (die der hl. Ignatius vermieden hätte), geht es hier um das Herz seiner Mystik. Was die Kommunikation ausdehnt, bringt dem Leben Zuwachs: im Laufe der „Unterredung", in der in seinen Augen alle Dinge Vokabeln und Zwischenrufe sind, verliert der Gläubige an Überheblichkeit und Vorsprung an dem, was er aus dem Einsatz für den anderen für sich „gewinnt". Durch diese Welt ist er gebunden an die gekreuzigte Majestät Gottes. Die Wirklichkeiten des Universums hüllen ihn in göttliches Handeln ein, sind überraschende Gesten der GROSSHERZIGKEIT, die ein wenig mehr den Gegenstand seines Verlangens im Herzen deutlich macht, indem es ihm das Verlangen Gottes offenbart.[6]

„Intention" und „Mission"

Schon das Gebet der Exerzitien offenbart diesen geheimnisvollen Zusammenklang von Geheimnis des Herzens und objektiver Wirklichkeit. Die genaue Wahrheit der „Geschichte" ist nicht weniger nötig als der geistliche „Geschmack", der ihr in der Seele entspricht. Die ehrliche Prüfung meines Lebens und meiner Situation in der Welt ist die Bedingung, um inmitten meiner tatsächlichen Existenz den Herrn zu finden, der für mich stirbt. In der Wahl trägt die Rolle der Vernunft zu den inneren „Bewegungen" die Kontrolle der göttlichen „Bewegung" bei, die durch eine faktische Situation sichtbar gemacht wird. Allgemeiner gesagt, Christus erscheint sowohl als der, der „in mir" ist durch den Geist, der betet und handelt, aber auch als der, der „vor mir" ist, immer Herr jenseits meines Horizonts und immer unnahbar; er ist das geheimnisvolle Subjekt allen Verlangens, das in mir von ihm kommt, und das Objekt von Werken und Anforderungen, für die er innerstes, aber doch fernes Ziel ist, Ursprung und Ziel allen Seins und allen Wirkens. Somit lehrt es also schon eine Dialektik des Gebetes, Gott

6 Der Fortgang des Dienstes konfrontiert unaufhörlich apostolisches „Verlangen", Zeichen dessen, was „gefunden" ist, mit dem tatsächlich Gegebenen, mit der heiligen „Geschichte" oder mit den Anordnungen, die mehr das Verlangen oder den Willen Gottes kundtun. Im *Memoriale* Peter Fabers (früher einmal *Desirs du P. Favre* genannt) wird diese geistliche Bewegung des Wirkens mit einzigartiger Schärfe analysiert. Vgl. *Mémorial*, DDB 1960, Introduction, p. 82–92.

drinnen und draußen zu finden in einer größeren Treue gegenüber dem universalen Herrn.

Aber die Exerzitien sind nicht mehr als Initiation, eine wohl bestimmende, aber im Blick auf die Entdeckung Gottes in allen Dingen eine einzelne. Wie es die Betrachtung zur Erlangung der Liebe anzeigt, weitet sich die Spiritualität der Exerzitien in das apostolische Handeln hinein aus. Zwei Begriffe sind von entscheidender Bedeutung für das Verständnis der ignatianischen Erfahrung, weil sie der Spiritualität des Findens Gottes in allen Dingen ihre eigene Struktur geben. Es handelt sich um die Intention und um die Mission: Ersteres bezieht sich auf die innere Bewegung des Geistes, das zweite auf die Umsetzungen und die Hierarchie der Kirche; ersteres bezieht sich auf Christus insoweit, als er „in mir" ist, das zweite auf Christus insoweit, als er „vor mir" ist; oder auch, ersteres ergibt sich im Blick auf das Subjektive und das zweite im Blick auf das Objektive – wenn man diese Unterscheidung zulässt, die die Erfahrung genau genommen zu übersteigen trachtet.

Mag es auch abstrakt sein, diese Unterscheidung vergegenwärtigt nicht weniger die Spannung, die jeder Christ erfährt. Grob gesagt, in ihm stehen oft apostolisches Verlangen, Erkenntnisse, geistliche Bewegungen den ergangenen Anweisungen gegenüber, den Institutionen, der Lehre der Kirche, der Wirklichkeit der apostolischen und menschlichen Situationen. Für den hl. Ignatius regt der Geist, der allen (den Oberen und den Untergebenen) gegeben ist, in jedem die Bewegungen an, die „auf Akte der Liebe" hin gerichtet sind; aber das Kriterium dieser Bewegungen ist das Wort – ein wirkmächtiges Wort – anwesend und gelehrt durch die gegenwärtige Kirche. Immer schon ist die Objektivität der Offenbarung der inneren Erkenntnis Christi zuvorgekommen, steht mit dieser im Gespräch und kontrolliert sie. Ebenso empfehlen sich die geistlichen Bewegungen unserer Tage und geben sich zu erkennen durch ihre Übereinstimmung mit dem Allgemeinwohl und mit den Direktiven der ganzen Kirche. Im Prinzip ist die Liebe identisch mit dem Sein: Aufbrüche der Liebe, Zeichen und Erscheinungsformen des Geistes hören nicht auf, gefördert und kontrolliert zu werden durch das belebende Gesetz einer Vereinigung. Der Geist, der im Innern die Leben spendenden Worte Jesu in Erinnerung ruft (Joh 14,26), kann der Kirche nicht fremd sein, die das Evangelium durch eine apostolische Kommunität ankündigt, erklärt und aktualisiert.

Das Ordensleben bringt es durch die Verflochtenheit von Intention und Mission zum Ausdruck. Die Reinigung der Intention macht das Verlangen nach Gott und die Offenheit für den Geist lebendig, der in den

Kindern Gottes wohnt und der sie zu „Akten der Liebe" drängt. Da aber die hierarchische Realität der Kirche das lebendige, unsichtbare Sakrament des Geistes ist, sind die Erweiterungen der Liebe dem Kriterium des Gehorsams unterworfen: Sie können lediglich Sendungen sein, Aufträge für einen durch den Papst und die Oberen umschriebenen Raum. Wie Jesaja zu Gott sagte: „Hier bin ich, sende mich" (Jes 6,8), so sollte auch von Anfang an die apostolische Intention der ersten Gefährten anerkannt und bestimmt werden durch die vom Papst erhaltene „Sendung". Aus dem Innern durch den Geist heraus gerufen, mehr davon zu tun, was dem Vater gefällt, erhält der Ordensmann von oben und von den anderen die Bestätigung oder die objektive Zustimmung für seine Aufgabe. „Akt der Liebe", die Kommunikation mit Gott ist aber auch „Akt des Gehorsams": Der hl. Ignatius verbindet wiederholt diese beiden Ausdrücke zur Charakterisierung der Aktion des Beschaulichen[7], denn das durch eine geistliche Intention angepeilte Ziel kann nicht vom universalen Reich verschieden sein, für das die Kirche einem jeden seine objektive Mission zuteilt. Auch das vollkommene Leben, das ist die Liebe, ist in der Gesellschaft Jesu wesenhaft an das Gelübde des Gehorsams dem Papst gegenüber gebunden.

„Der universelle Geist" ist ein Leitmotiv der ersten Gefährten; es ist aber nicht bloß ein kollektives Gesetz oder ein geographisches Kriterium. Das Universelle definiert die Problematik selbst und die Dynamik des geistlichen Lebens in der Gestalt einer unablässigen Konfrontation vom Impuls, der von innen kommt, eine innere Antwort auf das Handeln Jesu, und dem Impuls, der von anderen kommt, eben hervorgerufen durch die Wünsche, die ihn bestätigen oder verwundert zurücklassen. Die inneren Bewegungen und die Anordnungen der Kirche treffen in einer einzigen Bewegung zusammen. Von der Absicht zur Sendung oder von der Liebe zum Gehorsam gibt es eine Wechselwirkung: die eine verinnerlicht und personalisiert den apostolischen Einsatz, indem sie ihn von je eigenen Standpunkten durch eine tiefere Gelehrsamkeit gegenüber dem Geist wegführt; die andere objektiviert die Handlung und macht sie „universeller" durch eine umfassendere Einbindung in das Netz der menschlichen Kommunikationen.

Gott bewegt von innen und von außen. Das geschieht in dem Maße, als der Jesuit es erfährt, dass die beiden strukturellen, grundlegenden Elemente ihre gesamte Bedeutung aus dem religiösen Leben empfangen. Auf der einen Seite steht die Gewissenserforschung, inneres Verkosten, Aner-

---

7 Vgl. Epist. Ign. III, p. 502 oder IX, p. 125, zwei Beispiele unter 100 anderen.

kennung, Dankbarkeit, Bedauern, Anreiz und Entscheidung, wach gerufen durch eine geistliche Lesung der „Geschichte“, die an einem oder einem halben Tag in Arbeiten und Begegnungen sich ergibt: eine Auslegung der Ereignisse entdeckt darin ein WORT GOTTES in Fortführung der prophetischen Arbeit, die in der „Geschichte“ eines Volkes die wiederholten Zwischenrufe Gottes erkennt. Auf der anderen Seite die Gewissensrechenschaft, „Austausch“ zwischen den Bewegungen, den Wünschen, den inneren Aufrufen – der Erfahrung des Subjekts, und den durchaus objektiven und universelleren Erfordernissen, deren Repräsentant in der Gebrochenheit seines eigenen Gewissens der Obere ist. Hier wird die Weise eines Dialogs in der Sprache eines Austausches und einer Erörterung in der Form eines schon in sich apostolischen gemeinschaftlichen Aktes überboten. Um Gott zu finden in allen Dingen, bedarf es dieser geistlichen Dialektik der Liebe und des Gehorsams, ein genetisches Gesetz von Beziehungen unter Ordensleuten aufgrund einer Treue zu Gott, „der immer größer ist“.

Die Aktion, eine geistliche Beziehung

Wie nimmt die ignatianische Perspektive in den Aufgaben, die „jene von der Gesellschaft“ in Angriff nehmen sollen, konkret Gestalt an? Eine rasche Analyse wird das verdeutlichen, aber auch die Probleme aufzeigen, die offen bleiben.

Zuerst von den apostolischen Arbeiten, die unmittelbar mit dem Bestreben, „den Seelen zu helfen“, mit der *cura animarum* zu tun haben. Im Blick auf sie wiederholt der hl. Ignatius oft: Gott hat am guten Werk Gefallen, die von der reinen Absicht, Gott zu dienen, eingegeben sind und im Gehorsam vollführt werden; im Grunde genommen geht es darum, sich an den Willen Gottes zu halten, und sich an den objektiven Handlungen und Zeichen der Liebe des Erlösers klug zu orientieren. Zwei Aspekte der apostolischen Erfahrung beziehen sich auf diese Behauptung.

Die apostolische Arbeit wird, wenn man sie im Zusammenhang der Heilsgeschichte sieht, von den Umständen und den objektiven Begegnungen geleitet, aber auch von inneren Bewegungen: Stiftungen, die Gunst eines Fürsten, Wohlwollen der Bevölkerung stehen im Rang von Zeichen. Eine ziemlich realistische Sicht verdeutlicht dem Missionar den Willen Gottes und bindet ihn ein in diesen oder jenen Dienst. Wie sagte doch Faber, wobei er einen Ausdruck des hl. Paulus aufgriff: Der Apostel sieht Tore sich öffnen oder schließen und den Herrn, der ihm so die Möglichkeiten eines Mitwirkens aufzeigt.[8] Die äußeren Ereignisse sind nicht weniger Beweggründe als die inneren; jene müssen ebenso geprüft werden wie diese. Das ist Ziel und Gegenstand der Korrespondenz des hl. Ignatius mit seinen Gefährten: Das Bedenken der Situationen, was man auch Geistliche Lesung der Episoden und der Bedingungen des Apostolats nennen könnte, wird der Ort eines aktiven Austausches mit Gott. Der Missionar sucht darin die Berufung, die durch menschliche Bande angezeigt wird, zu entdecken und fortzuführen. Doch das geschieht, indem er jemandem schreibt (oder mit ihm spricht) mit dem Interesse eines Austausches der Informationen und einer gemeinschaftlichen Unterscheidung.

Noch charakteristischer ist die Rolle, die das Gespräch – *conversar* – in der Tätigkeit eines Missionars spielt. Die Konversation ist eine feststehende Größe im Leben des hl. Ignatius. Seit Manresa suchte er geistliche Personen, um Austausch mit ihnen zu haben. Die Exerzitien sind ein geistlicher Dialog des Begleiters mit dem Exerzitanten.[9] Das *conversar* prägt jedoch die gesamte apostolische Tätigkeit der Jesuiten, deren individuelle Dienste oft in die Trilogie zusammengefasst werden könnten: Gespräche, Beichten, Exerzitien. Es überrascht nicht, in der Korrespondenz des Ignatius dem Wort so oft zu begegnen. Der Dialog ist ganz entschieden im Zentrum seiner Lehre. Die Gespräche mit den göttlichen Personen, der Jungfrau und den Heiligen, werden in den Gesprächen mit den Menschen fortgeführt, den Zeugen Gottes, den sie in dem Moment offenbaren, da sie ihn anrufen. Die Bezogenheit auf die Person, die sich in der trinitarischen Mystik des Ignatius zeigt, erstreckt sich auf das ganze apostolische Leben. „Gott finden in allen Dingen" heißt doch, ihn zu entdecken in Unterredungen: Der Apostel, der den anderen zu Hilfe kommt, erkennt „vor sich" durch sie den Geist, und sucht es ihnen beizubringen, diesen Geist in sich selbst zu entdecken. Er findet in seinen Gesprächspartnern den Gott, von dem er erfasst ist. Eine andauernde Berufung weiht ihn der Bestimmung, ein Mensch der Konversation zu sein.[10]

---

8 P. Favre, *Quand le Seigneur ouvre une porte*, in: Christus 12 (1965), 90–101. Vgl. dazu Const. IV, 7, 10 text a (in Const. II,192).

9 Vgl. M. Giuliani, *Qu'attendait Saint Ignace des Exercices?*, in: Christus 3 (1956), 175–177.

10 In den Briefen des hl. Ignatius sind zahlreiche Texte vorhanden, die Elemente einer Spiritualität des apostolischen Dialogs abgeben könnten. Vgl. Epist Ign. I, 96, 179–180 (*Del modo de negociar y conversar in Domino*), 386–387 (Instruktion *Para converser*); III, 29, 510–513; IV, 410–413.457–458.481–482; VII,269–270 (*Vom geistlichen Gespräch*); IX, 376 (über die *colloquia*); X, 507, 690 (*Sur la conversatione familiare et amorevole*); XI, 533 und 540: XII, 243 (*Amicitia spiritualis et colloquia*), 254 (*colloquia*), 678, etc. Vgl. auch die I*ndustrias con que uno de la Compañía de Jésus mejor consiguira sus fines* in Pol. Compl. II, 786–804.

Ohne diese Perspektive würde man das Beharren der Konstitutionen auf den inneren Beziehungen zur Gemeinschaft, auf den geistlichen Gesprächen unter Jesuiten oder auf der Gewissensrechenschaft kaum verstehen; diese Vorgänge verknüpfen den geistlichen Fortschritt mit der Entwicklung der Kommunikation und begründen als entscheidenden Vollzug des Ordenslebens das Entstehen der Gemeinschaft durch die vielfältigen Verbindungen der einzelnen untereinander.

Die Dienste sind von derselben Art wie diese Formen des Austausches im Inneren der Gesellschaft; sie begründen von selbst eine geistliche Beziehung: Gott spricht zu uns im Herzen und er kommt durch die anderen zu uns; er ist in ihnen unfassbar, ohne dass wir zweifeln könnten, dass er in ihnen wohnt; seine geheimnisvollen Einladungen im Leben der Gesprächspartner, die ihn vielleicht noch nicht kennen, hören nicht auf, uns den zu offenbaren, den die innere Erfahrung sucht und schon bezeugt.[11]

Im Blick auf eine „universellere" Treue zu Gott, der nicht aufhört, größer und näher zu erscheinen, kommt der hl. Ignatius natürlich dazu, affektive Fixierungen auf die inneren Bewegungen und die Erleuchtungen zu kritisieren. Wenn das Apostolat uns momentan aus derartiger Intimität herausreißt, so geschieht es dazu, dass die apostolischen Unterredungen uns in allen Dingen den Gott entdecken lassen, dessen Geheimnis und Werk unsere Vorstellungen und Projekte übersteigen. Überall muss man „das Gemeinwohl dem Wohl des einzelnen vorziehen".[12] An dieser Stelle lässt der Gehorsam eine Liebe, die in die Grenzen ihrer subjektiven Vorstellungen noch eingeschlossen ist, hinauswachsen. „Ekstase der Aktion" wird der hl. Franz von Sales[13], der vom Inneren her handelte, jeden Dienst nennen.

So festigt die apostolische Tätigkeit in dem Augenblick, da sie Menschen untereinander und mit ihrem eigenen Geschick aussöhnt, den Apostel, indem sie ihn stärkt und in seiner radikalen Beziehung mit seinem Schöpfer Tiefgang gibt. Zugleich ist sie Austausch von Mensch zu Mensch und Begegnung mit Gott; sie stiftet dem Apostel eine stärkere Mitte ein und

---

11 Vgl. Polanco in Pol. Compl. II, 802–803.

12 Epist. Ign. III, 22.

13 *Traité de l'amour de Dieu* VII, 6, in: *Œuvres complètes*, Annecy, t. 5, p. 28. Beim hl. Ignatius zeigt sich *l'extase* in Abhängigkeit von einer Dialektik der Gegensätze: Die „Freiheit" soll sich auf Gegensätze (*opposita*) einstellen, dem was „äußerlich" erscheint, einen religiösen Sinn zugestehen und sich darauf vorbereiten, das, was sich ihren Projekten entgegenstellt, als „universeller" anzuerkennen. Vgl. Epist. Ign. 12, 679 (*Selecta documenta* 5).

verbindet ihn mit den Nächsten, in dem sie ihnen das LEBEN erschließt, das sie schon in sich tragen. Sie ist das Werk des UNIVERSELLEN.

Ein anderes Beispiel – die Studien. Es stimmt, der hl. Ignatius erblickt in ihnen vor allem eine Zeit der „Trockenheit"![14] Aber genau die gleichen Regeln bestimmen ihre geistliche Tragweite: In der Anstrengung der Studenten treffen eine Tätigkeit, die geprägt ist durch „die reine Absicht des alleinigen Dienstes und der Verherrlichung Gottes unseres Herrn"[15] und ein zu vollführendes Werk zusammen, das durch den Gehorsam geordnet ist, nicht beliebig, sondern funktionell abgestimmt auf die gegenwärtige Wirklichkeit der Welt und die apostolische Tauglichkeit[16]. Die Mühe des Studiums ist geistlich definiert „durch den Gehorsam und die Liebe, aus der sie übernommen wird".[17] „Absicht" und „Sendung", Liebe und Gehorsam sind verknüpft in der Effizienz eines nutzbringenden Werkes, will sagen: realistisch abgestimmt auf realitätsbezogene, zeitgemäße Tätigkeiten. Auch das Studium gehört zu den Werken, die von innen und von außen denen des Herrn zuzuordnen sind; es wird zum Ort einer vertrauten Beziehung mit Gott im Dienst der Kirche.

Die „uneingeschränkte Bejahung" und die „volle Zustimmung", die der hl. Ignatius in dieser Sache den Studierenden abverlangt[18], vermögen ihren Einsatz in der intellektuellen Arbeit zu verstärken. Die Studien fordern den ganzen Menschen[19], sagt er auch, ebenso wie das Gebet, wenn die Zeit dafür gekommen ist. Die Tätigkeit, die eine künftige Effizienz anstrebt, füllt das gegenwärtige Leben eines Jesuiten ebenso total aus wie die Einkehr oder das Apostolat. Die Empfehlungen, die von den Konstitutionen gegeben werden, und die Strukturierung der Lehre gemäß der *ratio studiorum* betonen übrigens den Parallelismus dieser beiden Weisen der Verbindung mit Gott, die wir im Gebet und im Studium haben.

Wie der Exerzitant dank der „Wiederholungen" in der Abgeschiedenheit und des Gespräches mit seinem Begleiter die vorgelegte „Geschichte" verinnerlicht und verkostet, ebenso wird der Student dank der „Wiederholungen" in der Studienzeit und des wechselseitigen Austausches sich in die Lehre vertiefen, die vorgetragen wurde. Den „Gefühlen" und den „An-

---

14 Epist. Ign. VII, 270.
15 Const. IV, 4, 2, Texte a; in: Const II, 178.
16 Const. IV, Prologe 1; in: Const. II, 382–383.
17 17 Const. IV, 6,2 texte a; in: Const. II, 182.
18 Ebd.
19 Const. IV, 2; in: Const. II, 408–409.

mutungen“, die das Echo auf die Geheimnisse Christi im Herzen sind, entsprechen die intellektuelle Aneignung und Aufnahme der Geheimnisse des Glaubens oder der Wissenschaften, die sich auf die Schöpfung beziehen. So gesehen folgt die intellektuelle Arbeit dem Rhythmus der religiösen Erfahrung – ein Austausch, deren Sprache die reale Welt ist.

Historische Unebenheiten und geistliche Treue

Zugegeben, es gibt da eine Eigenheit, die in der Denkungsart zu Beginn des 16. Jhs. anzutreffen ist und in vieler Hinsicht mittelalterliche Züge trägt. Das Wissen stammt aus der Überlieferung; es wird zunächst als solches im Gedächtnis empfangen, um dann durch das Individuum verinnerlicht zu werden, das eine „gegebene“ Welt fortzuführen und darin sich selbst zu finden hat. Eng ist der Raum für alles, was zur intellektuellen Forschung und zu Prozessen der Erfindung gehört, für Initiativen und für die Risiken, die heute in unsere Mentalität wie in unsere Studien so wesentlich sind. Doch wie sollten wir beim hl. Ignatius nicht auch den Typ von Lehre wieder finden, der dem gesamten kulturellen System seiner Zeit entspricht?

Wir können aber auch einen charakteristischen Aspekt seines eigenen Temperaments feststellen. Wenn der hl. Ignatius die Zeit für das Gebet während der Studien verkürzt und den Studierenden empfiehlt, „Gott zu finden in allen Dingen“, führt er Beispiele an, die dem Studienbetrieb genau genommen fremd sind; er spricht zu ihnen von Unterredungen, von einer sinnenhaften und religiösen Erfahrung der Geschöpfe um sie herum – insgesamt von „allen Dingen“, nur nicht von den Studien selbst. „Sie können sich darin üben die Gegenwart unseres Herrn in allen Dingen zu suchen, wie im Umgang mit jemand, im Gehen und Kommen, im Sehen, Schmecken, Hören, Verstehen (…)“[20] Das sind weise Ratschläge: Scholastikern gegenüber vermeiden sie es, in trockene „Abstraktionen“ zu verfallen und diese Sensibilität für die Dinge, diese sinnende Intelligenz, dieses Mitgefühl für die Menschen oder diesen Geist der Feinfühligkeit zu verlieren, die gleichermaßen für ihr künftiges Apostolat notwendig sein werden. Aber diese Ratschläge nehmen die intellektuellen Erfahrungen selbst nicht wirklich ernst. Faber zum Beispiel, mehr Humanist und ganz und gar auch Mystiker, hat einen viel schärferen Sinn für die Arbeit, die

20 Epist. Ign. III, 510.

darin besteht „den belebenden Geist der Wissenschaft“[21] zu suchen: Ihr werdet Gott im Studium finden, schreibt er an die Scholastiker in Paris, wenn „ihr immer den HEILIGEN GEIST als Repetitor habt, der der oberste Meister der Wissenschaft ist und der schlussendlich sie euch einprägt“[22].

So erhellend und grundlegend die Lehre des hl. Ignatius auch sein mag, sie ist doch recht veraltet; sie erspart in keiner Weise die notwendige Anstrengung, um sie zu verstehen und sie heute ins Leben umzusetzen. Ehedem ergab der Blick auf den Kosmos eine Welt von Substanzen und der Blick auf das soziale Gefüge eine religiöse Ordnung; die Institutionen bezogen sich darin auf eine strukturierte Religion; die Politik mit ihren Zielsetzungen und Rechtfertigungen hielt man für sakrosankt; die literarische Erforschung hielt sich – das gilt auch für die wagemutigsten Humanisten – an den Rahmen einer patristischen und christlichen Tradition, die es zu übernehmen galt. Dieses kulturelle Universum war auch die Sprache der religiösen Erfahrung; in eben dieser Welt hat der hl. Ignatius gezeigt, wie eine geistliche und missionarische Tätigkeit eine effektive Entsprechung zur Aktion Gottes durch die Veränderung von Beziehungen unter den Menschen sein könnte.

Heute stellt das Leben der Christen sozial gesehen nur mehr einen bescheidenen Ausschnitt in einer „profanen“ Welt dar. Alle menschlichen Strukturen und alle religiösen Begriffe – angefangen von dem des Gehorsams – sind davon in Mitleidenschaft gezogen. Das heißt nicht, dass Gott heute weniger groß oder weniger tätig wäre! Jedoch um sein universelles Werk anzuerkennen und daran mitzuwirken, muss man mit einem Wagemut, der dem des hl. Ignatius nahe kommt, hinreichend jede menschliche Erfahrung vertiefen und die Einteilungen „profan“ und „religiös“ hinter sich lassen wie unlängst die Abgrenzungen von „Aktion“ und „Kontemplation“. Ebenso darf der Prozess der Kommunikation nicht der Ort schlechthin für eine geistliche „Bewältigung“ bleiben oder werden, wenn wir die Erfahrung nicht mehr in Begriffen von „Gütern“ und „Gegenständen“ zu fassen vermögen.

Wir werden also in dieser Erfahrung selbst das Mysterium des GEISTES entdecken, der die Wahrheit ist, die mit immer wirksamem Austausch überrascht. Die Bemerkungen des hl. Ignatius zu diesem Gegenstand sind also zu entwickeln, und wir werden ihnen nie treu bleiben, es sei denn

21 Fabri Mon., 105
22 Fabri Mon., 102.

im Schoß eines Dialogs, der uns gegenseitig den LEBENDIGEN, der schon am Werk ist, und seinem Anspruch, der sich in Beziehungen unserem Verlangen enthüllt, offenbaren wird. Die Anforderungen und die neuen Gegebenheiten des Apostolates bedürfen also einer umfassenden Erarbeitung und Vertiefung in der Treue zur ignatianischen Dialektik der Liebe und des Gehorsams. Wir können uns damit zufrieden geben zu wissen, wie die ersten Gefährten Gott in allen Dingen gefunden haben. Jedoch unsere apostolische Arbeit, erhellt durch die geistliche Analyse der Anfänge, wird uns dahin führen, einen „Austausch" mit Gott zu finden im Dialog mit unseren Brüdern.